终极控制人对上市公司内部控制有效性的影响

——理论分析与实证检验

秦江萍　李育红　著

经济科学出版社

图书在版编目（CIP）数据

终极控制人对上市公司内部控制有效性的影响：理论
分析与实证检验/秦江萍，李育红著 . —北京：经济科学
出版社，2014. 12
ISBN 978 - 7 - 5141 - 5363 - 7

Ⅰ. ①终… Ⅱ. ①秦…②李… Ⅲ. ①上市公司 - 企业
内部管理 - 研究 - 中国 Ⅳ. ①F279. 246

中国版本图书馆 CIP 数据核字（2014）第 305815 号

责任编辑：黎子民
责任校对：王肖楠
责任印制：邱　天

终极控制人对上市公司内部控制有效性的影响
——理论分析与实证检验
秦江萍　李育红　著
经济科学出版社出版、发行　新华书店经销
社址：北京市海淀区阜成路甲 28 号　邮编：100142
总编部电话：010 - 88191217　发行部电话：010 - 88191522
网址：www. esp. com. cn
电子邮件：esp@ esp. com. cn
天猫网店：经济科学出版社旗舰店
网址：http://jjkxcbs. tmall. com
北京万友印刷有限公司印装
710 × 1000　16 开　15 印张　270000 字
2014 年 12 月第 1 版　2014 年 12 月第 1 次印刷
ISBN 978 - 7 - 5141 - 5363 - 7　定价：45. 00 元
（图书出现印装问题，本社负责调换。电话：010 - 88191502）
（版权所有　侵权必究　举报电话：010 - 88191586
电子邮箱：dbts@ esp. com. cn）

摘　　要

美国《萨班斯法案》（简称 SOX）的颁布推动了世界范围的公司治理改革，内部控制建设成为重中之重。我国也随之发布了"中国版 SOX"（简称 C - SOX）——《企业内部控制基本规范》（简称《基本规范》）及《企业内部控制配套指引》（简称《配套指引》），拉开了我国内部控制建设的序幕。在我国这样一个"新兴 + 转轨"的资本市场中，上市公司股权结构高度集中，金字塔控制结构非常普遍，上市公司面临的主要代理问题是终极控制人与其他中小投资者以及金字塔控制结构低层级成员公司的其他中小投资者之间的利益冲突，内部控制演变为解决上市公司终极控制人与中小股东之间代理问题的重要机制，而目前国内外对这些问题关注较少，已有的少量研究也未达成共识，有些方面的研究甚至还是空白。因此，系统地研究终极控制人对上市公司内部控制有效性的影响无疑具有重要意义。基于此，本书借鉴经济学、管理学、会计学、统计学、法学等多学科知识，运用理论联系实际，规范分析与实证分析相结合、定性分析与定量分析相结合的方法，对终极控制人对上市公司内部控制有效性的影响进行了深入研究，其主要工作与创新之处可概括为以下三方面：

（1）明确界定和辨析了内部控制及其相关概念，澄清了内部控制及其相关的概念之间的关系；从制度经济学理论、产权理论、博弈理论、信息不对称理论、契约理论、激励与约束理论、信号传递理论、双元控制主体理论、团队理论、系统论、信息论和控制论以及在此基础上发展起来的风险管理理论和战略管理理论等理论的视角，阐释了引发上市公司内部控制建设的理论根源，进而为后续章节提供理论依据。

（2）依据财政部等五部委联合发布的《基本规范》及《配套指引》，从内部控制设计和执行的效率与内部控制目标的保证水平两方面设计了内部控制有效性综合评价指标体系；通过主成分分析法构建了内部控制有效性综合评价指数模型，并以 2011 ~ 2012 年我国沪市 A 股上市公司为研究对象，运用所构建的内部控制有效性指数对我国上市公司内部控制有效性进行了综合评价与分析。研究结果表明，从内部控制内容与目标实现水平两方面选取评价指标能够全面地衡量内部控制有效性特征；运用主成分分析方法构建内部控制有效性评价体系，避免了主观判断，重复性差的缺陷，并经过实证检验该指数是有效的；我国尚有近一半的上市公司内部控制有效性水平不高；内部控制水平较高的上市公司大多数集中在我国东部经济发达地区，而内部控制水平较低的上市公司大多集中在我国西部欠发达地区；不同行业上市公司内部控制水平存在显著性差异，其中，内部控制有效性水平排名前三位的为交通运输业、旅游业、商业经纪与代理业，内部控制有效性水平排名后三位的为食品加工业、煤炭采选业及建筑业；规模大、成长性高、交叉上市、设置内审部门的上市公司内部控制有效性较高；ST 公司、违规公司、被出具非标准审计意见的公司、未被出具鉴证报告的公司的内部控制有效性评价指数均显著低于非 ST 公司、未违规的公司、被出具标准审计意见的公司、被出具鉴证报告的公司。

（3）通过股权控制链追溯到终极控制人，实证分析了终极控制人对上市公司内部控制有效性的影响，实证分析结果表明，在终极控制人所有权激励与内部有效性关系上，终极现金流量权越大，公司内部控制有效性越高；两权分离度越大，内部控制有效性越低；终极控制人对上市公司低度控制时，与内部控制有效性关系不显著，在相对控股时，控制权与内部控制有效性负相关，在绝对控股时，控制权与内部控制有效性正相关；在两权分离、终极控制人性质与内部控制有效性关系上，在两权分离的公司，终极控制人为国有时，减弱了两权分离度与内部控制有效性的负相关关系，内部控制有效性得到提高；在终极控制人实际控制权与内部控制关系研究上，终极控制人实际控制权越大，内部控制有效性越低；在终极控制人控制权行使主体、政府控制层级与内部控制有效性的研究上，终极控制人行权主体为实业公司的上市公司内部控制有效性要高于行权主体为国有资产管理机构的上市公司；当政府层级是中央政府时，增强了行权主体与内部控制有效性的正相关关系，内部控制有效性较高。

目　　录

第一章

导　言

第一节　选题背景、意义

一、选题背景

经过几百年的发展，现代市场经济已成为一部十分精巧且极为复杂的资源配置机器，而证券市场则是这部机器的核心组件。无论从宏观经济（即资本优化重组）的角度看，还是从微观经济（即对企业经营者进行有效的约束和激励）的角度看，证券市场对投资效率都有着举足轻重的作用。证券市场本质上是一个信息市场，投资者在向企业投资时面临着不了解投资项目优劣的"信息问题"，而投资后又面临管理者侵占外部投资者利益的"代理问题"，信息问题和代理问题严重阻碍了资本市场资源的有效配置，而信息披露是解决这些问题的关键（Healy，2001）。会计信息本身从数字的抽象意义上看，仅仅是数字（Littleton，1953），但将之赋予特殊的使命后，由于其具有"经济后果"（Zeff，1978），它就代表着生存和利益（Levitt，1999）。因此，资源配置的主要依据是上市公司披露的会计信息，上市公司希望通过信息披露获得投资人认可，投资者希望通过信息披露取得决策信息，而市场监管者则希望通过信息披露质量提高资本市场配置效率。现代证券市场的有效性是建立在信息披露制度基础上的，信息对证券市场的价格发现和价格均衡具有直接作用和决定性意义。国内外证券市场信息披露实践表明：上市公司对外公开披露的信息80%以上是会计信息（周勤业、卢宗辉、金瑛，2003）。在证券市场运作过程中，要使社会资源得到合理配置，会计信息起着相当重要的导向作用，有时甚至成为决定性的因素（李若山、金彧昉，2001）。市场经济中会计信息具有许多潜在经济后果，它通过影响会计信息使用者的决策行为，从而影响社会中经济利益的分配及经济资源的配置，这大大提高了会计信息对决策的能动作用，会计信息日益成为其用户作出合理决策、配置有限资源的有效工具。而在证券市场日益发达的今天，由于现实的、潜在的投资者与债权人及其他利益相关者的数目急剧膨胀，会计信息的使用者越来越多，正如吴水澎教授所指出："就会计信息使用者而言，若不加限定的话，则确有不胜枚举之感，诸如投资者、债权人、有关政府管理部门（如财政部门、税务部门、工商行政管理部门、统计部门、物价管理部门、行业管理部门等）、管理当局、雇员、供应商、客户、证券经营机构、经济研究机构、新闻机构等皆可视为会计信息使用者（吴水澎，2000）。"在这样的背景下，会计信息的经济后果无疑变得越来越突出了。从宏观的角度看，企业（特别是上市公司）提供的会计信息是一种"社会公共产品"，它与会计信息使用者的决策行为、对企业经济价值与社会价值的评价、政府对微观企业的控制、企业经营管理者的廉政建设等都密切相关，并将直接或间接影响社会经济资源的分配。从微观的角度看，会计信息是企业理财的基础和重要依据，是管理者、投资者和债权人等改善经营管理、评价财务状况、做出投资决策、防范经营风险的主要依据。因此，会计信息是经济信息的基础，会计信息的质量决定了经济信息的质量，进而影响经济工作决策的质量。真实的会计信息对于企业本身，甚至对于整个国民经济都有着不可估量的作用。企业会计信息的质量，不仅影响到与企业有利益关系的投资者、债权人等群体的经济利益，而且影响到整个国家的社会经济秩序。然而，自从会计信息作为由企业内部向外部传递经济讯号的媒介以来，会计信息舞弊就与之形影相随。随着各国证券市场的兴起与高速发展、全球资本市场一体化的加速，会计信息的社会影响日益扩大，会计信息舞弊现象也日益盛行与蔓延，美国会计陷入"信用沼泽"，中国会计也面临"诚信危机"，注册会计师公信力降至低谷，资本市场正在经历一场难以忍受的诚信危机，会计信息舞弊则是罪魁祸首。

从国际背景来看，会计信息舞弊是一个全球性的问题，世界各国都不同程度地存在会计信息舞弊现象。21世纪以来，舞弊问题似乎已成为全球性的焦点问题，甚至可以认为是这个时代的重要特征，其影响之广、对全球经济的冲击之深，已到了登峰造极的地步。就个案而言，据史载，早在 1720 年股份公司刚刚出现时，英国就爆发了世界上首例上市公司会计信息舞弊案——"南海公司事件"①，这一事件在英国朝野上下掀起了一场轩然大波，最终导致《泡沫公司法》的出台，以至于股份公司被禁 100 年之久，让英国经济陷入停顿。会计理论界认为，对"南海公司事件"的调查与审核开创了民间审计的先河，成为民间审计史上的重要里程碑，也可以看成是对会计信息舞弊的一种正式回应（李若山，1998）。而因董事通过高估资产价值、低估负债、错误地反映资产负债表项目来隐蔽自身偿债能力的虚弱，导致了 1878 年英国格拉斯哥市银行的破产。1929 年美国股市的崩溃以及由此引发的长达 4 年的全球经济危机，其根本的原因当然是资本主义制度内部矛盾的总爆发，但（罗宾斯等公司）的会计信息舞弊行为也起了推波助澜、火上浇油的作用（葛家澍，1999）。虽然在过去的 200 多年里，由此催生的现代审计技术得到较大发展，同时世界各国也普遍建立和完善了财务会计准则，使会计信息的真实性有了很大的保障，但上市公司会计信息舞弊案件仍时有发生，有时甚至非常严重。20 世纪中叶以来，西方发达国家发生的上市公司会计信息舞弊案更是屡见不鲜。以美国为例，20 世纪 70 年代先后发生了"巨人零售"、"权益基金"、"马蒂尔"等公司的会计信息舞弊案；从 1981 年到 1986 年，在所有向美国证券交易委员会（以下简称"SEC"）提交财务报告的公司中，有 1% 的公司被指责为披露了欺诈性的财务报告（刘英雁，2003）；SEC 在 1986 年和 1987 年检举的证券违法犯罪案高达 312 件和 303 件，其中与财务报告舞弊相关的案件比重在 40% ~50% 之间（朱国泓，2001）；20 世纪 90 年代以来，美国公司的会计信息舞弊更为猖獗，财务报告舞弊案件平均每年以 15% 的速度增长，上市公司会计信息舞弊丑闻曝光的范围和规模超过了大萧条以来的

---

① 南海公司创建于 1710 年，以发展南大西洋的贸易为目的，获得了专卖非洲黑奴给西班牙美洲的 30 年垄断权，兼营捕鲸业。该公司最大的特权是可以自由地从事海外贸易活动，但它 10 年没有取得任何成功。后来得到议会的批准，以国家公债约 1000 万英镑换作公司的股票，国家债权人换作公司的股东。1713 年与西班牙缔结了乌特来克条约，由公司供应非洲黑奴给西班牙美洲，公司享有特权。由于这项计划的提倡者把美妙的前景吹上了天，以致在全国掀起了一股投机狂热。成千上万的人赌博似地购买该公司股票，根本不顾后果，致使该公司股票在 1720 年 4 月至 7 月间由 120 镑涨至 1020 镑。公司利用这股狂热，提出了各种眼花缭乱的计划，其中某些计划虽鼓舞人心，但大多数是荒唐或虚幻的。不久，几家公司同时控告南海公司，英国人才恍然大悟，一切都是骗局。股票价格马上一落千丈，南海公司宣告破产，从而使数以万计的债权人和股东蒙受损失。

任何时期，1995～2001 年，共有 772 家公司公开承认会计数字有重大错误，公司纠正财务报告的案例由每年 50 例增加到 150 例，股票市场的泡沫推波助澜，把近年来出现的这种趋势推向高潮，"山登"、"阳光电器"、"朗讯科技"等公司的会计信息舞弊案就是典型代表；2001 年，美国能源航母"安然公司"以迅雷不及掩耳之势戏剧性地轰然倒地，成了一艘"泰坦尼克号"，进而牵出美国近几年最大的骇人听闻的会计信息舞弊丑闻，并将会计信息舞弊推向了高潮；"安然事件"余波未平，这艘"泰坦尼克号"沉没在所形成的漩涡中，2002 年之后又相继爆发出"环球电讯"、"施乐"、"泰科国际"、"奎斯特电信"、"莱德艾德"、"凯马特"、"世通"、"美国在线时代华纳"、"默克制药"、"阿德尔菲亚传播"、"甲骨文软件"、"英克隆"、"玛莎·斯图沃特"、"南方保健"、"废品管理"、"美国国际（AIG）"、"麦道夫"、"雷曼兄弟"、"萨蒂扬"、"房地美"等公司一系列极具震撼力的会计信息舞弊丑闻，形成了"多米诺骨牌"效应。即使一些令人肃然起敬的跨国公司如"微软"、"思科"、"波音"、"通用电气"等业界巨无霸也频频传出不规范会计问题的丑闻。美国《首席财务官（以下简称"CFO"）》杂志 2002 年 8 月 1 日公布调查报告：在过去 5 年里，美国大公司中 1/6 的 CFO 们受到来自上司的压力，被迫出具虚假财务报告（纪乐航，2003）。2002 年，美国审计总署（以下简称"GAO"）应国会的要求，对 1997～2002 年上半年上市公司因会计信息舞弊导致报表重编进行了专题研究，并发表了《财务报表重编：趋势、市场影响、监管回应和面临挑战》的研究报告。报告显示：过去 5 年多，在纽约股票交易所、纳斯达克和美国股票交易所挂牌交易的 8494 家上市公司中，因会计信息舞弊或其他不规范会计问题而重编财务报表的上市公司竟然达到 845 家，约占全部上市公司的 10%！重编财务报表的上市公司数量在逐步增多，并由 1997 年的 92 份、1998 年的 102 份、1999 年的 174 份、2000 年的 201 份，增加到 2001 年的 225 份。2002 年，Weise 评级公司在调查了 7000 家公司后发布的报告称，有多达 1/3 的美国上市公司可能存在捏造盈利报告的问题，信用危机正震撼华尔街（李明辉，2003）。此后，美国报纸的经济新闻版仿佛丑闻明细表，几乎经常有不同的会计信息舞弊丑闻和负面消息传来。这绝不是一种巧合，它与美国宏观经济形势的变化密切相关（巴曙松，2006）。从某种意义上说，"假账"丑闻是在为经济过热时政府和企业犯下的错误"还债"（张继民，2006）。按标准普尔公司在纽约的首席投资策划师萨姆·斯托瓦尔的话说："连 AIG 这样世界性的保险集团都可以出现财务造假事件，美国的商界还有谁是可以相信的呢?"美国舆论界认为，斯托瓦尔的话代表了商界许多人的心声。尽管美国自认为有着全世界最完善的证券监管体系，有着最透明的信息披露制度，但依然无法阻止一系列大型会计信息舞弊案件的发生，这些会计丑闻把美国推向了一个异常尴尬的境地，不仅使美国股市大跌，令广大投资者和债权人损失了数以万亿计的财富，还使美国民众对会计界和公司界失去了信任，并对世界资本市场产生了深刻的影响，使全球资本市场都笼罩在了会计信息舞弊的浓重阴影之中。

在美国这样一个市场经济最发达、制度建设最完美、市场规则最健全、公司治理最完善、会计水准最高的国家，尚且出现一连串上市公司会计信息舞弊事件，更何况其他发展程度不及美国的国家。在全球化的今天，没有人可以屏蔽在风雨之外，更何况华尔街这样的狂风暴雨。继美国频曝一系列会计信息舞弊丑闻之后，曾被誉为比利时新经济时代"楷模"的 L&H 公司、法国传媒及公用事业巨头威文迪环球公司、澳大利亚电讯公司、被称为"欧洲版安然事件"的意大利"帕玛拉特事件"又紧步后尘被频频曝光，其涉及金额之大、时间之长都是非常罕见的。

当美国的资本市场正承受着因上市公司会计信息舞弊而产生的诚信危机时，我国的资本市场同样也不平静。从国内外证券市场的发展来看，上市公司会计信息舞弊不仅存在于国外成熟的资本市场，也存在于我国年轻的资本市场，并成为一种社会公害。从国内背景来看，我国证券市场开市以来，在市场容量上取得了长足的发展，现已成为推动中国经济发展的生力军和主力军，其在国民经济中的作用越来越重要，已经成为国民财富的重要源泉。统计数据显示，2013 年我国境内上市公司实现营业总收入 27 万亿元，占 GDP 的 47.8%，净利润 2.26 万亿元，占全国规模以上工业企业利润总额近 36%，缴纳税费总额 2.2 万亿元，占全国税收总额 21%。一批新兴产业借助资本市场实现了跨越式的发展，展示了资本市场优化资源配置，促进经济转型升级的重要功能。而资本市场的有效运行和健康发展又有赖于完善的信息披露制度尤其是会计信息披露制度。资本市场越发展，信息披露越重要。随着资本市场规模的扩大及其在经济生活中作用的增强，其对会计信息质量的要求也越来越高。但毋庸讳言，作为一个新兴资本市场，我国证券市场在取得巨大成就的同时，也存在很多不足，既有历史原因和遗留问题，也有发展过程中带来的新矛盾，其中会计信息舞弊就是制约我国证券市场发展壮大的一个突出问题。可以说，伴随着股票市场的形成，我国上市公司会计信息舞弊事件也一直层出不穷，丑闻迭起。先是 20 世纪 90 年代初期建市伊始的"深圳原野"、"长城机电"、"海南新华"三大会计信息舞弊案件，随后 1997～1998 年又发生了"琼民源"、"红光实业"、"东方锅炉"新三大会计信息舞弊案件。21 世纪伊始，蹒跚前行了十年的中国证券市场已开始显出疲态，随着监管力度的加强，原先一直包装很好的各种谋划、骗局和谎言开始显山露水，越来越多的会计信息舞弊事件如同雨后春笋般"崛起"，势如破竹，手段一个比一个高明，技术一个比一个高超，胃口也一个比一个大。2000 年"郑百文"、"黎明股份"、"猴王股份"案件的余震还未完全消失，2001 年又曝出"蓝田股份"、"麦科特"、"大庆联谊"会计信息舞弊案，"银广夏"风暴更是将会计信息舞弊推到了高潮。2002 年又有"世纪星源"、"内蒙宏峰"、"纵横国际"、"ST 春都"、"珠峰摩托公司"接受中国证监会的调查以及"锦州港"、"宇通客车"走上了会计信息舞弊的审判台。2003 年，随着董事长艾克拉木的"人间蒸发"，"啤酒花"也传出会计信息舞弊的丑闻。之后，大玩数字游戏的"ST 国嘉"也自食苦果，退市大吉。2004 年，"新疆德隆"、"ST 达曼"会计信息舞弊案又见诸报端。2005 年，又有"科龙电器"、"银河科技"、"ST 天一"、"秦丰农业"、"ST 金荔"、"ST 巨力"、"ST 圣方"、"大冶特钢"、"天津磁卡"、"天香集团"等上市公司被列为"2005 年度十大财务舞弊公司排行榜"。2005 年之后，又有"闽福发"、"明天科技"、"悦达投资"、"广东明珠"、"桂林集琦"、"ST 华源"、"ST 鲁北"、"夏新电子"等财务丑闻。2011～2012 年的上市公司财务造假可从上交所和深交所对"熊猫烟花"、"ST 百科"、"ST 天润"、"承德露露"、"彩虹精化"、"振东制药"、"美达股份"、"万福生科"等公司的公开谴责中见端倪，更让市场震撼的，无疑是 2012 年的"万福生科"、"紫光古汉"、"绿大地"、"康芝药业"等公司的财务造假。2013 年中国证监会又通报了"珠海中富"、"恒顺电气"、"友利控股"等 6 家上市公司信息披露违法违规。时值《改革完善并严格实施上市公司退市制度的若干意见（征求意见稿）》（以下简称《退市意见》）公开征求意见，明确将对重大违法（存在欺诈发行或者重大信息披露违法）公司实施强制退市，2014 年"南纺股份连续五年财务造假"、"新中基连续六年财务造假"等案又横空出世，不仅造假数额巨

大，且造假时间跨度长，令市场再度惊愕。类似的案件不胜枚举。以上
所列举的案件可谓是我国股市空前但未必是绝后的会计信息舞弊典型，
我国上市公司会计信息舞弊的现状由此可"窥一斑而略见其全貌"。事
实上，如果考虑到上市公司会计信息舞弊的高度隐蔽性，不是所有的会
计信息舞弊都能被发现，而且已发现的会计信息舞弊也并非都公布，现
已被揭露曝光的上市公司会计信息舞弊仅仅是冰山一角，而那些没有被
揭露曝光者，估计也为数不少，实际发生的会计信息舞弊数目可能更
多，情况让人不寒而栗。可以说，尽管我国上市公司经过多年的治理与
监管，但其从未远离财务丑闻，会计信息舞弊问题仍似一个难以医治的
顽症困扰着我国证券市场的发展。

　　学术界对上市公司由兴盛转为失败的案例进行深入研究，发现上市公
司会计信息舞弊受各方面原因的综合影响，但内部控制是一个很重要的因
素。据美国《内部审计》杂志上的一份调查报告表明，自 1986 年 2 月起
至 1990 年 11 月止已发现的 114 例欺诈案件，多数与虚假会计信息及内部
控制不健全有关（杜滨，李若山，2000）。而全美反欺骗财务报告委员会
（以下简称"Treadway 委员会"）调查发现，其所研究的欺诈性财务报告
案例中，有大约 50% 是由于内部控制失效造成的（杜杰，2006）。因此，
每一次重大欺诈、舞弊等事件之后都会引发各界对企业内部控制的关注，
内部控制都会发生深刻的变革。内部控制被看成是提高企业经营管理水平
和风险防范能力，维护经济秩序和社会公众利益，增强投资者对资本市场
信心的重要机制，是关乎着公司的生死存亡。自 20 世纪 90 年代至今的近
20 年间，缘于频发的公司失败及舞弊案引起的巨大负面效应，内部控制
受到全球各界广泛关注。许多国家和地区都先后颁布内部控制及风险管理
框架或指引。1992 年 9 月，Treadway 委员会下属的发起人委员会（以下
简称"COSO"）发布了《内部控制—综合框架》（以下简称"COSO IC –
IF（1992）"）（COSO，1992）。COSO IC – IF（1992）包括三个目标、五
个组成，即其旨在为财务报告的可靠性、经营活动的效率和效果及相关法
律法规的遵循性等目标的实现提供合理保证；五个组成主要包括控制环
境、风险评估、控制活动、信息与沟通、监控。这一框架已成为业界普遍
认可的标准，成为迄今为止研究内部控制问题的经典文献，并对美国乃至
其他国家各大公司重新认识内部控制和建立科学的内部控制体系起到了很
大的作用。21 世纪以来发生美国证券市场发生的众多上市公司财务丑闻
再次引发了人们对公司治理、会计、审计、证券交易诚信和监管等问题的

广泛讨论，人们开始认识到财务造假不是某个公司的个案，而是一个带有普遍性的问题，这可能是由于美国资本市场和企业层面存在着的系统性的缺陷所致，投资者和民众要求政府立法加以拨乱反正的呼声越来越高。在这种情况下，为强化上市公司内部治理和增强资本市场信息披露，为提高财务报表可靠性，加强内部控制，增强投资者对于财务报表的信任，重塑投资信心，美国政府于 2002 年 7 月颁布了自罗斯福总统以来美国商业界影响最为深远、被称为美国证券市场发展过程中里程碑的萨班斯—奥克斯利法案（以下简称"SOX 法案"）。SOX 法案的主要内容包括：设立独立的上市公司会计监管委员会，负责监管执行上市公司审计的会计师事务所；特别加强执行审计的会计师事务所的独立性；特别强化了公司治理结构并明确了公司的财务报告责任及大幅增强了公司的财务披露义务；大幅加重了对公司管理层违法行为的处罚措施；增加经费拨款，强化 SEC 的预算以及职能。其中，SOX 法案的 404 条款明确规定，公司的管理层有责任建立一个完整有效的内部控制结构和一个完善的公司治理结构，并要求美国公司的管理层评估和披露公司年度财务报告内部控制的有效性。美国SOX 法案的颁布推动了世界范围的公司治理改革，内部控制建设及其披露成为重中之重。尽管各国纷纷效仿 SOX 法案制定了相关的强制措施，但是财务欺诈等问题仍在不断的发生，这更加暴露出了企业内部控制存在的问题。2001 年前后一系列令人瞩目的公司丑闻爆发之后，对采用新的法律、法规和上市准则来加强公司治理和风险管理的呼吁愈加强烈。对一个提供关键原则和概念、共同的语言以及明晰的方向和指南的企业风险管理框架的需要变得尤为迫切。COSO 委员会根据 SOX 法案对内部控制标准进行了延伸，于 2004 年 9 月发布了《企业风险管理——整体框架》［简称"COSO－ERM（2004）"］（COSO，2004）。COSO－ERM（2004）虽然继承了 COSO IC－IF（1992）的部分内容，但无论是在内涵、目标还是在要素方面均有重大突破，其核心理念是将企业的风险管理融入企业的战略、组织结构、流程等各个环节，并将风险管理第一责任人锁定为从事经营活动的第一行为人，从而将风险管理渗透企业经营、管理的方方面面。自2004 年 COSO－ERM（2004）发布以来，企业的经营环境和管理模式经历了巨大变化，新技术和复杂组织结构的不断涌现，以及愈加严格的监管要求，促使企业在满足 COSO－ERM（1992）内部控制框架运营、合规、财务报告内部控制目标的基础上，越来越关注公司治理和风险管理，越来越重视非财务报告内部控制。此外，近年来由于内部控制失效而发生的一系列的舞弊事件以及国际金融危机的破坏性影响，也进一步要求加强和完善内部控制标准。顺应形势要求，2013 年 5 月 13 日，COSO 委员会又发布了内部控制框架的更新版——《内部控制整合框架》（以下简称 "COSO IC – IF（2013）"）（COSO，2013）。COSO IC – IF（2013）在内部控制的定义、内部控制五要素、评估内部控制体系有效性的标准等方面与旧框架保持了一致。与 COSO – ERM（1992）相比，COSO IC – IF（2013）的变化主要是：细化了内部控制框架的结构内容；扩大了报告目标的范畴；强调了管理层判断的使用；强化了公司治理的理念；增加了反舞弊与反腐败的内容；充分考虑了不同商业模式和组织结构的内部控制；考虑了不同商业模式和组织结构的内部控制。COSO IC – IF（2013）的发布，将会引起内部控制评价和内部控制审计的一系列问题，包括内部控制评价和审计程序的设计、标准的制定、报告和监督的执行等方面的改变。对于众多参考 COSO IC – IF（1992）制定的世界各国内部控制标准体系来讲，新框架同样具有重要的参考价值和借鉴意义。可以说，COSO IC – IF（2013）具有广阔的应用前景。

　　我国股票市场所发生一系列令人震惊的会计信息舞弊事件不仅冲击了资本市场的信心，也使得上市公司的声誉危如累卵，并为我国的会计工作敲响了警钟。不同领域里的专家学者在对其形成原因进行分析和研究时均从多个角度涉及了会计与审计问题，而内部控制失效则是一个相对直接的原因。为加强内部控制建设、规范公司行为、提高财务报告质量，2001 年 6 月，财政部正式发布《内部会计控制规范——基本规范（试行）》和《内部会计控制规范——货币资金（试行）》（财政部，2001），并要求从发布之日起在国家机关、社会团体、公司、企业、事业单位和其他经济组织内运用，这是中华人民共和国成立 52 年来首次以专项法规的方式所发布的专门涉及内部控制的规范性文件，因此，它是我国重视并加强单位内部控制制度建设工作的一个重要里程碑（刘玉廷，2001）。2002 年 12 月，财政部发布《内部会计控制规范——销售与收款（试行）》和《内部会计控制规范——采购与付款（试行）》（财政部，2002），2003 年 10 月，财政部发布《内部会计控制规范——工程项目（试行）》（财政部，2003）。2004 年 8 月，财政部制定下发《内部会计控制规范——担保（试行）》和《内部会计控制规范——对外投资（试行）》（财政部，2004）。它们的发布，不仅标志着我国的会计规范体系日臻完善，而且意味着我国的内部控制工作也将逐渐地驶入与中国加入 WTO 这一大环境相互适应的快车道。

为了进一步促进上市公司完善内部控制，加强对内部控制的监管，2006年6月5日，上交所发布了《上海证券交易所上市公司内部控制指引》（上交所，2006），自2006年7月1日起实施，同年9月28日，深交所也发布了《深圳证券交易所上市公司内部控制指引》（深交所，2006），自2007年7月1日起实施；之后，为迎接世界经济竞争的挑战，促进企业夯实内部控制基础，在借鉴国际已有先进成果的基础上，充分考虑中国企业面临的实际问题，2008年6月28日财政部、审计署、证监会、银监会、保监会等五部门借鉴COSO报告的内部控制框架，联合发布了中国版萨班斯法案（以下简称"C-SOX"）——《企业内部控制基本规范》（以下简称《基本规范》）（财政部等五部门，2008），自2011年1月1日起在上市公司范围内施行，鼓励非上市的大中型企业执行。《基本规范》强调企业高管层有责任建立有效的内部控制，并认为完善的治理结构是内部环境的一个重要因素。该规范标志着我国内部控制标准体系的初步建立。然而，企业建立内部控制体系很重要的一个环节是如何对内部控制评价，以不断改进和完善内部控制，因此，2010年4月26日，财政部、审计署、证监会、银监会、保监会等五部门又联合发布了《企业内部控制配套指引》（以下简称《配套指引》）（财政部等五部门，2010），包括《企业内部控制应用指引》、《企业内部控制评价指引》、《企业内部控制鉴证指引》等。该《配套指引》连同之前发布的《基本规范》标志着我国企业内部控制规范体系框架基本形成，理论界和实务界日益开始关注内部控制及其有效性的评价问题。

我国新会计准则体系中《企业会计准则——基本准则》对财务会计报告目标的定位是："向财务会计报告使用者提供与企业财务状况、经营成果和现金流量等有关的会计信息，反映企业管理层受托责任履行情况，有助于财务会计报告使用者作出经济决策。（财政部，2006）"高质量会计信息的基本特征主要表现为可靠性，财务报告的可靠性是指报告应该实事求是，既不夸大，也不缩小，客观公正地反映公司的情况。可靠性是一个概括性的质量特征，它以真实客观地反映企业的财务状况为基础，并通过计量和检验等手段向信息使用者做出保证，所以它的内容不仅包含真实性、公正性，还应包括可计量性和可检验性。内部控制理论从产生到现在，在演变过程中，其理论不断深化，其目标也呈多元化趋势。但会计信息质量控制在内部控制中的核心地位始终没有动摇过，保证财务报告的可靠性始终是内部控制的一项主要目标（朱荣恩，

2001）。COSO 委员会于 1992 年发布的内部控制整体框架把财务报告的可靠性作为三大目标之一。随后的内部控制文献在描述内部控制的功能和目标时，也始终都是将与财务报告相关的目标置于优先考虑的位置，即使是 2004 年的 COSO 报告也是如此。尽管 2004 年的 COSO 框架在整体上已经兼顾了价值创造的目标要求，并将体现管理要求的战略目标纳入内部控制框架体系，但其财务报告导向的立场并未发生彻底转变（李心合，2007）。按照 2004 年 COSO 框架的解释，在与财务报告有关的控制目标与管理者的目标有冲突时，"有效的企业风险管理对企业呈报目标和遵循性目标的实现提供合理保证程度优于战略目标和经营目标"（阎达五、杨有红，2001）。我国 2008 年借鉴 COSO 报告发布的《基本规范》也明确指出，内部控制是由企业董事会、监事会、经理层和全体员工实施的、旨在实现控制目标的过程。内部控制的目标是合理保证企业经营管理合法合规、资产安全、财务报告及相关信息真实完整，提高经营效率和效果，促进企业实现发展战略（财政部等五部门，2008）。2013 年的 COSO 新框架将财务报告以外的其他外部报告类型以及包括财务和非财务报告在内的内部报告的可靠性都纳入考虑范围。可见，内部控制的重要目标之一就是为企业出具可靠的财务报告和相关信息提供合理保证，这不仅能够满足企业管理者的需求，而且还能够为监管部门降低监督成本、为外部投资者提供决策依据以及为外部审计师节约审计成本等。因此，维护财务报告的可靠性是内部控制的首要功能，如何构建、评价内部控制体系以及内部控制有效性的影响因素成为社会各界共同关心的问题。以美国为首的世界各国纷纷出台相关的法律法规为企业内部控制体系的构建和评价提供了指导意见，学者们也对此展开了广泛的研究。而 2008 年美国的次贷危机以及金融危机在全球的爆发，更是将企业内部控制推至风险管理的战略高点。内部控制在理论和实践中不断发展创新也为我们对此热点问题的研究提供了丰富的理论依据和现实依据。

从国际背景和国内背景来看，一系列财务丑闻均无一例外与内部控制失效有关，从而再一次引发了人们对公司内部控制问题的反思。透视上述事件可以看出，当事公司为了实现大股东或管理层个人的利益，通过诸如虚假信息披露、关联交易、独断决策等手段进行信息造假，欺骗投资者、债权人和其他利益相关者，严重地损害了他们的利益。深入分析这一系列舞弊现象，不难发现，相关利益人之所以能够将动机变为现实，最根本的原因是在这些公司中，内部控制比较薄弱或失效，不但没能防止舞弊的发生，更没能发现已发生的舞弊。内部监督的缺失为企业管理层和员工创造了舞弊的机会，管理层为了私人利益会侵占投资者等利益相关者的利益，严重损害了利益相关者的权益。内部控制薄弱或失效不仅造成企业资源浪费、影响企业可持续发展和证券市场的稳定，而且对社会主义市场经济秩序和社会公众利益造成很大负面影响，这无疑突显出直面内部控制问题的迫切性，如何评价、保持并提高内部控制有效性更是理论界和实务界关注的焦点，也将相关学者和政府官员的视线集中到内部控制系统有效性研究上。各国政府部门都出台了一系列内部控制法律和法规，学者们也积极探讨改善内部控制的有效途径。

从现有文献来看，国外学者对内部控制有效性评价的研究主要集中在内部控制有效性指标的衡量和评价方法的选择两个方面，国内外学者对该领域进行了大量的探索，到目前为止，还没有形成一个统一的内部控制有效性评价模型。在内部控制有效性的影响因素方面，现有研究普遍认为除了公司规模、财务状况等公司基本特征外，公司治理水平是制约内部控制有效性发挥的重要因素（杨清香，2010）。产权经济学强调产权和制度环境在决定经济行为中的相互作用，产权的安排在现代公司制度中发挥举足轻重的作用。所有权结构是一种重要的公司治理机制，对内部控制效应具有重要影响。而股权结构是公司内部治理结构的产权基础，是企业利益相关者权利和义务的集中反映，它决定公司控制权的配置及治理机制的运作方式，最终影响内部控制的有效性（林钟高，2009）。吴益兵等（2010）认为：公司规模、公司的成长性、盈利能力以及经营活动复杂程度是影响内部控制有效性的因素，而在控制这些因素的基础上，控股股东的性质、股权集中度与机构投资者持股比例等指标会影响公司内部控制有效性水平，股权过于集中会弱化公司内部控制质量，降低内部控制有效性。不同的股权结构导致不同的公司治理机制，从而对内部控制效率产生的影响也会存在差异（吴益兵，2010）。由于特殊的历史背景，在股份分置改革之前，我国上市公司股份中国家股、法人股等非流通股占总股份三分之二，股权过于集中，流通股比重很小且过于分散，上市公司"一股独大"的现象十分突出，外部市场监督机制无法发挥其应有的作用，大股东"掠夺之手"对小股东造成了极大的伤害，不合理的股权结构成为影响我国上市公司经营绩效低下的根源性问题之一。2005年5月进行的股权分置改革对上市公司的经营模式、监管体制以及整个资本市场都产生了重要影响。股权分置改革后，上市公司全部股东的利益趋于一致，上市公司的经营目标逐步转为股东价值最大化。目前，股权分置改革尽管初见成效，但由于我国上市公司大多是由国有企业改制而来，股权相对集中、流通比例偏低，这些现象提高了上市公司的治理难度，降低了公司治理效率，使得现代化的公司治理体系难以最终形成。因此，股权结构与公司治理的关系一直是学术界研究的热点课题，产权经济学强调产权和制度环境在决定经济行为中的相互作用，产权的安排在现代公司制度中发挥举足轻重的作用。作为产权安排制度基础的所有权结构是一种重要的公司治理机制，它决定了公司治理结构的构成及其运行机制，然后通过公司治理效率来决定企业整体运行效率。但国内关于所有权结构对公司治理效应影响的研究绝大多数是基于直接持有上市公司股份的第一大股东的角度展开的，只有较少文献从多个控制人股权制衡的角度来研究所有权结构的治理效应[①]。但是，这些为数不多的股权制衡的研究绝大部分是基于控制人的直接股权结构（如：黄渝祥等，2003；孙兆斌，2006；唐跃军、谢仍明，2006；刘运国、高亚男，2007），并没有逐层追溯到上市公司的终极控制人。然而，公司治理文献研究表明，世界大多数国家和地区的公司普遍存在金字塔控制结构（LaPorta et al.，1999；Claessens et al.，2000，2002；Faccio and Lang，2002；刘芍佳等，2003；上海证券交易所研究中心，2005）。在股权集中型的公司治理模式下，构建金字塔控制结构是终极控制人对上市公司实施控制最为主要和最为常用的方式。终极控制人通过构建金字塔控制结构使自己成为金字塔顶端的终极所有者，终极控制人一方面可以有效地监督管理层，另一方面既可能利用其控制权侵占上市公司，或者缓解自身严重的财务约束，也可能在最终控制人和上市公司之间形成相互保险的关系。终极控制人与其他中小投资者以及金字塔控制结构低层级成员公司的其他中小投资者之间的利益冲突是股权集中型公司治理的显著特征。我国资本市场现阶段的定义性判断是"新兴加转轨"。新兴，说明它还是一个正处于发展初期的、尚不成熟的市场，主要表现在市场的基础性制度不完善、市场的发展滞后于国民经济的发展、诚信文化发展迟缓、理性投资理念尚未形成、市场结构和投资品种单一等。这类问题主要靠发展去解决。转轨，说明这个市场正处于由计划经济向市场经济的过渡阶段，因此一些传统计划经济体制的东西仍然存在并发挥着作用。这类问题就必须也只能靠改革

---

① 在这方面，毛世平（2008）给出了详细的文献综述。

的办法去解决。在我国这样一个新兴加转轨的特殊发展时期，上市公司的金字塔控制结构更为普遍。刘芍佳等（2003）的研究结果表明，我国上市公司中75.6%由政府通过金字塔结构实施间接控制，赖建清和吴世农（2005）研究发现，自然人采用金字塔式控股结构的比例高达95.7%。在这样的金字塔控制结构中，终极控制人的存在及其多种行为对上市公司内部控制产生多重影响机制，终极控制人作为公司经营活动的重要决策者，其股权特征很可能会对公司内部控制产生影响。基于控制人的直接股权结构研究股权制衡的治理效应至少存在以下缺陷：从终极控制人的角度看，上市公司的多个直接控制人可能是一致性行动人，这是同一个终极控制人通过金字塔控制结构对上市公司采用多链条方式加强控制的手段；在此基础上来讨论内部控制有效性显然是没有意义的，最终得到的治理效应研究结论可能会存在偏差并缺乏可信度。因而，追溯到上市公司的终极控制人能够更好地理解现代公司中所有权、控制权、控股结构之间的关系（刘芍佳等，2003），也只有从终极控制人的角度来研究多个控制人股权制衡的治理效应才能把握问题的关键。这就为学者们从终极控制人的角度研究内部控制有效性提供了极为有价值的研究空间。为此，本书借鉴已有研究成果，并结合我国制度背景及发展现状，深入研究终极控制人对内部控制有效性的影响，以期为我国内部控制体系的建设与完善提供理论和实证依据。

二、研究意义

2008年6月，财政部联合五部委发布的《基本规范》连同2010年4月发布的《配套指引》，标志着我国内部控制的发展进入了规范发展时期，我国既具有国际视野又有本土特色的内部控制规范体系已经形成。中国版"SOX法案"的颁布标志着我国内部控制监管时代的到来，内部控制信息披露已从自愿性披露进入强制性披露阶段。鉴于内部控制是否设计合理和执行有效的信息对投资者利益保护的重要性，内部控制有效性问题日益成为学术界和监管部门关注的焦点。他们试图通过对内部控制有效性相关问题的研究，为企业内部控制完善和监管提供政策建议和支持。正如鲍尔（1997）所说："内部控制已经成为公共政策讨论和关心的一个重要问题（Power，1997）"。但是《基本规范》与《配套指引》执行的效果如何？

企业的内部控制是否有效？我国上市公司特殊的金字塔股权结构对内部控制有何影响？等等，这些问题都需要我们从理论上给予分析，从实证上给予检验。因此，现阶段系统地研究终极控制人对上市公司内部控制有效性的影响不仅必要，而且重要，对这一问题开展研究既拓宽了终极控制人的研究领域，又丰富了内部控制有效性的研究内容，不仅有助于促进我国内部控制理论的研究和完善，而且能促进企业不断完善内部控制体系，提高上市公司的财务报告质量，从而有利于为投资者、债权人、企业管理层、监管部门等利益相关者的提供决策依据。

（一）理论意义

1. 有助于相关部门制定更完善的内部控制法律法规

随着信息传递和交流渠道的日益丰富，企业会计信息的重要性日益凸显出来，解决我国市场经济宏观层面出现的会计信息失真导致资本市场严重混乱的现象需要深入触及微观机制的最本质的问题——内部控制，即上市公司内部控制体系的建立与实施迫在眉睫。目前关于建立企业内部控制体系的理论已相对完善，我国的内部控制研究正在由服务于审计的内部控制研究转变为以完善公司治理结构和提高控制效率为切入点的内部控制研究（杨有红、胡燕，2004），随着《基本规范》与《配套指引》的相继发布，理论界和实务界日益开始关注内部控制及其有效性的评价问题（陈汉文、张宜霞，2008；王怀明，2008；韩传模，2009；周小燕，2012；崔志娟，2012；程晓陵、宋占林，2012；赵建凤，2013；孙光国、李冰慧，2014；王凯，2014），但在内部控制有效性概念、评价指标体系及评价方法方面目前尚未形成一个统一且具有高度认同感的结论；在研究股权结构与内部控制的关系时主要从直接控股股东来研究股权结构对内部控制质量的影响，尚缺乏终极控制人对内部控制有效性影响的研究。本书的研究成果不仅丰富了终极控制人的研究范围，而且也充实了企业内部控制的现有理论，这无疑将丰富现有的相关研究文献，有助于相关部门制定更完善的内部控制法律法规，指导上市公司的内部控制实践活动。

2. 有助于《基本规范》的有效实施

《基本规范》与《配套指引》的相继发布是我国在公司治理方面的一

个重要里程碑，体现了我国经济与全球经济的进一步接轨和整合，为我国企业完善公司治理结构带来了新的指引，提出了新的挑战。一方面，内部控制规范为中国企业建立内部控制体系提供了一个标准的框架，在理念、实施和制度层面为企业提供了基础；另一方面，内部控制作为一个相对较新的课题，为首次系统地建立与实施内部控制的企业提出了新的挑战。由此引发我们深入思考和研究的问题是：在我国这样一个"新兴+转轨"的证券市场中，股权相对集中，国有股占较大比例，上市公司普遍存在金字塔结构，终极控制人对内部控制有效性有何影响？本书顺时应势从终极控制人视角深入分析内部控制有效性的影响因素，可为《基本规范》的有效实施提供理论指导。

3. 有助于更好地完善内部控制评价的相关规范

内部控制有效性的评价是当前企业内部控制实施中必须面临的重要问题。本书借鉴国际公认的内部控制的重要文献 COSO 报告和我国的《基本规范》与《配套指引》，在界定内部控制有效性概念的基础上，从内部控制设计和执行的效率与内部控制目标的保证水平两方面构建内部控制有效性综合评价指标体系，通过主成分分析法构建内部控制有效性综合评价指数模型，并对我国上市公司内部控制有效性进行综合评价与分析，深入探讨终极控制人对内部控制有效性的影响，可为内部控制有效性量化评价提供理论基础，有助于相关部门完善内部控制评价的相关规范，以更好地指导企业内部控制评价实践，使内部控制有效性评价更具科学性和合理性。

（二）实践意义

1. 有助于保障证券市场在资源配置中决定性作用的发挥

党的十八届三中全会审议通过的《中共中央关于全面深化改革若干重大问题的决定》指出："经济体制改革是全面深化改革的重点，核心问题是处理好政府和市场的关系，使市场在资源配置中起决定性作用和更好发挥政府作用。"真实、公允的会计信息是市场在资源配置中起决定性作用的根本保障，也是政府完善宏观调控和加强市场监管的重要基础。本书的研究成果将为改变我国现阶段由于上市公司内部控制失效而导致的会计监督名存实亡、会计管理和控制日益弱化、会计信息失真愈演愈烈的现状，从而有利于为证券市场健康发展提供真实、公允的会计信息，全面提升我国会计信息质量，为政府完善宏观调控和加强市场监管提供决策依据，保障了证券市场在资源配置中决定性作用的发挥。

2. 有助于保护投资者利益进而促进资本市场健康发展

资本市场对国家经济发展越来越重要，而投资者保护是影响资本市场发展最重要的因素之一。各国都通过制定一系列法律、法规或制度强化外部监管，以对投资者的利益加以保护。但是，就资本市场的投资者而言，对于投资者保护制度的安排不完全是外生的，越来越多的研究表明，仅依靠法律和证券市场的监管对投资者保护是远远不够的，需要靠内部控制制度安排来弥补其不足。内部控制的本质决定了其能够缓解两权分离下委托人与受托人之间的信息不对称，提高财务报告质量，保护投资者利益，因此，对内部控制有效性进行评价就成为保护投资者利益的重要手段。本书的研究成果将更好地实现对投资者利益的保护进而促进资本市场健康发展。

3. 有助于提高企业内部控制有效性进而加快企业的内部控制建设

内部控制有效性评价是企业内部控制建设中的重要组成部分。在所有权集中的上市公司，公司的主要代理问题是大股东与中小股东之间的利益冲突，我国上市公司普遍存在终极控制人，公司面临的主要代理问题上升为终极控制人与中小股东之间的利益冲突，内部控制演变为解决公司终极控制人与中小股东之间代理问题的重要机制，本书通过股权控制链追溯到终极控制人，实证分析终极控制人对上市公司内部控制有效性的影响，提出完善上市公司终极控制人治理、提高去内部控制效率的措施，有助于为企业制定相关政策、提高抗风险能力和竞争力提供参考。

第二节 研究目标、本书框架与主要内容

一、研究目标

总目标：构建上市公司内部控制有效性综合评价体系；在检验内部控

制有效性总指数的可靠性基础上，从股权控制链角度研究终极控制人在哪些方面影响内部控制有效性。

具体目标：（1）在现有研究基础上，设计衡量内部控制有效性的指标体系，即内部控制评价客体；运用客观分析方法给每个指标赋权重，选择科学的评价标准并得出内部控制有效性综合评价指数。（2）从终极控制人特征包括终极控制人性质（分为国有终极控制人、非国有终极控制人）、政府控制层级、终极控制权、现金流权、两权分离度及行权主体等几个方面分析终极控制人对上市公司内部控制有效性的影响。

二、本书框架与主要内容

由于我国还未形成统一的上市公司内部控制有效性评价体系，在评价指标和评价方法及评价标准方面也未形成一致的结论；在研究影响内部控制有效性的股权结构因素方面，我国的相关研究集中于直接控股股东的性质和股权集中度两个因素，并未依据股权控制链追溯到终极控制人，因此，本书需要解决三大问题：（1）如何选取内部控制有效性评价的衡量指标；（2）选择什么评价标准和评价方法对评价指标评分、赋权重并得出内部控制有效性总得分；（3）终极控制人如何影响上市公司内部控制有效性。本书的框架如图1-1所示，全书分为六个部分，每一部分的内容安排如下：

第一章：导言，介绍本书选题的国际背景、国内背景；选题的理论意义和实践意义、研究目标、论文框架与主要内容。

第二章：文献回顾与评述。首先对国内外内部控制理论的相关研究进行综述；然后，国内外对内部控制有效性的界定、内部控制有效性评价方法及衡量指标。国内外对内部控制有效性影响因素研究综述，国内外股权结构与内部控制有效性研究综述；最后，国内外终极控制人代理行为研究综述。在文献回顾的基础上对现有研究现状进行评述，提出得到的借鉴和启示。

第三章：概念框架与理论基础。首先对相关概念进行界定，主要包括内部控制概念框架体系（包含内部控制本质、研究范围、主体、目标、对象、内容、方式及规范）的界定；在此基础上对与内部控制相关的其他概念进行辨析（包括内部会计控制、内部管理、风险管理、管理控制及公司治理）；内部控制有效性概念的界定；终极控制人概念的界定（包括终极控制人概念以及终极控制人的性质、政府控制层级、终极现金流量权、终极控制权、两权分离度、实际控制权、控制权行权主体等概念）。然后，在概念辨析和界定的基础上从经济理论和管理理论两个方面分析内部控制的理论基础，主要包括制度经济学理论、产权理论、团队生产理论、不完全契约理论、委托—代理理论、系统论、控制论、信息论及风险管理理论及战略管理理论。然后，在内部控制理论基础上，提出股权结构与内部控制关系的分析框架。最后，根据内部控制的理论基础提出基于终极控制人的内部控制有效性理论分析的可能框架。

第四章：上市公司内部控制有效性的综合评价。首先，以《基本规范》为理论依据，不仅从内部控制五项要素内容的设计的合理性和执行的效率，而且从内部控制执行结果的最终衡量标准——五项目标保证水平综合考察内部控制有效性评价指标；其次，在对指标数据标准化处理后运用主成分分析法提取出主成分，并根据方差贡献率及因子载荷矩阵计算出内部控制有效性总指数；然后，对上市公司内部控制有效性综合评价指数总体评价，以及按行业、地区、规模、成长性等分组比较分析；最后，运用均值 T 值检验、中位数 Z 值检验、单变量相关性分析及多元有序 Logistic 回归检验了内部控制总指数的有效性。

第五章：终极控制人对上市公司内部控制有效性影响的实证分析，在理论分析的基础上提出相关假设后进行实证分析。主要研究了以下内容：（1）研究终极控制人所有权激励特征，即现金流权、控制权、两权分离度对内部控制有效性的影响。其中，在研究控制权与内部控制有效性关系时，将控制权分为低度控股、相对控股和绝对控股三个不同区间，分别探讨控制权与内部控制有效性的关系；（2）考察了终极控制人性质产权性质不同，是否会影响两权分离度与内部控制有效性的关系；（3）研究终极控制人的实际控制权对内部控制有效性的影响；（4）研究终极控制人行权主体不同是否会影响内部控制有效性，以及政府控制层级不同，是否对行权主体与内部控制有效性的关系产生影响。

第六章：结论与展望。总结本书的结论并提出相应的对策，对今后的研究提出展望。

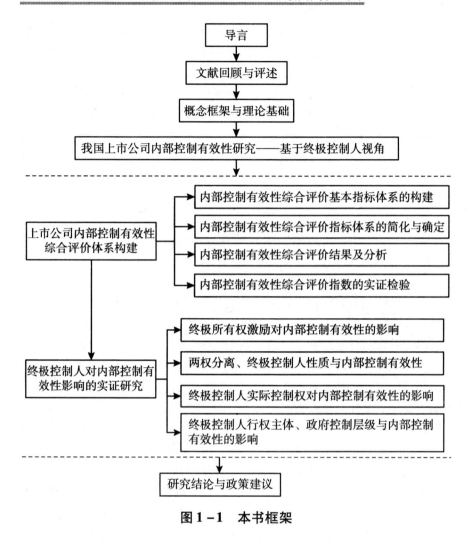

图 1-1 本书框架

第三节 研究思路、方法与技术路线

一、研究思路

本书根据已有的相关文献，针对我国的特殊制度背景，基于终极控制人视角，对内部控制有效性进行深入的研究。在相关理论分析和已有文献的基础上，首先，从内部控制要素内容和内部控制目标保证水平两个方面综合考虑构建上市公司内部控制指标，并运用主成分分析法从指标体系中提取主成分，利用方差贡献率、因子载荷矩阵及主成分得分矩阵对其综合评分得到上市公司内部控制有效性总指数。在内部控制有效性指数构建之后，运用描述性统计、T 值、Z 值等方法对上市公司内部控制有效性进行总体评价和分析。然后，运用 Wilcoxon 秩和多元有序 Logistic 回归分析等方法对内部控制有效性指数进行实证检验。在此基础上，进一步实证分析我国的上市公司终极控制人基本特征对内部控制有效性的影响。最后，得出相关结论，并针对存在的问题提出相关政策建议。研究思路如图 1－2所示。

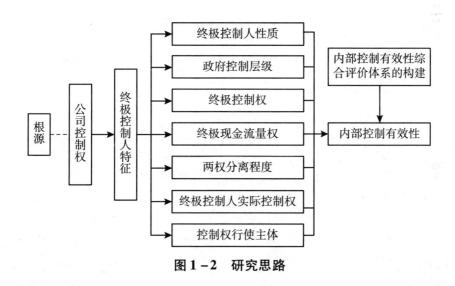

图 1－2　研究思路

二、研究方法

（一）规范研究与实证研究相结合

本书在界定内部控制、终极控制人相关概念，理论分析终极控制人与内部控制有效性关系时，运用演绎式的规范研究，而在根据经验数据验证理论假设和猜想时则运用归纳式的实证研究。

（二）定性研究与定量研究相结合

本书在对内部控制指数的性质界定及其量化上采用了定性分析和定量分析相结合的方法，以使变量的界定更加科学合理。

（三）具体研究方法

本书在实证研究中具体采用的方法包括：主成分分析法、排序分析法、描述性统计、样本分组均值比较、单因素方差分析、相关性分析和多元线性回归分析等。在样本数据的搜集上，除依靠 CSMAR、CCER 上市公司数据库外，还有许多数据需依靠手工搜集完成。

三、技术路线

本书首先运用规范分析法对国内外内部控制理论研究、内部控制有效性界定和内部控制有效性评价方法研究、国内外内部控制有效性影响因素研究、内部控制和股权结构的关系研究、终极控制人代理行为研究等相关文献进行回顾与评述；在文献回顾和评述的基础上运用规范分析法界定了内部控制概念及其相关概念、终极控制人概念；根据经济和管理理论阐述了内部控制的理论基础，并进一步构建基于终极控制人的内部控制有效性理论分析框架。其次，运用定量与定性相结合、过程与结果相结合的方法确定基本评价指标；再运用主成分分析法对基本指标降维，并对降维后的指标体系赋权重，得到上市公司内部控制有效性综合评价指数。然后，本书选取 2011～2012 年沪市 1498 家上市公司为样本，根据提出的假设进行模型构建，进行实证分析。本书采用 SPSS 分析软件。运用描述性统计分析，按分组变量进行分组后进行组间的均值比较及单因素方差分析；运用相关性分析对主要变量之间的相关性进行初步分析；在描述性统计和相关性分析的基础上，对样本数据进行分行业，分年度的多元线性回归分析。并进一步根据回归结果分析研究假设是否得到验证，对研究结论进行分析得出结论。最后，根据研究结论，对如何提高上市公司内部控制有效性提出政策建议。

第四节　研究创新点

（1）在内部控制有效性综合评价体系构建方面。在评价客体的选择上，大多数研究是基于《基本规范》或 COSO 框架中要素内容来设计内部控制评价指标，这种评价客体的选择能够反映内部控制设计的合理性、完整性和有效性以及执行的效率，但是设计和执行的有效性是内部控制有效性的前提和基础，其最终结果要以内部控制保证水平来体现，即内部控制执行的最终结果是否合理保证了企业目标。本书正是全面地考虑了这两方面的因素，选取了相应的衡量指标，其中，内部控制设计和执行效率评价指标 19 个，内部控制目标保证水平评价指标 21 个，共 40 个基本指标，这些指标全面、客观地体现了内部控制有效性。

（2）在内部控制有效性评价方法上，目前大多数的研究是采用问卷调查法、专家打分法及层次分析法等方法，这些方法共同的缺陷是对内部控制指标打分时过多依赖主观判断，缺乏可比性。本书采用主成分分析法构建企业内部控制有效性评价体系，避免了指标之间的多重共线性，简化了内部控制评价指标体系。并采用方差最大化提取主成分，以方差贡献率确定各主成分权重，对内部控制各主成分赋权重得出总评分，最后确定内部控制综合评价指数。这种方法增强了内部控制评价的客观性，可比性。

（3）将终极控制人的研究深入公司内部管理机制——内部控制上，考察了现金流量权、两权分离等终极控制人所有权激励特征对内部控制有效性的影响，丰富了终极控制人两权分离经济后果的研究；以代理成本为切入点，探讨了终极控制人不同控制特点对内部控制有效性的影响。突破前人从直接控股股东研究的局限，更加符合我国的现实背景。因为我国大多数上市公司终极控制人通过金字塔持股结构方式形成对上市公司控制，因此，研究直接控股股东背后的终极控制人能够更好地理解终极控制人治理模式对内部控制有效性的影响。

第五节　小　　结

　　著名管理学大师彼得·德鲁克曾经说过，管理学研究者的任务不是解答问题，而是提出问题。本章主要提出要研究的问题，阐述提出该问题的时代背景与研究意义；阐明研究目标、本书框架与主要内容，介绍本书的研究思路、研究方法与技术路线。

第二章

文献回顾与评述

第一节 引 言

　　内部控制理论随着实践的发展不断演变。内部控制的概念最初源于会计控制，大多数研究从会计和审计的角度去界定内部控制的概念。然而，随着世界范围内的公司财务舞弊事件的频繁发生，内部控制已经不仅仅是会计和审计领域研究的重点，而成为整个企业界和理论界关注的焦点，并开始从公司治理的角度来界定内部控制的概念，突出了内部控制在保证企业资产的安全、可靠的会计信息、企业经营活动的合规性及促进企业战略目标的实现等方面的重要性。目前，大多数研究普遍认为内部控制的产生和发展历程可以划分为五个阶段：内部牵制、内部控制制度、内部控制结构、内部控制整体框架、风险管理整体框架阶段（杨有红、胡燕，2004）。随着 COSO 委员会发布的《内部控制——整体框架》报告［以下简称"COSO IC－IF（1992）"］和 SOX 法案的颁布执行，美国的内部控制实证研究开始大量出现。我国内部控制理论研究和实证研究都晚于国外发达国家，基本上在借鉴国外研究的基础上，结合国内的实际而展开。本章对内部控制研究文献的回顾分为内部控制理论研究和内部控制有效性以及终极控制人代理行为研究。其中，内部控制理论研究按照内部控制历史发展顺序阐述，内部控制有效性研究按照内部控制有效性的界定及其评价、内部控制有效性的影响因素、内部控制有效性与股权结构的关系进行阐述。

第二节 内部控制理论发展的研究

对内部控制的关注最初源自企业自身对规范化管理和股东掌握企业运营的准确信息的需要。此外，最重要的推动因素就是外部审计师审计财务报表的要求。此后，各国政府也逐渐开始积极推动内部控制领域的进程，以期减小企业的舞弊和违规行为对市场经济秩序的消极影响。因此，内部控制理论与实践的不断发展是学术界、职业组织、大型企业及政府组织共同推动作用的结果。此外，内部控制领域的发展历程显示，一些影响巨大的公司经营失败或舞弊事件的发生，往往加速了内部控制理论研究以及实践应用的发展进程，并催生了一些里程碑式的文献和立法规定。内部控制理论是内部控制框架和标准制定的基础，在整个内部控制体系中起基础性作用。国内外内部控制理论主要从内部控制的概念、内部控制内容、内部控制目标及内部控制手段和方法等几个方面展开研究。本书分别从国内外政府为主导的内部控制框架研究、国内外学者们对内部控制概念体系的研究两条主线进行了阐述。

一、以政府为主导的内部控制理论发展研究动态综述

企业内部控制是由实践需要而产生的管理领域。内部控制理论的产生是近代的事情，但是，内部控制实务却源远流长，应该说，自古有之（石爱中，2006）。内部控制起源于早期的内部牵制，现代的内部控制是企业在长期的经营实践过程中，随着对内加强管理和对外满足社会需要而逐渐产生并发展起来的自我检查、自我调整和自我制约的系统。在不同的历史发展阶段，不同的国家或地区，受当地或当时特定经营实践和管理制度的影响，内部控制的内容、形态和作用往往存在不同程度的差异。进入20世纪以来，内部控制在国际上发展迅速，从理论到实务内容不断丰富，其发展先后经历了内部牵制、内部控制制度、内部控制结构、内部控制整体框架、风险管理整体框架、内部控制整体框架更新六个阶段。

（一）萌芽时期：基于行为人层面控制的内部牵制阶段（20 世纪 30 ~40 年代）

据史料稽考，早在美索布达米亚文化时期，就已经出现了内部控制的初级形式——内部牵制的实践。此后，随着经济的发展和科学技术的进步内部牵制渐趋成熟。最早提出内部牵制概念的是 L. R. 迪克西（L. R. Dicksee, 1905），他认为，内部牵制由 3 个要素构成：职责分工、会计记录、人员轮换。R. H. 蒙哥马利在 1912 年出版的著作《审计——理论与实践》中指出："内部牵制是指一个人不能完全支配账户，另一个人也不能独立地加以控制的制度，即某位职员的业务与另一位职员的业务必须是相互弥补、相互控制的关系。"随后，西方资本主义经济的快速发展，企业原有的组织形态业主所有制逐渐变化为股份公司制，带来了经营权与所有权的分离。所有者为了保护自有财产、监督经营者的行为，逐渐有了"内部牵制制度"这一设想，它的主要思路是：一项业务流程必须经过多个环节和两个以上人员的交叉处理和控制，这样才可以更好地监督经营者的管理行为，保护所有者的资产不受经营者的私自侵吞，减少差错的出现和舞弊现象的发生。内部牵制主要是以保护财产的安全和可靠、账目记录真实和完整为目的的，以职务分离和互相牵制为手段，以钱、账、物等会计记录为主要控制事项的牵制过程。1934 年，美国《证券交易法》首先提出了"内部会计控制"概念，之后美国会计师协会于 1936 年发布的《注册会计师对财务报表的审查》文告，正式提出"内部控制"概念。文告中认为："内部牵制和控制这一术语，是指为了保护公司现金和其他资产、检查簿记事务的准确性，而在公司内部采用的手段和方法。"自此以后，内部控制成为一个专门的研究领域。

在我国，内部控制牵制制度阶段也经历了漫长的目标定位过程。从历史上看，中国在西周时代已经存在内部牵制的管理思想，周王朝为了加强财政收支的核算和控制就已采用一些较原始的内部牵制制度，如：分权控制方法、交互考核制度及九府出纳制度等。封建统治时期，秦朝的"三公九卿制"实现了国家财政与皇室财政的分管控制，同时增加了御史大夫职位，赋予其监察大权，实现了监察与政务并立。随着唐朝时期审计与财计监察体制的确立，才使财计执行系统与财计监督系统相互分离，形成了我国内部牵制制度的雏形。经历了 2000 多年的封建社会，我国的内部控制一直是以差错防弊为主要目的的内部牵制模式，即已经懂得了钱、物、账必须实施分管的道理，这也为我国内部控制的发展起到指导作用。

（二）发展时期：基于组织层面控制的内部控制制度阶段（20世纪40~80年代）

进入20世纪以后，内部控制得到了突飞猛进的发展，经历了理论完善和实践塑造两大历程。随着资本主义经济发展和市场分工的不断完善，公司等经济组织进入了市场舞台，欧美等国家的产业革命相继完成，社会化大生产的发展极大促进，从而加剧了企业间竞争，导致企业加强内部管理的呼声愈加强烈。20世纪30年代出现的世界性经济大危机，迫使很多企业为了生存，更需要加强对经营管理的控制与监督，这就促使企业内部控制工作不能仅仅局限于差错防弊的目的，而是要超越原有的会计和财务范畴，深入企业的所有部门及整个业务活动之中。20世纪40年代后，随着科学技术和生产自动化的迅猛发展，企业规模继续扩大，巨型公司、复杂产品和大型工程的出现，势必导致对企业的内部控制提出了更高的要求，于是便产生了内部控制制度的概念。这一时期股份公司逐渐成为西方各国主要的企业组织形式，传统的内部控制已不能满足企业的需要。西方企业的经营者在实践中逐步完成了对内部控制范围的转变，使内部控制的主要范围从单个经济活动转向所有经济活动，进而形成了包括组织结构设置、业务处理程序、岗位职责说明以及内部审计等在内的范围更广、运行机制更严密的控制系统。1949年，美国注册会计师协会（以下简称"AICPA"）在一份特别报告《内部控制、协调系统诸要素及其对管理部门和注册会计师的重要性》中，首次将内部控制界定为"内部控制是企业所制定的旨在保护资产完整、保证会计资料可靠性和准确性、提高经营效率、贯彻管理部门所制订的所有相互协调的方法和措施。"在这一定义中，内部控制制度的概念已突破了与财务会计部门直接有关的控制的局限，它还包括预算管理、成本控制、对企业经营状况定期报告、统计分析企业发展趋势，贯彻执行管理部门制定的政策方针等内容。之后，为了按照公认审计标准来规范内部控制检查和评价的范围，1958年该委员会发布的第29号审计程序公报《独立审计人员评价内部控制的范围》将内部控制划分为"会计控制"和"管理控制"两个方面，即内部控制"制度二分法"，前者的作用在于保护企业资产不受侵蚀、确保财务会计数据的可靠性和准确性，后者的作用在于提高企业经营活动的效果和效率、促进对管理方针的遵守。1972 年 AICPA 下设的审计准则委员会于发布了《审计准则公告第 1 号》（以下简称"SAS No. 1"）。1977 年，美国国会颁布了《反国外行贿法案》（Foreign Corrupt Practices Act，FCPA），其要求每个企业尽可能地建立内部控制制度，并且是建立足以达到控制目标要求的内部会计控制制度。

　　内部控制的思想虽古已有之，但我国对于内部控制制度的理论规范研究起步较晚。这一时期，我国内部控制相关控制活动只是零散地出现在企业实际操作中，并没有形成真正意义上的内部控制规范，关于内部控制的相关法规基本处于空白的状态。

（三）完善时期：基于企业层面控制的内部控制结构阶段（20 世纪 80 ~ 90 年代）

　　自 20 世纪 80 年代以来，西方会计审计界对内部控制研究有了新的发展，研究重点由一般含义转向具体内容，由内部控制制度向内部控制结构发展，其转变标志是 AICPA 于 1998 年 5 月发布的《审计准则公告第 55 号》（以下简称"SAS No. 55"），从而取代 1972 年发布的 SAS No. 1。该公告首次以"内部控制结构"取代原有的"内部控制制度"，将内部控制界定为"为合理保证企业特定目标的实现而建立的各种政策和程序"，认为内部控制结构的构成要素主要分为控制环境、会计制度和控制程序三个方面。该公告认为，在这三个构成要素中，控制程序是保证内部控制结构有效运行的重要机制。会计制度是内部控制结构的关键因素，并强调了控制环境要素，认为管理者对内部控制的态度、认识和行为等因素是保证内部控制目标实现的环境基础，要求审计师在评估控制风险时应评估企业所面临的内外环境风险。相较于 1972 年的内部控制定义，内部控制结构有两个明显的变换：一是正式将内部控制环境纳入内部控制范畴，不再把控制环境作为内部控制的外部因素来看待；二是内部控制统一以要素表述，不再划分会计控制和管理控制。

　　这一时期，我国内部控制结构阶段的研究不明显，基本还处于内部控制制度的研究。随着市场经济的发展，股份制成为企业制度的主要形式，所有权与控制权的分离使得股东与管理者存在信息的不对称，企业内部控制制度作为制约代理行为的措施之一逐渐走入人们的视线，引起了相关各方的重视。20 世纪 80 年代后期，随着社会主义市场经济的建立和发展，我国政府意识到要加强相关法规的制定。1986 年财政部颁发《会计基础工作规范》对内部控制作了明确定义：内部会计控制是为了实现保护企业资产的安全、完整，确保有关法律法规和规章制度的贯彻执行，提高会计信息质量等目标制定和实施的一系列控制措施、方法及程序。

（四）成熟时期：基于企业风险管理的内部控制整体框架（20 世纪 90 年代 ~21 世纪初）

关于内部控制的框架，不同机构都对其有不同的理解，其中以 COSO 发布的"COSO 内部控制框架"得到最广泛的认可。除此之外，加拿大的"COCO 内部控制框架"、英国"综合守则"下的"Turnbull 指南"等内部控制框架，也在一定范围内得到了广泛的应用。

20 世纪 80 年代，美国企业虚假财务报告丑闻层出不穷，许多大公司突现经营失败，立法机构、政府监管机构和职业组织对虚假财务报告问题表现出了空前的关注。在这一背景下，1985 年，美国注册会计师协会（AICPA）、美国会计学会（AAA）、国际内部审计师协会（IIA）、管理会计师协会（IMA）、财务经理协会（FEI）发起成立了一个民间组织"Treadway 委员会"，希望研究虚假财务报告的产生原因并推荐解决办法。该委员会在调查中发现，在其研究样本中，将近 50% 的财务舞弊事件可以全部或部分归咎于内部控制失败。该委员会同时认为，应该建立一个统一的、可操作的内部控制框架。继而，五个发起组织成立了一个委员会，即 COSO。在内部控制演进过程之中，COSO 的突出贡献是举世公认的。1992 年 9 月 COSO 组织研究推出了第一份《内部控制——整体框架》的报告［以下简称"COSO IC – IF（1992）"］。COSO IC – IF（1992）报告提出："内部控制是受企业董事会、管理层和其他职员共同作用，为实现经营效果性和效率性、财务报告的可靠性以及对适用的法律、法规的遵循性等目标提供合理保证的一种过程。"与以往相比，这个广义的定义体现了现代意义上的全程和全面的控制理念，控制主体不仅仅是企业的经营管理者，企业的董事会、立法和管制机关乃至众多的其他的利害关系人也进入企业控制范围；相应地，内部控制系统也被划分为五个组成部分：控制环境、风险评估、控制活动、信息与沟通以及监督检查等，称其为内部控制五要素。控制环境是指自愿履行其控制责任、开展业务活动所处的氛围，包括管理人员的管理哲学和经营作风、职员的诚实和职业道德、员工胜任能力、董事会的独立性和专业能力及审计委员会的专业水平、组织机构、人力资源政策等；风险评估是指对影响作业目标达成的相关风险的辨认和分析，包括企业重组、企业经营环境的改变及新技术的采用等；控制活动是指企业制定并予以执行的政策和程序，以帮助确保其用于处理影响目标达成的风险之管理人员的指令得到有效落实，包括实物控制、岗位分离、信息处理控制、业绩考评等；信息与沟通是指以一定的形式和在一定的时间段内辨认、获得的，员工在执行、管理和控制作业过程中所需的信息，以及信息的交换、传递及反馈，主要有采用恰当的货币价值计量、确认记录有效的经济业务、在财务报告中恰当揭示；监督检查是指评估内部控制运作质量的过程，包括持续性监管活动和个别评估，主要是日常的管理监督活动、对内部审计及与外部审计进行信息交流进行监控。五要素之间并非独立存在，而是相互联系、相互融通的，是一个动态相互影响的过程，最终与内部控制的三大目标形成立体形的企业控制结构（见图 2-1）。因此，COSO IC-IF（1992）将内部控制发展成了一个目标明确、主体清晰、内部控制要素健全以及要素之间有机联系的内部控制框架体系。该报告是世界上最早发布的权威性内部控制框架，它界定了一个可以适用于不同用户需要的内部控制概念，为企业内部控制的实施提供了践行标杆，并被理论界，实务界普遍认同和广泛接受；它将内部控制概念由一个财务报告中狭隘的专业术语，扩展到企业经营活动及遵循法律等更为广阔的领域，为管理层和外部独立审计人员提供了一系列评估内部控制体系的实用工具，促进了公司内部治理结构的完善，也使得相关政策制定者对内部控制有了更加深刻的理解，使内部控制在理论上、实务上都有了一个新的开始。同时，它在许多方面有重大的质的突破，代表着当今内部控制研究的最高成就，已经成为世界通行的内部控制权威文献，被国际和各国审计准则制定机构、银行监管机构和其他方面所采纳，被公认为是内部控制发展史上一块里程碑。其他若干具有影响力的控制框架很大程度上都借鉴了 COSO 的工作成果，加之美国首屈一指的经济影响力等因素，COSO 直到现在仍是世界上应用最广泛的内部控制框架。

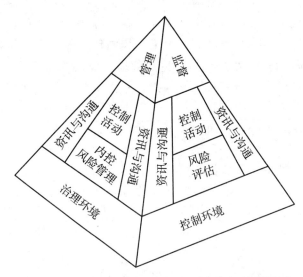

图 2 - 1 COSO IC - IF（1992）内部控制要素

除美国以外，还有相当多的国家和团体也在对内部控制理论进行积极地研究和探索。在美国提出了 COSO 之后，加拿大特许会计师公会（以下简称"CICA"）成立了控制标准委员会（以下简称"COCO"）。COCO 的工作目标是提高管理层决策质量，协助公司通过控制、风险管理和公司治理的手段提升经营业绩。COCO 在 1995 年 11 月开发出了"控制原则标准"（以下简称"COCO 框架"）。COCO 报告对内部控制定义描述为："控制是由组织资源、系统、过程、结构、任务与文化等企业要素所组成，而将这些资源结合在一起以支援组织成员达成组织的目标：营运的效果与效率；内部与外部报告的可信赖度；遵行相关法规以及内部政策办法。"从该定义分析来看，COCO 报告也是从要素的角度对企业内部控制体系的构建进行规范，但是其将内部控制划分为目的（Purpose）、承诺（Commitment）、能力（Capability）、监控和学习（Monitoring and Learning）四个要素，并将"目的"（相当于 COSO 的《风险管理：整合框架》中的"目标设定"）而不是"承诺"和"能力"（相当于 COSO 报告和我国《基本规范》中的"控制环境"或"内部环境"）作为首个要素。其次，COCO 报告与 COSO 报告的最大区别在于将企业文化融入企业内部控制整体框架之中。COCO 在控制指南中明确声明：COCO 建立在 COSO 的基础上，但同时指出，COCO 提出了一些在 COSO 报告中并未明确阐述的概念。例如 COCO 明确指出"组织需要定期审视其设定的目标背后的假定和前提。"

这一点在 COSO 中是没有的。

英国的《综合守则》是 1998 年由公司治理委员会（以下简称"Ham-pel 委员会"）综合了汉伯尔（Hamperl）、凯德伯里（Cadbury）以及格林伯瑞（Greenbury）报告的成果而制定的（已于 2003 年 7 月进行了修订）。《综合守则》为公司治理制定了标准，并且作为伦敦证券交易所上市规则的附件，对所有英国上市公司具有约束力。《综合守则》中涉及内部控制的条款为 C2 和 C2.1（1998 年版为 D2 和 D2.1，内容未变），要求"董事会有责任维持一个良好的内部控制系统，以保护股东的投资和公司的资产；董事会应当至少每年一次对公司内部控制系统的有效性进行审视，并向股东报告其已经完成了此项工作。审视工作必须覆盖所有重要的控制，包括财务控制、经营控制和合规控制，以及风险管理系统"。由于许多公司并不清楚如何操作上述规定，于是在 1999 年 9 月英格兰和威尔士特许会计师协会（The Institute of Chartered Accountants in England & Wales）出台了内部控制——综合守则的董事指南（以下简称"Turnbull 指南"），对如何满足《综合守则》的要求提出了操作性的指导，并最终成为综合守则的一部分，成为英国上市公司必须遵循的规定。Turnbull 指南的内部控制框架与 COSO 内部控制框架较为相似，也把控制分为经营、财务和合规控制，同样要求评估与 COSO 相似的内部控制元素。Turnbull 指南的内部控制框架包括四项要素：风险评估、控制环境和控制活动、信息和沟通、监控，即将 COSO 框架中控制环境和控制活动两个要素合并为一个要素。Turnbull 指南的特点是更加关注风险与控制的关系并更加着重阐述这种关系。

1996 年 6 月 17 日，财政部发布了《会计基本工作规范》，该规范第一次对内部控制制度作出明确规定，对于企业加强内部控制起到了一定的推动作用。1996 年 12 月 26 日，借鉴注册会计师协会（以下简称"AC-PA"）的"内部控制结构"概念，财政部又颁布了《独立审计具体准则第 9 号——内部控制与审计风险》，内部控制目标增加了防止、发现、纠正错误与舞弊和保证业务活动的有效两项，要素内容更加丰富，尤其强调了控制环境在内部控制中的重要性。1997 年 5 月中国人民银行颁布《加强金融机构内部控制的指导原则》，这是我国第一个关于内部控制的行政规定。随后中国工商银行等金融机构陆续制定了《内部控制暂行规定》。1999 年修订的《会计法》首次以法律的形式对建立健全内部控制提出原则要求。其中，第四章《会计监督》第 27 条要求，各单位应当建立、健全本单位内部会计监督制度。这是我国第一部体现内部会计控制要求的法律，对内部会计控制制度的建立健全做出了明确规定，对内部会计控制的职责分离、分权控制、监督核查等措施、方法及程序都做出了详细的规定。但《会计法》毕竟不是专门针对内部控制的法律，它既没提出内部控制概念，也无法指导内部控制实务。

一年之后，财政部又根据企业业务特点和管理要求针对重点控制项目陆续颁布了《内部会计控制规范——基本规范（试行）》和其他一系列具体规范，将内部控制定位于内部会计控制，兼顾与会计相关的控制。其第四条规定，各单位应当根据国家有关法律法规和本规范，结合部门或系统的内部会计控制规定，建立适合本单位业务特点和管理要求的内部会计控制制度，并组织实施。本《规范》第五条规定，单位负责人对本单位内部会计控制的建立健全及有效实施负责。第二十八条规定，单位可以聘请中介机构或相关专业人员对本单位内部会计控制的建立健全及有效实施进行评价，接受委托的中介机构或相关专业人员应当对委托单位内部会计控制中的重大缺陷提出书面报告。该规范有利于企业落实执行，但偏向于会计控制，还需进一步与迅速发展的现代公司治理和风险导向审计理论与实践相配套。2002 年 9 月中国人民银行发布《商业银行内部控制指引》，该指引利于加强商业银行的风险防范意识，提高内部控制管理水平。审计署于 2003 年 12 月发布了《审计机关内部控制测评准则》，该准则将内部控制定义为：被审计单位为了维护资产的安全完整，确保会计信息的真实可靠，保证其管理或经营活动的经济性、效率性和效果性并遵守有关法规，而制定和实施相关政策、程序和措施的过程。这些规范性文件对企业制定适合自身业务特点和管理要求的内部控制制度具有指导意义。

（五）深化时期：基于企业风险管理的内部控制整体框架（21 世纪初的 10 年）

20 世纪末，审计实务界已开始探索风险管理为核心的审计新路子，并形成了风险导向审计的崭新模式。2004 年 9 月，COSO 委员会针对新出台的《萨班斯—奥克斯利法案》的相关要求发布了《企业风险管理——整合框架》［以下简称 "COSO - ERM"（2004）］。COSO - ERM（2004）以 COSO IC - IF（1992）为基础，结合 SOX 法案的相关要求，广泛吸收了各国理论界和实务界研究成果，拓展了内部控制，更有力、更广泛地关注于企业风险管理这一更加宽泛的领域。并且，它将内部控制框架纳入其中，从而构建了一个更强有力的概念和管理工具。公司不仅可以借助这个企业风险管理框架来满足它们内部控制的需要，还可以借此转向一个更加全面的风险管理过程。COSO - ERM（2004）认为："企业风险管理是一个过程，它由一个主体的董事会、管理当局和其他人员实施，应用于战略制定并贯穿于企业之中，旨在识别可能会影响主体的潜在事项，管理风险以使其在该主体的风险容量之内，并为主体目标的实现提供合体保证。"相对 COSO IC - IF（1992）而言，COSO - ERM（2004）新增加一个目标、两个概念和三个要素，即"战略目标"、"风险偏好"和"风险容忍度"的概念及"目标设定"、"事项识别"和"风险应对"要素。COSO - ERM（2004）框架包括四类目标（战略目标、经营目标、报告目标和合法性目标）和八要素（内部环境、目标制定、事项识别、风险评估、风险应对、控制活动、信息与沟通、内部监督），各要素相互关联并贯穿于企业的经营管理过程之中。企业各目标与八要素之间均存在直接的联系，即各目标的实现需要风险管理的八个要素的保证。在 COSO - ERM（2004）中，内部控制成为企业风险管理的一个组成部分，其主要任务是有效地防范和规避企业的财务和经营风险。风险管理是一个渗透到企业各个作业中的系列行动，它从公司战略出发，层层分解到各个单位、部门和流程，并充分考虑替代战略的风险（见图2-2）。这意味着，内部控制已由过去面向实际过程的控制，转而面向对未来过程不确定性的控制。

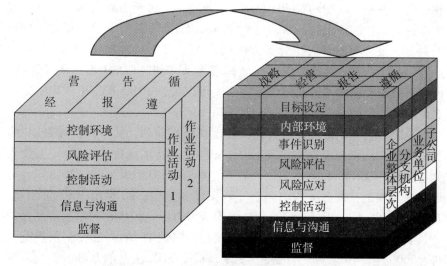

图2-2 COSO IC - IF（1992）与 COSO - ERM（2004）内部控制整体框架

（六）新时期：基于公司层面与具体业务层面的内部控制整体框架（21 世纪初至今）

近年来，随着全球经济的高速发展，资本市场、运营环境、商业模式已经发生了巨大变化，技术对企业的影响程度也越来越高。与此同时，企业内外部的利益相关者也多维地参与到企业经营活动中来，对经营过程的透明度要求越来越高，对于内部控制制度问责制也提出了新的要求。随着企业内外部环境的变化，利益相关者也更加强调内部控制制度的完整性，对业务决策的支持和公司治理的作用提出了更高要求。鉴于此，COSO 于 2010 年启动了对 COSO IC – IF（1992）的更新工作，并于 2013 年 5 月 14 日正式发布《内部控制——整体框架（2013）》［以下简称"COSO IC – IF（2013）"］（见图 2 – 3）及其配套指南。与 COSO IC – IF（1992）相比，COSO IC – IF（2013）在基本概念、核心内容、有效性评价标准以及结构框架方面均没有发生根本性的改变，但对内部控制定义、内部控制五要素、内部控制有效性等内容加以完善和提升。新框架的变化主要是：细化了内部控制框架的结构内容；扩大了报告目标的范畴；强调了管理层判断的使用；强化了公司治理的理念；增加了反舞弊与反腐败的内容；充分考虑了不同商业模式和组织结构的内部控制；考虑了不同商业模式和组织结构的内部控制。COSO IC – IF（2013）的发布，将会引起内部控制评价和内部控制审计的一系列问题，包括内部控制评价和审计程序的设计、标准的制定、报告和监督的执行等方面的改变。对于众多参考 COSO IC – IF（1992）制定的世界各国内部控制标准体系来讲，COSO IC – IF（2013）同样具有重要的参考价值和借鉴意义。可以说，COSO IC – IF（2013）具有广阔的应用前景。

总之，美国的内部控制研究一直走在世界前列，从"内部控制制度"二分法到"内部控制结构"三分法，从"COSO IC – IF（1992）"五要素到"COSO – ERM（2004）"的八要素，再到"COSO IC – IF（2013）"，美国的内部控制在概念上和内涵上不断拓展和进步。20 世纪末 21 世纪初，在美国 COSO IC – IF（1992）报告的出现对世界范围内部控制趋势的影响下，我国各有关部门也开始加快研究适合我国国情的内部控制制规范文件。2006 年，在响应各方的强烈要求，借鉴 SOX 法案的基础上，上海证券交易所和深圳证券交易所分别于 6 月 5 日和 9 月 28 日发布了《上交所上

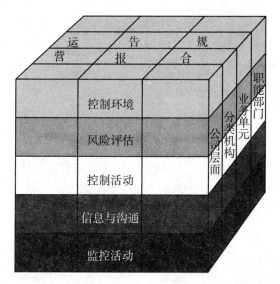

图 2 – 3 COSO IC – IF（2013）内部控制整体框架

市公司内部控制指引》（以下简称"上交所内部控制指引"）和《深交所上市公司内部控制指引》（以下简称"深交所内部控制指引"），并分别于2006 年 7 月 1 日和 2007 年 7 月 1 日开始实施。纵观《上交所内部控制指引》和《深交所内部控制指引》可知，两个指引均要求上市公司董事会披露内部控制自我评估报告以及会计师事务所对内部控制自我评估报告发表的核实评价意见，但具体要求还有所不同，《深交所内部控制指引》还要求公司监事会和独立董事发表意见，而《上交所内部控制指引》则没有要求。且两个指引都没有要求上市公司董事会的内部控制自我评估报告和注册会计师审核意见在哪披露，这给上市公司带来了选择披露位置的随意性。由于《内部控制指引》强制要求上市公司披露内部控制自我评估报告和注册会计师审核意见，因此两个指引的发布标志着我国内部控制信息进入强制性披露阶段。

　　然而上述内部控制相关规定比较分散，权威性不足，为了加强我国内部控制的建设，财政部会同有关部门于 2006 年 7 月 15 日发起成立了企业内部控制标准委员会，研究制定我国企业内部控制规范，并会同证监会、审计署、银监会、保监会于 2008 年 6 月 28 日联合发布了《基本规范》。《基本规范》共七章五十条，各章分别是：总则、内部环境、风险评估、控制活动、信息与沟通、内部监督和附则。《基本规范》科学地界定了内部控制的内涵：为了实现控制目标，由企业董事会、监事会、经理层和全体员工实施的过程。将内部控制的目标界定为：企业资产安全、经营管理合法合规、财务报告真实可靠，提高经营效率，促进企业实现战略目标提供合理保证。《基本规范》确立了我国企业建立和实施内部控制的基础框架，其中五项基本要素构成了此次基本规范的核心内容，如下所示。

（1）内部环境：是企业实施内部控制的基础，一般包括治理结构、机构设置与权责分配、内部审计、人力资源政策、企业文化等。

（2）风险评估：是企业及时识别、系统分析经营活动中与实现内部控制目标相关的风险，合理确定风险应对策略。

（3）控制活动：是企业根据风险评估结果，采用相应的控制措施，将风险控制在可承受度之内。

（4）信息与沟通：是企业及时、准确地收集、传递与内部控制相关的信息，确保信息在企业内部、企业与外部之间进行有效沟通。

（5）内部监督：是企业对内部控制建立与实施情况进行监督检查，评价内部控制的有效性，发现内部控制缺陷，应当及时加以改进。

《基本规范》在形式上借鉴了 COSO IC－IF（1992）内部控制 5 要素框架，同时在内容上体现了 COSO－ERM（2004）风险管理 8 要素框架的实质，构建了以内部环境为重要基础、以风险评估为重要环节、以控制措施为重要手段、以信息沟通为重要条件、以内部监督为重要保证的 5 要素框架。上述要素相互联系、相互促进，构成一个统一的企业内部控制框架。这些要素自下而上，层层把关，有机地结合在一起，形成了企业内部控制以及风险管理的金字塔。《基本规范》要求企业站在完善公司治理机制的角度来构建内部控制系统，完善内部控制制度。突破了会计学、审计学两个学科归属的影响，内部控制的目标不仅仅是保护企业资产安全，防范企业财务造假等方面，包括了提高企业经营效率、促进企业发展战略目标的实现。《基本规范》体现了 COSO－ERM（2004）风险管理框架的八要素内容。要求企业开展风险评估，应当在目标设定的前提下，准确识别与实现控制目标相关的内、外部风险，确定相应的风险承受度；综合运用风险规避、风险降低、风险分担和风险承受等风险应对策略，实现对风险的有效控制。该规范于 2009 年 7 月 1 日首先在上市公司范围内施行，要求执行该规范的上市公司对本公司内部控制的有效性进行自我评价，披露年度自我评价报告，并可聘请具有证券、期货业务资格的中介机构对内部控制的有效性进行审计。

2010 年 4 月 26 日，财政部、证监会、审计署、银监会、保监会联合发布了《企业内部控制配套指引》（以下简称《配套指引》），包括 18 项《企业内部控制应用指引》、《企业内部控制评价指引》和《企业内部控制审计指引》。《配套指引》要求执行内部控制体系的企业必须对本企业内部控制的有效性进行自我评价，披露年度自我评价报告，并且聘请会计师事务所对其财务报告内部控制的有效性进行审计，出具审计报告。为了保证内部控制的稳步实施，《配套指引》规定该指引自 2011 年 1 月 1 日起在境内外同时上市的公司执行，2012 年 1 月 1 日起在上交所、深交所主板上市公司执行，同时鼓励非上市大中型企业提前执行。该指引与 2008 年发布的《基本规范》，共同标志着我国企业内部控制体系已基本建成。

综上，从内部控制的发展脉络可以看出，国内外学者对内部控制研究关注度较高。内部控制的概念演变和内容的深化是根源于企业内部加强管理的内在需要而产生和不断发展的，从最早内部牵制概念的提出，内部控制经过近 100 年的不断发展与完善，经历了从牵制论、制度论、结构论和整体框架的演进过程，内部控制理论的每一个阶段性成果都与企业组织形式的变化和利益相关者的价值取向相一致，发展方式是渐进的，每一阶段概念的更新都是对前一阶段概念的扬弃，具体表现为以下三方面（杨书怀，2005）：

一是性质定位：方法观—过程观—风险观。内部控制制度将内部控制定义为"方法和措施"，内部控制结构将其定义为"政策和程序"，虽然字面上有所变化，但其实质仍然是静态的，即"方法观"。COSO IC – IF（1992）划时代地将内部控制定义为一种动态的"过程"，即"过程观"。风险管理整体框架则把内部控制的定义从"过程观"扩展到了"风险观"，突出了内部控制的关键——风险管理。

二是目标定位：信息观——经营观——战略观。在内部控制整体框架出台之前，一般将财务报告的可靠性作为内部控制的首要目标，即"信息观"。COSO IC – IF（1992）把经营目标作为内部控制的首要目标，即"经营观"。COSO – ERM（2004）首次提出的内部控制要合理保证战略目标实现的观点，即"战略观"，将内部控制提升到了更高的层次来为企业服务。

三是服务对象定位：企业观——审计观——企业观——利益相关者观。在内部牵制阶段，控制是基于经营管理活动而产生的，即"企业观"。内部控制制度阶段和内部控制结构阶段主要是以审计为服务对象，体现为

"审计观"。内部控制整体框架则至少有三个服务对象经营性目标、财务报告目标、相关的法律法规遵循性目标，该阶段服务对象的扩大则在一定程度上出现了向"企业观"的回归。风险管理整体框架的首要目标是实现战略管理，内部控制的服务对象已扩展到了企业利益相关者，形成"利益相关者观"。

通过发展演进，内部控制从狭隘的会计、审计视野走向了更为广泛的企业管理和公司治理的视野；研究的领域也跨越了会计学、审计学到管理学和经济学等领域；内部控制的方法也从会计的方法、审计的方法发展到管理的方法以及公司治理与企业管理综合研究的方法；研究的内容从最初的"查错防弊"、"被动防范风险"发展到"主动管理风险以便创造价值"。内部控制的定位不仅仅只是概念的翻新，而是一个多线索、多角度的探索。从"内部牵制"发展到"内部控制系统"，进一步分化为"会计控制"和"管理控制"，继而推进到"内部控制结构"，最后定位到"内部控制要素"，在此基础上将其提升到"内部控制风险管理"。从"控制主体"的定位发展来看，内部控制是一个"自发性内部控制（无意识)——自觉性内部控制（有主观目的性)——他律性内部控制（管制、规范要求)"的演进；从"控制客体"的定位发展来看，内部控制是一个"零散的内部控制——系统的内部控制——综合的内部控制"的过程；从"控制方式"的定位发展来看，内部控制是一个"原始的内部控制——简单分工的内部控制——辅助工具的内部控制"的过程。内部控制理论的每一次发展都是对传统内部控制理论的修补、更新和完善，同时也寄予了政府和企业更多的期望。无论从何种视角去审视内部控制发展脉络，内部控制的概念、结构、框架、体系如此千差万别和不拘一格，但其内部控制中心思想始终是内部控制对企业的有用性和有效性，并且内部控制能切实地保证企业目标的实现。自我控制和自我引导已成为与审计视角内部控制模式相辅相成的一个侧面，从而适应当前企业内外部环境变化的要求。在内部控制理论框架拓展的基础上，每个企业应根据自身现状，选择适当的控制方法，设计具有企业个性的内部控制体系。

二、以学者为主导的内部控制理论发展研究综述

目前，学者们在理论观念的引进和研究方面做了大量的工作，但到目

前为止没有形成学术流派。国内外学者从不同角度对内部控制的本质、内涵进行大量的探讨。主要有以下几类观点：

（一）经济学视角

这一观点的代表主要有鲍尔（Power，1997，1998），艾里弗森（Eilifsen，1999）以及国内的刘明辉（2002）、唐予华、李明辉（2003）、程新生（2003）、杨雄胜（2005）、蔡吉甫（2006）、林钟高（2007）。该观点认为，内部控制存在的经济学基础是企业的契约性质及契约的不完备性，内部控制作为企业的补充契约，本质上是企业内部的一项制度性安排。首先，企业本质上是由股东、债权人、经营者、员工、政府等各利益相关者缔结的"一组契约"（Jensen and Meekling，1976），是为降低交易成本而区别于市场契约的一种产权交易方式（Coase，1937）。其次，相对于市场契约而言，企业是一个不完备的契约，即交易各方不是对行为的详细计划达成协议，而是对总的目标、广泛适用的原则、未预测事件出现时的决策程序和准则、谁拥有权利及解决争议的机制达成协议（费方域，1998）。然而现代企业经营环境的日益复杂化、信息的不对称性以及机会主义的存在，必然会产生代理成本。因此，要在取得较低交易成本的同时解决代理人的逆向选择和道德风险问题，需要建立一套科学有效的内部控制机制，该机制包括监督和约束机制以及薪酬激励机制等。

有些学者以产权理论和委托—代理理论为基础将内部控制的外延扩展到了宏观层面。认为内部控制主要研究最优契约安排、风险分担、监督约束机制及激励机制等，通过界定股东大会、董事会、管理者和监事会等权力主体之间的权力边界，以实现诸权力（决策、执行、监督）之间的分权与制衡，强调控制机制之间的平衡及整体效率，属于宏观内部控制。如：蔡吉甫（2006）认为内部控制的本质是企业契约主体为了维护委托产权的安全性和提高产权交易效率，实现产权价值在保值基础上的增值最大化目标，通过权利的配置或安排，对产权价值运动过程和结果提供合理保证的过程。唐予华、李明辉（2003）认为内部控制包括两个层次，即所有者等外部利益关系人对管理者实施的控制和管理者对生产经营过程的控制。第一个层次的控制，是外部利益关系人为了使管理者按照其利益目标行使权利而对管理者实施的监督约束和激励机制，属于公司治理机制范畴。第二个层次的控制，是经营者对公司内部的各层级的委托—代理关系所实施的监督约束和激励机制，这一层次的控制内嵌于企业整个的作业流程和经营过程。贺欣（2007）、林钟高等（2010）持类似的观点。曾祥飞、林钟高等（2010）认为相对于管理者对生产经营过程的控制这个层次而言，所有者对经营者的控制更难、更关键。

（二）组织和管理理论视角

组织管理理论角度的内部控制主要体现为管理控制，关心的是组织内部单位和部门的控制，除了关注基本的内部会计控制外，更加强调组织战略、观念控制、组织结构、信息沟通、业绩考评、监督约束和薪酬激励等控制措施，属于迈耶尔（Maijoor）定义的中观内部控制。这一观点的代表主要有欧尔伊（Ouehi，1979），弗莱姆霍尔茨（Flamholtz，1983），罗特（Roteh，1993），因纳格菲尔德·史密斯、金姆（Lnagfield Smith，Kim，1997），米尔汗特（Merehant，1998）以及国内的张先治（2002）、张湘洲（2003）、谷祺等（2003）。组织理论视角的观点普遍认为，内部控制是组织内生的，而不是外力（如审计、外部管制等）催生的（方红星，2002），并随着环境的变化和组织的演进而不断演化。组织在追求生存与发展的过程中，内部控制应运而生。早期的职责分工、内部牵制、授权审批、汇报及核查等就是组织的内部控制活动。随着现代化大生产发展，内部控制逐步形成企业为加强内部组织管理的一种管理制度。罗奇（Rotch，1993）认为，内部控制系统不仅仅是会计要素，还应该包括战略规划、组织结构、业绩考评和薪酬激励机制要素。这些有机统一的要素有助于使目标上不同部门之间和存在分歧的人群相互协作，共同为提高组织经营效率和实现组织战略目标而努力（Ouehi，1979；Flalnholtz，1983；Langfield smith，Kim，1997）。李凤鸣（1992）认为内部控制是组织为了提高经营效率和充分有效地获取和使用各种资源，达到既定的管理目标，而在内部实施的种种制约和调节的组织、计划、方法和程序。作者认为内部控制是企业经营管理的重要组成部分，是管理的基本职能之一。王素莲（2004）认为内部控制是企业管理系统中的一个子系统，其目标及目标的实现始终要服从企业经营的整体目标。

（三）审计视角

从审计视角研究内部控制，是根据审计人员决策的需要对内部控制进行的研究。审计视角的内部控制研究主要关注内部控制如何防止、发现和纠正组织内部的错误和舞弊，保护资产的安全完整以及保证提供可靠性较高的会计信息；其控制程序着眼于职责分工和业务流程及其记录上的交叉检查或交叉控制等。审计视角下的内部控制研究大多集中在企业内低层次的控制上，重点关注企业业务流程层面的内部控制，属于迈耶尔划分的微观内部控制。

（四）审计与管理的角度

有些学者从审计和管理的角度将内部控制划分为审计视角的内部控制和管理视角的内部控制，并服从于不同的控制目标。郑石桥（2006）将内部控制内容分为两个部分：一是"纯粹"的内部控制，二是"纯粹"的管理控制，前者包括审计学的内部控制研究，后者包括组织理论视角的内部控制研究。李心合（2007）认为内部控制概念有两个完全不同的起源和功能——作为一种审计方法和作为一种管理方法。作为审计方法的内部控制，其首要功能是维护财务报告的可靠性。作为管理方法的内部控制在功能上是服从价值创造的。并提出从管理视角对内部控制研究更有现实意义，内部控制要从财务报告导向向价值创造导向转型，提出了价值创造导向的内部控制框架。

（五）公司治理的角度

2000 年以来，受 COSO 框架的影响，研究的内容和范围逐渐扩大，将内部控制框架与公司治理结合起来的研究不断增多。该观点普遍认为内部控制与公司治理具有密切关系，企业在设计和实施内部控制时应考虑公司治理这一影响因素。但是在界定两者的关系上却存在很大差异，主要有三种观点，一种观点认为公司治理是内部控制的基础，具有代表性的有：刘明辉（2001）提出的整体框架由四个部分组成，即企业治理控制、企业管理控制、管理信息系统、企业文化；刘金文（2004）在评析 COSO IC – IF（1992）和我国财政部发布的《内部会计控制规范》的基础上，提出一个完整的内部控制理论框架应由三个必不可少的要素组成，即控制环境、控制系统、监督与评价，其中，公司治理是控制环境的重要因素。持类似观点的还有朱荣恩（2001）、阎达五、杨有红（2001）、张宜霞（2004）等。

另一种观点认为内部控制和公司治理是相互联系、相互作用的嵌合关系。李连华（2005）等把公司治理和内部控制结合起来，在公司治理的范畴下研究内部控制，以期实现它们的对接；还有的观点认为公司治理与内部控制内涵是一致的。如谢志华（2007）探讨了内部控制、公司治理和风险管理三者的本质的相同性，并以此为基础，对三者进行了整合，构建了基于风险管理的整合框架。

（六）其他视角

有些学者从系统工程理论和风险管理理论的角度界定内部控制。王军（2006）从系统工程理论角度界定内部控制，认为企业内部控制是一个复杂的系统工程，该系统是一个以防范风险和控制舞弊为目标，结构合理、层次分明、衔接有序、内容完整、方法科学的企业内部控制体系。杨周南、吴鑫（2007）提出用工程学的方法将内部控制的理论和实践结合起来，从工程学的特点着手，研究内部控制工程学的体系结构和主要内容，从工程模型、工程方法、工程工具和管理过程四个方面构建和完善内部控制工程学。丁友刚、胡兴国（2007）研究了内部控制、风险控制和风险管理三者之间的关系，认为内部控制作为一种内部风险控制机制融入企业综合风险管理框架之中。

从以上的综述可以看出，国内外内部控制理论发展过程中，内部控制与经济发展密切相关，从内部控制三要素到内部控制五要素，再发展到企业风险管理，内部控制经历了一个从简单、狭隘到复杂、宽阔的发展历程。从国内外学者的研究成果可以看出，学者主要从经济学角度、组织和管理理论角度、外部审计角度以及公司治理的角度对内部控制概念框架进行界定，我国内部控制的理论研究多是借鉴西方的研究成果，20 世纪 80 年代开始主要以会计和审计的角度研究内部控制，2005 年以来持内部控制的管理方法的观点的学者增多。2006 年以来，运用系统思考的方法研究内部控制不断增多。还有的学者对内部控制系统与内部和外部环境互动产生的关联问题进行了研究。近期则从公司治理角度研究其与内部控制的关系。可见，目前对内部控制的体系、范围、框架、标准及实施等的认识争鸣不断。总之，国内对内部控制理论从概念到框架，从要素到结构，从标准到实施等并未形成统一认识，研究的视角和方法等还局限于相关学科传统理论和方法的基础上；有些试图突破传统，开始出现创新的局面，但未能以新的管理范式、组织假设和系统思考新的研究成果为指导，因而有待进一步发展和完善。

第三节 关于内部控制的有效性界定及其评价的研究

如何评价内部控制的有效性，是一个复杂的问题，国内外研究从不同的需求视角以及站在不同的理论角度来界定内部控制有效性的内涵。在如何对内部控制有效性进行评价上更是个难点问题，目前国内外研究主要是从内部控制的目标实现程度和要素内容的构成及执行效果角度出发，对内部控制有效性因素进行归纳和总结，并采用不同的评价方法构建了企业内部控制有效性评价模型。

一、国外关于内部控制有效性的界定及其评价的研究

（一）国外关于内部控制有效性的界定

1. 为企业目标的实现提供合理保证角度对内部控制有效性进行界定

国外的研究主要从外部需求和内部管理需求的视角界定内部控制有效性。

（1）从外部需求视角进行界定。

外部需求视角主要从社会总的资源配置和外部监管、外部审计的角度来研究内部控制有效性问题。从社会总体的角度看，有效的内部控制系统应该使企业的资源配置更有效。并能够促进社会的资源配置效率。但实证研究结果却并不支持该理论分析。詹森（Jenson，1993）的研究表明，1973 年以来，世界经济形势发生了重大变化（成本下降引起劳动生产力过剩，由此带来对缩小企业规模及退出行业的需求），但是企业的内部控制系统并没有有效地应对这些变化，说明企业内部控制系统在应对企业所面临的外部经营环境变化方面是无效的。从外部监管的角度看，美国注册

舞弊检查师协会职业舞弊和滥用职权的国家报告（Rttn，2002，2004）指出，有效的内部控制是保证财务报告可靠性的必要手段。从外部审计视角，尼克尔斯（Nichols，1987）、吴（Wu，1989）、卡殊尔（Cashell，1996）等人认为有效的内部控制能够对财务报告可靠性提供合理保证，同时能够降低审计成本，满足外部审计的需求。

（2）从内部管理需求视角进行界定。

内部管理需求视角主要从以下几个方面界定内部控制有效性：一种观点认为有效的内部控制是为了实现企业的各项目标。如：为管理者提供决策支持（Kinney，2000；Tommie singleton，2002）、实现企业战略和提高经营效率（Kim Langfield-smith，1997）、提供可靠的财务报告（Tommie singleton，2002）、防止、发现和纠正舞弊行为（Thompson，1992；Beasley，1996；Schnatterly，2003 等）、保护企业资产安全（Kinney，2000）、对法律法规的遵循（Tommie singleton，2002）；一种观点认为有效的内部控制是各种控制措施的有效结合。如正式控制和非正式控制（Anthony，1989；De Maricourt，1996；Kranias，2001），产出控制和行为控制（Ouchi，1977），人事控制和组织机构控制（Child，1973；Edstrom，Galbraith，1977），人事控制和文化控制（Balliga，Jaeger，1984），市场、层级和家族控制（Ouchi，1979）。

上述研究从外部需求方面界定的研究较少，主要从内部需求上界定内部控制有效性。尽管学者们的研究从多个角度进行研究，大多学者一致认为内部控制有效性是为了阻止、发现和更正各种舞弊行为；保护企业的资产；合理保证企业战略目标、经营目标的实现。

2. 从要素内容角度对内部控制有效性界定

国外研究主要从内部控制环境、风险评估、控制活动、信息与沟通、内部监督几个方面界定内部控制有效性。如：汤普森（Thompson，1992）研究认为建立良好的内部控制环境有利于企业员工认识舞弊，能够提高内部控制有效性，以实现组织利益。辛格顿（Singleton，2002）认为有效的内部控制应具备风险评估及应对能力，并具备良好的信息、沟通及监督系统洛克（Roch，1993）认为一个有效的内部控制系统应该包括战略规划、组织结构、业绩考评、动机和薪酬激励五个方面的内容。诺丁（Noordin，1997）则认为大多数有效的内部控制系统都包括雇员诚信以及有效的控制措施。这些控制措施包括：正确的授权程序、职责分工清晰、人员的约束、休假和岗位轮换制度、完整的工作手册、充分的信息记录、实物资产保全、成本收益分析和独立的检查过程九个方面。迈克尔·G·艾利斯（Michael G. Alles et al., 2003）指出有效的控制系统应是界定清晰、相互信任的、能够诊断问题的、互动的控制系统。

3. 各类研究组织及机构对内部控制有效性的规范

尽管学术界对内部控制有效性的研究结论并不一致，但各类研究机构和组织在对内部控制有效性界定时却基本一致。

COSO IC – IF（1992）统一了内部控制概念。该报告指出，内部控制不能保证企业的长久生存，也不能完全保证企业目标的实现。该委员会提出的评价 COSO IC – IF（1992）报告指出，有效的内部控制应是全员参与的"内置于"企业经营和管理的动态过程。COSO 归纳出内部控制的五要素及其范围，并给出内部控制有效性的评价标准：企业内部控制为经营目标、财务报告目标以及法规遵守目标是否提供了合理保证。

加拿大 COCO 报告认为内部控制有效性体现在是否为组织目标提供了合理保证。最高审计机关国际组织则认为有效的内部控制应该是在权衡成本收益的基础上适时适量的控制并保持执行的一贯性。毕马威会计事务所认为有效的内部控制系统应嵌入风险管理活动，以应对外部环境的变化，并且通过不断地修正和持续监督形成一个循环的动态系统。美国公众公司会计监督委员会（以下简称"PCAOB"）发布了第二号审计准则（2004），该准则并未给出管理当局对内部控制进行评估的标准，提出了审计人员评估内部控制的标准，主要关注与财务报告相关的控制在设计和执行上是否有效，着眼于公司及分（子）公司的业务层次的内部控制。

从上述综述中可以看出，各研究机构和组织机构对内部控制有效性的界定所采用的内部控制范围比学术研究的范围要广泛得多，使得企业的管理活动只包括内部控制和管理决策过程两部分，除了管理决策之外的管理活动已经全部是内部控制的范畴（Kinney，2000）。另外，内部控制有效性的界定偏重于理论性和原则性，对实务的指导性较差（Heier et al., 2003）。

（二）内部控制有效性评价

很多研究构建了内部控制有效性评价的理论模型，但这些模型可操作性均不强。

目前，大多数内部控制的综合评价方法都是基于萨蒂（A. L. Saaty）的层次分析法（简称"AHP"）。斯蒂格（Stringer）等人采用 34 个 7 级量度研究了各控制要素对环境变化的敏感性问题，其中，量表由控制活动要素（15 个）和环境要素（19 个）组成。埃拉尔（Helliar）提出了 2 个层级（财务报告层级和账户及交易层级）、42 个项目、9 级量度的量表，以评价固有风险。艾帕索（EIPaso，2002）提出了 5 个层级、93 个项目、5级量度的内部控制评价体系，93 个项目中，控制环境 43 个，风险评估 12个，控制活动 10 个，信息与沟通 14 个，监控 14 个。有学者认为上述研究并没有体现 AHP 方法优势，而且实践应用困难。

在 SOX 法案颁布执行之后，美国的多数研究转向以披露了内部控制缺陷的公司为样本，研究内部控制存在缺陷的公司的经济后果。根据PCAOB 关于内部控制缺陷的定义，格、麦克维（Ge and McVay，2005）将内部控制缺陷划分为九大类型，并详细描述了每个类型的特征。之后，大多数研究是以是否披露重大缺陷二分变量作为内部控制失效的衡量指标。

从以上叙述中可以看出，目前主流的观点基本上接受 COSO IC – IF（1992）对内部控制有效性的界定，认为如果董事会和管理层能够合理保证合法合规性目标、财务报告可靠性目标和经营效率目标的实现，就可以认定内部控制是有效的。但他们都承认人在内部控制系统中的重要性以及内部控制环境对内部控制有效均是内部控制系统的风险控制点，COSO IC – IF（1992）报告就对这些因素进行了综合的归类及说明。

二、国内关于内部控制的有效性界定及其评价的研究

（一）内部控制有效性的界定

对于内部控制有效性的概念目前尚无统一定论。王会杰（2001）认为有效性是内部控制的精髓，内部控制的有效性有两层涵义：一是指企业的内部控制政策和措施符合国家相关法律规定；二是指内部控制设计完整性和合理、执行有效性及为遵循法律法规、提供可靠财务报告、提高经济效

率目标提供合理保证。赵香稳，杨锐（2006）认为内部控制有效性是指内部控制在设计、实施和运行的整个过程的有效性。内部控制设计的有效性是指内部控制设计是否合理、完整、经济有效。内部控制实施的有效性指在实际运用中是否发挥了应有的作用，达到了设计的意图。潘世练，黄海鹏（1999），许莉（2002）等研究了金融机构内部控制的有效性，都认为金融机构内部控制的有效性是指如何结合金融业务特点，结合银行经营实际，选择适当的控制方法使得内部控制机制健全，并被不折不扣地执行，从而达到既定的管理目标。王立彦和王靖（2002）探讨了公司内部控制制度与财务信息质量保障的联系，认为控制有效性的发挥，取决于制度设计的合法性、合理性和可操作性，但是制度模式不清楚或单轨制双轨制并存，则是有害的。李宇立（2004）认为内部控制系统有效与否是指内部控制系统能否发挥作用并实现既定目标。陈汉文，张宜霞（2008）认为内部控制的有效性是指内部控制为相关目标的实现提供的保证程度或水平，有效性不同的内部控制可以提供不同程度的保证。并认为对于内部控制的不同目标而言，有效内部控制的含义是不同的。如果企业内部控制为相关目标的实现提供的保证水平达到甚至超过了合理保证的水平，也就是在有效内部控制的区间内，那么它就是有效的；如果提供的保证水平低于合理保证的水平，那么，它就是无效的。谭三艳，周泳宏（2009）认为内部控制的有效性是指在特定时点内部控制设计和执行的效率和效果，具体而言是指内部控制为相关目标的实现提供的保证程度或水平。张颖，郑洪涛（2010）认为内部控制有效性是指内部控制对合规目标、报告目标、经营目标和战略目标实现提供的保证程度，目标实现提供的保证程度越高，内部控制就越有效，反之则无效。

（二）内部控制有效性指标的度量及评价方法

从国内研究来看，无论是实务界还是理论界都越来越关注内部控制评价问题的研究。具体来看，有些学者从评价目标、评价指标、评价方法等不同方面对内部控制评价问题进行了探索，并提出了有益的见解。

1. 内部控制有效性评价指标的衡量

国内大多数是国内内部控制有效性指标的评价研究，是根据内部控制的设计有效和执行有效性的涵义，遵循 COSO IC – IF（1992）、《上海证券交易所上市公司内部控制指引》及我国的内部控制基本规范要求披露的内容来选取评价指标。从内部控制要素内容的设计及执行情况来选取评价指标。郭晓梅和傅元略（2002）首次根据 COSO IC‐IF（1992）报告关于内部控制构成要素的理论，建立了递层的内部控制评价指标体系，该指标体系包括五个基本要素、15 个类别和 26 种评价指标的三阶递层评价指标体系；之后，许多学者大多采用 COSO IC‐IF（1992）和《基本规范》等的相关评价标准设定内部控制有效性评价指标体系，并逐步完善丰富了内部控制质量评价指标。如王煜宇和温涛（2005）从内部控制环境、风险评估、管理控制、内部会计控制、监督五个方面选取了 35 指标构建了一个内部控制评价指标体系。林钟高（2008）借鉴 COSO IC‐IF（1992）规定的内部控制五大要素的基础上构建了五个一级指标 17 个二级子指标的内部控制评价指标体系。陈汉文（2010）以《基本规范》及其《配套指引》为依据，构建了 2009 年中国上市公司内部控制指数，其评价指标体系由四级指标构成，其中一级指标 5 个、二级指标 24 个、三级指标 43 个，四级指标 144 个。杨洁（2011）则运用新的理论——PDCA 循环理论将企业内部控制评价体系分为计划阶段、执行阶段、检查阶段及改进阶段四个阶段，并对每个阶段分别用不同的指标共 32 个二级指标考察每一阶段的内部控制有效性。部分研究认为内部控制的有效性源于内部控制目标的实现，即对经营目标、财务报告目标、合规目标和战略目标实现提供的保证程度（COSO‐ERM，2004）。这部分研究主要从内部控制的目标结果出发设计内部控制有效性指标，如简单地以是否发生财务欺诈作为内部控制失效的变量；我国 2010 年颁布的《企业内部控制配套指引》指出当企业存在一个或多个内部控制重大缺陷的，认定为公司存在相应的内部控制缺陷，应当作出内部控制无效的结论。田高良、齐保垒等（2010）以 2008年深市 494 家披露告的公司为研究样本，构建了一个关于披露的概念模型。杨有红（2009）选择发生了会计差错更正、违法违规、审计师出具的非标准意见报告来综合评价内部控制三个目标：财务报告目标、资产安全目标、合法合规目标。并以此作为内部控制有效性的衡量指标。之后，田高良、齐保垒（2011）将重大会计差错的公司作为财务报告内部控制缺陷的衡量指标，研究了其对会计信息价值相关性的影响。张颖、郑洪涛（2010）则突破了以往以财务报告内部控制有效性作为内部控制有效性的做法，首次从内部控制有效性总体有效性考察分析。并认为内部控制有效性源于内部控制目标的实现，采用李克特量表法，从合规目标、报告目标、经营目标和战略目标四个方面设计内部控制有效性指标。张兆国、引旺峰等（2011）除了上述四个一级指外，增加了一个一级指标—资产安全指标，并选取了 25 个二级子指标构建了目标导向的内部控制有效性评价指标体系。

综上所述，国内的学者分别从内部控制的内容设计（过程性要素）和内部控制为企业目标的实现所提供的保证水平（结果性要素）两个方面对内部控制有效性进行界定和度量，或者两者同时考虑来界定。没有形成统一的观点。

2. 内部控制有效性评价方法

内部控制评价是对企业现有的内部控制系统的设计和执行的有效性进行调查、测试、分析和评价的活动。它是内部控制中的一个必要的系统性活动。我国财政部等五部委颁布的《企业内部控制评价指引》中内部控制评价方法包括：个别访谈法、调查问卷法、比较分析法、专题讨论法以及穿行测试等外部审计常用的评价方法。目前在我国实证研究中使用的内部控制评价方法主要分为三种形式：一是直接根据披露的内部控制评价信息作为指标，如管理层披露的内部控制缺陷、审计师的审核意见等，现有研究大多采用这种方法。二是通过调查问卷的方式来评价内部控制质量。如林钟高（2008）在确定了内部控制评价指标体系后，对指标的重要程度发函调查，并按照重要性程度给予不同的权重构建内部控制指数。张颖等（2010）从内部控制目标实现水平出发，运用李克特五级制量表，采用问卷调查法得出企业内部控制的有效性水平。三是主要运用定性方法和定量方法构造指数来评价内部控制质量。从目前的情况来看，定性方法基于详细评价和风险基础评价两种理念（张宜霞，2008），涵盖了调查表法、流程图法和文字描述法等；关于定量方法的研究也层出不穷，诸多学者尝试着运用不同的数学模型评价企业的内部控制，其中主要包括可靠性数学模型、基于 AHP 的模糊评价方法和 IC – CMM 模型等。如王立勇（2004）以企业订单账目控制系统为案例，运用可靠性理论和数理统计方法构建了该控制系统评价的可靠性数学模型；郭晓梅和傅元略（2002）利用层次分析法确定评价指标的权重，用模糊聚类分析对评价结果进行归类和综合评价，建立内部控制的综合评价模型（ZPM），该模型利用定量的方法，将定性的评价结果统一转换为数量结果，从而提高了评价的科学性；同样采用层次分析法（AHP）的还有骆良彬等（2008）、韩传模等（2009），不同之处在于该方法还结合专家打分，确定各指标的隶属度，建立模糊综合评价模型，实现对内部拉制质量评价指标从定性评价到量化评价的模糊映射；朱卫东（2005）则将 BP 神经网络技术应用于企业内部控制评价中，构建了基于 COSO IC–IF（1992）五大要素的内部控制评价指标体系。

除了上述常用的方法之外，有些研究采用其他方法构建指标体系。如陈自力、李尊卫（2005）把商业银行内部控制评价指标分为定性指标和定量指标两个层次，分别进行了评价，并且将离差最大化方法引入商业银行内部控制系统评价体系中，以确定各指标的权重，建立了银行内部控制评价指标体系，并进一步构建了基于离差最大化的商业银行内部控制评价模型。陈力生（2009）在内部控制评价中引入内部控制成熟度模型，通过对成熟度模型的等级设计建立内部控制成熟度评价指标系统；敖世友（2009）通过引入管理熵理论来研究企业内部控制系统的评价，定义企业内部控制系统管理熵值的计算公式，构建基于管理熵理论的企业内部控制系统评价模型。

还有些学者则通过案例研究了企业内部控制评价实践经验的借鉴，张谏忠、吴轶伦（2005）以内部控制自我评价在宝钢的运用为案例，详细说明了宝钢运用调查问卷，作业层级评价标准分析风险控制点．制作"风险控制矩阵"并实施整改的过程。运用同样方法的还有戴彦（2006）、原东平（2008）等。如戴彦（2006）以 A 省电网公司为案例，探讨应如何构建企业内部控制评价体系，将企业内部控制的评价过程划分为六个步骤：构建业务控制目标体系、业务流程分析和风险评估、确定关键控制点、选择评价指标及评价标准、确定指标权重、对指标进行测试和评分；于增彪、王竞达（2007）以亚新科安徽子公司为研究对象，采用实地研究方法，对其内部控制评价体系的建立和执行情况进行了总结，认为可以基于结果评价和过程评价来对内部控制有效性进行评价。

由上述综述可知，在内部控制有效性评价体系的构建上，已有的研究采用了各种不同的方法构建综合评价模型，每种方法各有优缺点。采用数学模型方法虽然更科学、客观，但是难以运用到实践中；主观评价分析虽然简单易行，但在确定指标及其权重时依赖于专家的主观判断，缺乏可比性；个别案例方法能够很好地将理论运用于实践中，但主要是针对个体，不具有普遍性。

第四节 公司内部控制有效性的影响因素研究

一、美国公司内部控制有效性影响因素研究

美国内部控制实证研究的大量出现是在 2002 年 SOX 法案实施之后，在该法案出台之前仅有少量研究（如：Bronson，2006；Krishnan，2005）。

现有文献（Ashbaugh-Skaife et al.，2006；Franklin，2007）认为，研究的决定因素对公司经营者、市场投资者、监督部门和外部审计都具有重要意义：公司经营者需要识别和纠正公司中存在内部控制缺陷的环节以解除受托责任；市场投资者需要预测公司内部控制问题存在的概率以进行投资决策；监督部门需要识别重点监管对象以节约监管成本；外部审计师需要对管理层内部控制自我评估报告审核，并发表审核意见。对内部控制缺陷影响因素的研究主要从四个方面展开：第一，公司业务的复杂性和组织结构的变动；第二，公司治理水平和审计委员会的独立性越高，拥有财会专长的委员越多，公司存在的概率越小。格和麦克维（2005）则发现，披露重大内部控制缺陷的概率与公司业务复杂程度、会计事务所规模正相关，而与公司规模和盈利能力负相关。阿斯保 – 莎佛（Ashbaugh-Skaife et al.，2006）研究发现近期组织结构发生变动、独立审计师辞职较频繁、业务比较复杂、用于内部控制建设的资源较少以及道尔等（Doyle et al.，2007b）则将内部控制缺陷分为公司层面和账户层面，其实证研究结论表明，多存在于业务复杂、经营多元化或经营正在快速变化的公司。扬（Yan，2007）则研究公司治理因素对内部控制的影响，审计委员会规模越大、委员会中有财会专业能力的委员越多，披露内部控制缺陷的概率越大。富兰克林（Franklin，2007）则考虑了企业可持续发展能力和财务风险的因素，其研究结论认为存在重大内部控制缺陷的公司往往累计盈利能力较低，负债程度较高。

在上述分析框架指导下，现有的实证研究取得了丰富的经验数据。克里希南（Krishnan，2005）发现审计委员会的独立性越高，拥有财会专长的委员越多，公司存在内部控制缺陷的概率越小。格和麦克维（2005）则

发现，披露重大内部控制缺陷的概率与公司业务复杂程度、会计事务所规模正相关，而与公司规模和盈利能力负相关。阿斯保－莎佛等（2006）发现业务比较复杂、近期组织结构发生变动、会计应用风险较大、独立审计师辞职较频繁及用于内部控制建设的资源较少的公司，存在内部控制缺陷的可能性较大。道尔等（2007b）的经验结论是：重大内部控制缺陷多存在于规模小、年轻、财务状况差、业务复杂、增长速度快或正在经历重组的公司；公司层面内部控制缺陷多存在于规模小、年轻和财务状况差的公司，而账户层面内部控制缺陷多发生在业务复杂、经营多元化或经营正在快速变化的公司。扬（2007）发现审计委员会成员越多、审计委员会中有财会专长的委员越多，在获得负面的内部控制审核意见（相当于存在重大内部控制缺陷）后第二年内部控制得到改善的概率越大；由于首席财务官（或首席执行官）对保持有效的内部控制负有个人责任，近期发生了首席财务官变更的公司，获得负面内部控制审核意见的概率越大，最后，富兰克林（2007）的检验发现，存在重大内部控制缺陷的公司往往累计盈利能力较低，负债程度较高。

也有少量研究表明，内部控制的监管可能对内部控制产生影响。博里茨（Boritz）等人认为，规定内部控制的最低标准有助于改善内部控制，因为它限制了管理层对标准的自由选择空间；对内部控制的披露要求是否有助于提高公司内部控制质量，取决于与公司管理层的薪酬结构，如果管理者薪酬主要是现金形式，内部控制有效性信息披露要求可能导致内部控制质量的降低；如果主要是股票期权形式，内部控制有效性信息披露要求可以使内部控制质量提高。

二、国内公司内部控制有效性影响因素研究

从现有文献来看，国内对内部控制影响因素的研究主要围绕以下三个方面展开。首先，在公司的治理水平方面：研究认为高质量的治理水平能够提高内部控制有效性。主要研究股权集中度、董事会质量、监事会特征以及高管薪酬机制是否影响内部控制效率。其次，在公司业务的复杂性与组织变革方面：公司业务的复杂程度和组织结构的重大变革是影响内部控制的又一重要因素。公司业务越复杂，其对内部控制系统的要求相对也越高，内部控制存在缺陷的可能性越大；正在经历组织结构的重大变革时，

公司内部控制难以及时应对重大的变化。内部控制较弱。最后，在公司的财务特征方面：实际投入内部控制建设的资源数量以及内部控制需要投入的资源数量，也会影响内部控制的改善。公司资源丰富投入内部控制建设的资源较多，内部控制有效性得到提高。该领域的研究结论主要有：郑海英（2004）认为上市公司内部控制环境缺陷直接影响公司内部控制目标的实现，作为委托方的股东股权结构状况直接影响上市公司内部控制环境。控制股东使委托—代理关系中的受托方，即公司董事会、监事会及经理层成为维护控股股东利益的工具，而且最终影响公司持续经营。林钟高、徐虹（2009）从分工、控制权配置的角度研究内部控制质量问题。研究认为因为从短期和长期的生产过程看，使内部控制效率达到最优的有效途径是：按分工演进的内在要求，将剩余控制权配置在具有比较优势特别是具有比较优势的生产者手中，所以分工形成的剩余控制权配置是实现内部控制效率的核心。林钟高、吴林（2010）结合资源基础理论与企业成长理论分析内部控制效率的决定因素。研究认为内部控制效率应该是战略为导向的充分利用战略资源、注重企业持续增长的控制系统。

在上述分析框架指导下，现有的实证研究取得了丰富的经验数据。陈艳、张勇等（2009）选取2008年我国沪市854家A股上市公司，对公司自愿披露内部控制鉴证报告的影响因素进行实证分析。检验结果表明：金融行业、公司规模大、经营状况好、股权集中度较高与公司自愿披露内部控制鉴证报告正相关。徐慎峰（2009）研究发现公司自愿性鉴证报告披露与第一大股东持股比例关系不显著；机构投资者持股和国有持股比例高，自愿披露内部控制鉴证报告的概率较大。

张颖、郑洪涛（2010）基于内部控制的四个目标，通过问卷调查，对我国企业内部控制有效性的影响因素进行了实证分析，分析结果表明：管理层的诚信和道德价值观、管理的集权化程度高、资产规模大、财务状况好、企业处于成熟期以及企业文化越成熟，内部控制为经营目标、报告目标、合规目标所提供保证水平越高；内审机构运行效率高和股权集中度越低则内部控制为合规目标和报告目标所提供的保证水平高，企业发展阶段是成熟期和企业规模越大，则内部控制为战略目标所提供的保证水平较高。

曹建新、王春丽（2009）以2007年度深市和沪市A股上市公司为研究样本，将披露内部控制鉴证报告的公司和未披露内部控制鉴证报告的公司进行对比分析，研究发现内部控制有效性高的公司具有某些共同的特点：从总体检验结果来看，内部控制有效性高的公司表现为规模大、经营利润为正、控股股东为国有股东和第一大股东持股比例较高四个特征。

齐保垒、田高良（2010）以 2008 年深市 494 家披露内部控制自我评价报告的公司为研究样本，构建了一个关于内部控制缺陷披露的概念模型，使用 Logit 回归分析验证内部控制缺陷披露的影响因素。以是否在内部控制自我评价报告中披露实质性缺陷或重大薄弱环节为因变量，从特定账户类、期末报告与会计政策类、收入确认类、子公司控制几个方面界定实质性缺陷或重大薄弱环节。分析影响研究还发现，发生财务报告重述，聘请的低质量的外部审计师的公司披露内部控制缺陷的概率较大。

蔡丛光（2010）以 2003～2006 年沪市公司中信息的 33 家公司为样本，同时选取 54 家公司为控制样本考察内部控制缺陷信息披露的影响因素，研究发现，报告和披露内部控制缺陷的影响因素是报告年度的分部数目、公司的规模。公司规模越小，在内部控制上投入越少，越容易出现内部控制缺陷。报告年度的分部数目越多，越容易出现内部控制缺陷。

郑石桥、徐国强（2009）采用利科特（Likert）量度方法，研究内部控制结构类型、影响因素及效果。他们按内部控制构成要素将内部控制结构分为四类，并给实证检验发现，除了环境及活动双弱型外，其他类型的结构的控制目标实现程度都较高。

郑石桥（2009）认为由于各个企业的具体情况不同，为了实现企业的内部控制目标，企业对五个要素的重视或依赖程度也可能不同，并且以某大学的 MBA 学员为研究对象，以调查问卷的方式采集数据。研究结果表明，企业领导风格、企业文化、外部监管和企业发展阶段是影响我国企业内部控制要素重要性的四个主要因素。

第五节　国内外股权结构与内部控制有效性关系的研究

美国的研究主要讨论机构投资者与内部控制有效性之间的关系。如阿斯保－莎佛（2005）研究发现披露了内部控制缺陷的公司更有可能受到机构投资者的监督。而龚国金、宾·科、余勇（Guojin Gong, Bin Ke and Yong Yu, 2010）则研究了投资者保护环境、上市公司的控股股东控制权与现金流权的分离度与在美国交叉上市的公司（包括许多以色列、加拿大等国家）内部控制缺陷披露之间的关系，研究发现在保护环境弱的国家，在美国交叉上市的公司内部控制缺陷披露的可能性与两权分离正相关，而在投资者保护环境好的国家，这种关系并不明显。

国内的研究则主要从股权集中度、股权性质研究股权结构与内部控制有效性之间的关系。

国内研究普遍认为，公司内部治理与内部控制有密切的关系。股权结构是公司内部控制治理的股权基础，股权结构不同，公司所有权的分布不同，会影响公司的管理决策，进而影响公司内部控制效率。股权结构与内部控制有效性的关系主要从两个方面展开：（1）股权性质：一种观点认为由于监管环境及资源禀赋的差异，国有控股股东比非国有股东更有动机监督公司内部控制的建立和实施，从而提高公司内部控制有效性。也有相反的观点，相反的观点认为国有控制公司由于主体缺位、管理人员过多地关注行政级别，缺乏监督公司内部控制的积极性，这容易造成内部人控制现象，内部控制人为了侵占公司利益很可使内部控制失效。（2）股权集中度：一种观点认为，随着股权集中度提高，控股股东有动机和能力监督和控制公司经营管理，公司内部控制执行效率较高。相反的观点认为，股权集中度过高，公司缺乏对控股股东约束机制，控股股东凭借超额控制权攫取私有收益的动机较强，内部控制往往流于形式。

在上述分析框架指导下，现有的实证研究取得了丰富的经验数据。

钟玮、杨天化（2010）以我国银行类上市公司为研究样本，研究了资本结构、内部控制及公司绩效的关系。根据 COSO IC – IF（1992）和 CO-SO – ERM（2004）为标准建立了内部控制有效性评价指标。在控制了资本结构、公司规模及成长性之后，内部控制水平和股权集中度在 5% 水平上呈现显著负相关关系。说明对应于银行类上市公司来说，过高的资本集中度可能会使内部控制流于形式，或者产生隧道效应。内部控制水平和公司绩效确实存在正相关关系。罗新华、隋敏（2008）从实证上分析了公司治理结构对内部控制质量的影响。作者选取了 2000~2004 年间证监会公布的内部控制严重失效的上市公司以及学术界中讨论激烈的重大案例为样本，研究结果发现内部控制出问题的公司，一般在股权结构特征上表现为其法人股比例较高，流通股比例较低，公司的第一大股东更有可能为国有资产监督管理委员会。吴益兵等（2009）选取 2007 年沪深两市的 A 股上市公司作为样本，以披露内部控制鉴证报告作为有效内部控制的表征变量，对股权结构对企业内部控制质量的影响进行了实证分析。分析结果表明，国有控股的企业内部控制质量高于非国有控股的企业，股权越集中企业内部控制质量越低，机构投资者持股能够提高企业内部控制质量。曹建新、王春丽等（2009）将披露内部控制审核报告公司作为内部控制有效性替代变量，以 2007 年度深市和沪市 A 股上市公司为研究样本，研究了上市公司内部控制有效性影响因素，结果表明内部控制有效性高的公司控股股东为国有股东和第一大股东持股比例较高。陈艳、张勇等（2009）对 2008 年我国沪市 854 家 A 股上市公司自愿披露内部控制鉴证报告的影响因素进行实证研究。研究发现：股权集中度对公司自愿披露内部控制鉴证报告具有显著影响；钟玮、杨天化（2010）实证分析了我国银行业资本结构、内部控制及公司绩效的关系，对控制环境、风险评估、控制活动、信息与沟通和监督内部控制五个要素分别打分最后得出总分构建了内部控制评价指数，经实证检验的结果表明我国银行类上市公司内部控制水平和股权集中度在 5% 水平上呈现显著负相关关系。张颖、郑洪涛（2010）通过问卷调查分析了我国企业内部控制有效性的影响因素。研究结果认为在公司治理因素方面，内部控制有效性受到公司股权集中度的影响，内部控制有效性高的要低于内部控制有效性低的公司。张先治、戴文涛（2010）通过调查问卷分析了公司治理结构对内部控制的影响。研究发现在内部控制五要素中，内部环境要素是影响我国企业内部控制实施的关键因素；在内部环境要素中，国有控股与内部控制质量负相关、股权集中度与内部控制负相关。

第六节　终极控制人代理行为

一、国外有关终极控制人代理行为研究

拉·波特（La Porta et al. , 1999）经研究发现，所有权集中才是世界各国企业普遍存在的现象，并通过股权控制链向上追溯是终极所有权，以终极控制人的存在来判断所有权结构（所有权结构分为分散型和终极股东控制型）；并进一步通对 27 个经济较发达的国家的上市公司进行实证分

析，考察法律环境对所有权结构的影响，研究结果表明，除了保护投资者利益的法律较为完善的国家存在分散型所有权结构外，大部分国家则普遍存在终极控制人。在东亚国家，上市公司大多数为家族企业所控制，并且家族终极控制人通常采用金字塔持股或交叉持股形式形成终极控制权和现金流量权的分离（Faecio，Fung，2002；Claessens，Djankow and Lang，2000；Khanna，2000；Berglof，Pajuste，2002）。

此后，各国学者沿着 La Porta 等人的研究视角对该研究领域展开了广泛地研究，其中，对普遍存在的金字塔持股结构的研究较为集中，研究内容主要包括金字塔持股结构的成因、影响因素以及产生的经济后果等问题，其中关于终极控制人控制权和现金流量权发生分离而产生的侵占行为（"利益侵占效应"或"堑壕防御效应"），以及现金流量权产生的对终极控制人侵占行为的抑制作用（"利益趋同效应"）的研究最为广泛。克莱森斯等（Claessens et al.，2002）通过对金字塔控制结构下终极控制人两权分离、现金流量权对公司绩效影响进行实证分析，研究发现，由于终极控制人凭借其控制权转移上市公司利润所获取的私有收益远远大于其以现金流权比例承担的成本，对公司造成的其余大部分损失则由其他中小股东来承担，终极控制人具有侵占动机，而且随着两权分离程度的加大，其侵害动机越强烈，对公司经营造成不利影响也越大，因而两权分离具有"利益侵占效应"；与此同时，随着现金流量权的增大，终极控制人分担的侵占成本增大，其侵占动机减弱，因而，终极现金流量权更多地体现为"利益趋同效应"。持有类似观点的还有：马彻阿（Marchia et al.，2005）、叶（Yeh，2005）等；关于终极控制人代理行为的经济后果的研究除了研究其对企业绩效的影响外，还涉及投资、公司规模扩张及贷款担保等控制权转移问题。如：霍尔曼和霍菲尔德（Holmen and Hogfeldt，2005）研究认为终极控制人存在为了获取控制权利有收益进行过度投资而损害中小股东利益的行为。持有类似观点的还有：别布丘克（Bebchuk，2000）、吴、王（Wu and Wang，2005）、理查森（Richardson，2006）、约翰·韦（Jonh Wei，2008）等。

二、国内有关终极控制人代理行为的研究

由于公司会计盈余质量集中反映公司内部控制为企业财务报告提供的

保证水平，本书首先对终极控制人与会计盈余质量关系的研究进行综述。国内王俊秋，张奇峰（2007）以2003～2004年家族控制的上市公司为研究样本，实证考察控制家族的终极所有权结构对会计盈余质量的影响。研究发现盈余信息含量与控制性家族的现金流量权显著正相关，与控制权和现金流量权的偏离程度显著负相关，当控制性家族成员在上市公司任职时，增强了其利益侵占的能力，降低了盈余信息含量。罗正英、吴昊（2007）以发生非货币性交易的上市公司为研究样本，结合企业终极产权性质和公司所处治理环境的影响，对上市公司盈余管理进行分析。研究得出：终极控制权越高的企业，利用非货币性交易调增利润的倾向越显著；不同终极产权性质的上市公司利用非货币性交易方式进行盈余管理，其会计行为不具有显著差异。戴亦一、潘越（2009）检验了因金字塔结构造成控制权和现金流权分离，以及最终控制股东性质对上市公司盈余操纵程度及其方向的影响。研究结果表明，两权分离加剧了上市公司盈余操纵行为，这种现象在非国有上市公司中更为突出。邵春燕（2010）研究了终极控制股东对企业盈余可靠性影响，选择了制造业上市公司2005～2008年1862个非均衡样本为对象，研究发现全样本检验结果为：企业盈余可靠性与终极控制股东的控制权呈非线性的"U"形关系，与现金流权正相关，与两权分离度正相关，与公司的股权制衡度正相关。中央政府与地方政府的终极控制股东在金字塔控制层级上有显著区别，终极控制股东为中央政府的控股层级与盈余可靠性显著正相关，而终控制股东为地方政府的结果正好相反。

由于内部控制不仅为财务报告质量提供合理保证，而且能够为降低企业风险、提高企业的经营效率提供合理保证，因此，本书对终极控制人与企业效率、财务风险关系的研究进行综述。崔学刚、谢志华等（2007）运用描述性统计、非参数检验和多元回归等研究方法，从多个角度比较了民营控制权与国有控制权的效率。研究发现在非保护性行业中，民营控制权的效率显著高于国有控制权的效率。在保护性行业中，国有控制权与民营控制权的效率无显著差异。苏坤、张俊瑞、杨淑娥（2010）以我国2004～2008年民营上市公司为研究对象，从终极控制人的视角，研究了终极控制权、法律环境及其相互作用对公司财务风险的影响。研究表明：终极控制股东现金流权越大，公司财务风险越小；终极控制权与现金流权发生分离的上市公司财务风险要高于两权没有发生分离的公司；终极控制人两权分离度越大，公司财务风险越大；地区法治水平影响终极控制人特征与财务风险的关系，上市公司所处的法律环境与财务风险负相关，不仅如此，法律环境的改善有助于减轻由终极控制股东两权分离所导致的财务风险。沈艺峰，况学文等（2008）以我国资本市场2002年非金融类A股公司为样本，实证研究了对公司及其市场价值的影响。研究结果发现当终极控制人为国有时，两权分离度与现金持有量水平显著正相关。

综上所述，国内有关终极控制股东代理行为的研究主要集中终极控制人控制权、现金流权及两权分离对公司资产占有风险、财务风险、业绩、现金持有量的影响，普遍认为终极控制人代理行为具有"堑壕防御效应"。

第七节　研究述评

通过以上内部控制和终极控制人的相关研究的文献回顾，国内外学者和各组织机构等做了大量的相关研究。涉及的内容较全面，反映出内部控制研究的前景广阔，呈现出百家争鸣的现状，为以后相关研究奠定了坚实的基础。然而，我们认为这些研究中还存在以下不足。

一、内部控制有效性界定的研究

对于内部控制有效性的概念，目前社会各界尚无统一定论。国外学者的研究主要从外部需求和内部管理的需求两个方面对内部控制有效性进行界定，并得出不同的结论。许多国家研究机构也从不同角度对内部控制有效性进行界定，大多参考了COSO报告的内部控制框架，结论也不尽相同。目前国内的研究大部分是依据COSO报告、《基本规范》及配套指引对内部控制有效性界定，主要从内部控制框架体系的五个要素内容考察内部控制设计的有效性及内部控制执行的有效性。部分研究则以内部控制为相关目标提供的保证水平来衡量企业内部控制的有效性。我们认为内部控制设计的有效性是内部控制总体有效性的制度前提，执行有效性是内部控制总体有效性的过程保证，而企业内部控制目标的保证水平则是内部控制总体有效性的结果和最终衡量标准。考察内部控制总体有效性的指标不仅应考虑内部控制设计的有效性和执行的有效性，而且更重要的是要考察企业内部控制对相关目标的保证水平。

二、内部控制有效性评价指标的衡量研究

由于研究角度和理论依据不同，国内外在内部控制有效性评价衡量指标研究上，目前也没有统一的指标体系。在 COSO 报告内部控制框架体系之后，国内外的很多研究都参照了 COSO 报告中五个要素内容来设计内部控制有效性评价指标，但是侧重点与相应指标的量化选取上有所差别。在 SOX 法案颁布实施之后大多数研究侧重依据上市公司披露的内部控制重大缺陷为判断公司内部控制质量。我国的少量研究考察了内部控制的目标保证水平，依据 COSO 报告、《企业内部控制规范》四项目标或五项目标，对每项目标选取相应的衡量指标设计内部控制有效性评价指标体系。我们认为既然内部控制总体有效性是以设计有效性为基础、执行有效性为过程保证、以目标的实现为最终衡量标准，那么内部控制有效性评价的衡量指标也就该综合考察这三个方面来选取评价指标体系。

三、内部控制有效性综合评价体系构建的方法研究

早期国外的研究以财务欺诈、财务重述、审计委员会质量等虚拟变量这种二分类法来衡量内部控制的有效性，近几年国外的研究以公司披露的重大内部控制缺陷表示内部控制失效。由于英美等国外部市场发达，监管严格，投资者法律保护强，上市公司披露的信息透明度较高，因此依据上市公司所披露的内部控制报告来判断内部控制有效性可靠性较高，但是这种评价内部控制质量的方法也存在局限，这种方法把上市公司内部控制效率区别为无效和有效，显然无法判断内部控制有效公司之间内部控制质量的差别。我国目前颁布的有关内部控制评价的法规数量不少，但是这些法规没有对内部控制有效性进行详细解释，界定的评价主体和评价内容不同。目前我国企业内部控制体系实施面临的一个现实是，至今仍缺乏一个明确、完善且具有高度认同感的内部控制评价系统。目前研究中使用的内部控制评价方法主要分为三种形式：一是直接根据披露的内部控制评价信息作为指标，如管理层披露的内部控制缺陷、审计师的审核意见等，现有

相关实证研究中大多采用这种方法；二是通过调查问卷的方式确定各评价指标的权重并计算总得分来评价内部控制质量；三是运用数学模型、层次分析法、功效系数法等方法对评价指标体系赋权重计算得分构造指数来评价内部控制质量。目前看来，现有的内部控制评价体系均有不完善之处，如果简单地以披露和未披露内部控制评估报告二分类变量进行测量，显然不能够区别内部控制质量的高低，而以内部控制缺陷的披露与未披露二分类衡量其有效性，受自愿披露的限制仍然不能很好区别内部控制质量的差异；现有的功效系数法、综合指数法、模糊综合评判法等这些方法都存在一个共同的缺陷，即在难以确定各评价指标的权重，大多采用专家打分、问卷调查等主观分析方法来确定各指标权重，这使得综合评价结果不具有可比性和客观性。造成研究的可重复性较差而受到学者们的批评；而纯数学上的理论模型，在实际中无法找到可行的替代变量，或者是因为模型的假设难以被接受、模型的使用成本较高等原因，在内部控制评价实践中并没有被广泛采用。而以内部控制目标构建内部控制指标体系大多采用了财务指标，这些财务指标虽然在某些方面说明内部控制目标的保证水平，但是并不能排除其他因素对这些指标的影响。

四、股权结构与内部控制有效性关系的相关研究

美国的上市公司股权相对分散，相关研究主要集中在代表股东利益的董事会、审计委员会特征等内部治理机制和外部市场机制对内部控制有效性的影响，对股权结构与内部控制有效性关系的研究较少，主要从机构投资者的角度研究其对内部控制质量的影响。国内现有的研究在股权结构与内部控制质量的研究上大多从控股股东性质、股权集中度两个方面考察股权结构与内部控制质量的关系，在股权性质与内部控制质量上研究结论基本一致，而在股权集中度与内部控制质量关系的研究上结论却并不一致。而且大多数研究针对直接控制股东。与英美等少数国家不同的是，我国上市公司的直接控股股东大多存在终极控制人，从终极控制人的特征研究内部控制有效性更能从根源上说明内部控制失效等问题。因此，从终极控制人角度讨论终极控制人特征对内部控制有效性的影响将更有实践意义。

第八节　借鉴与启示

世界各国都存在企业内部控制失效的现象，西方英美等国家的研究从内部控制的涵义到内部控制的有效性界定及评价、内部控制有效性的影响因素，内部控制与公司治理的关系，已经形成了一个较为成熟的研究框架，并取得了许多创造性成果，为我们进一步研究内部控制提供了参照系，指明了方向，对我国内部控制研究的开展无疑有着积极的借鉴意义。我国内部控制研究还只是初步的研究，由于我国国情不同，企业面临的内外环境与国外企业存在很大差异，企业内部控制面临的环境、风险，运用的信息技术、控制手段等都不尽相同。因此，在借鉴国外内部控制的研究成果基础上，结合我国特殊的制度背景来研究我国上市公司内部控制有效性将更具有理论和实践意义。

内部控制伴随着经济社会的发展而发展，内部控制失效问题可以说是世界各国都必须面临的问题。国外对公司治理与内部控制关系的研究已经取得了大量的研究成果，我们可以参照具有成功经验的公司治理模式来改善内部控制环境，提高内部控制水平，这为研究我国上市公司的内部控制失效问题具有一定的启发和借鉴意义。尽管内部控制失效的根源都是公司治理缺陷所致，但是国情不同，公司治理模式不同，研究侧重点也应有所不同。如果把美国的董事会制度运用到我国企业当中，可能会不符合我国实际。因此，在研究公司治理对内部控制有效性，如何提高公司内部控制有效性方面，除了借鉴国外的研究成果之外，还需考虑我国的现实背景。结合我国实际进行创新研究。

我国是新兴加转轨国家，股权相对集中，国有股占较大比例，上市公司普遍存在金字塔结构。在这种背景下，我们应该结合国外的研究成果，研究我国终极控制人的治理模式对内部控制有效性有何影响？从终极控制人角度研究我国上市公司内部控制有效性问题，需要在理论研究、实证研究上进行深入分析。研究此问题的前提是：如何对上市公司内部控制有效性进行评价？由于我国学者从不同角度构建内部控制评价体系模型，各有优缺点，在借鉴前人研究的基础上，更深入地研究如何构建科学的内部控制综合评价体系是当前需要解决的问题。

第九节 小 结

本章主要从内部控制理论研究、内部控制有效性界定及评价、内部控制有效性影响因素、股权结构与内部控制关系及终极控制人代理行为五个方面，对国内外研究文献进行回顾与评述。并借鉴国外内部控制的研究成果，结合我国的实际背景提出我国内部控制研究应关注的视角。首先，对国内外内部控制理论研究进行了梳理。内部控制理论随着实践的发展逐步成熟，由内部牵制发展为内部控制整体框架及企业风险管理框架，无论在目标上，还是方法、内容上，都有了丰富的发展；其次，对国内外内部控制有效性的界定及其评价研究进行了回顾。但是目前并没有形成统一的观点。然后，对内部控制有效性影响因素研究进行了回顾。国外学者主要从治理水平、经营复杂性等基本公司特征和财务特征几个方面进行研究。在此基础上，对内部控制与股权结构关系的研究进行了细致的回顾，现有的研究主要从股权性质和股权集中度两个方面分析股权结构与内部控制的关系。国内在这方面的研究基本上借鉴国外的研究成果，但由于公司披露信息的限制，只是开展了少量的实证研究。最后，针对目前股权集中的结构，对直接控股股东的终极控制人的代理行为进行了回顾。主要为终极控制人的性质、控制权、现金流权及两权分离度对公司盈余质量、公司价值及公司利益侵害行为的研究。根据现有的研究，在公司内部控制有效性的涵义、评价指标、评价方法等并没有形成一个统一的具有高度认同感的评价体系，因此，本书尝试以主成分分析这种客观分析方法、从内部控制的要素内容和为企业目标提供的保证水平两个方面综合考虑评价指标来构建上市公司内部控制有效性综合评价体系；在内部控制有效性影响因素研究方面，除了我国相关法规不完善、受公司资源限制以及公司财务状况等制约因素之外，主要原因还在于公司治理机制缺陷，而股权结构是公司治理的产权基础，因此，研究公司股权结构与内部控制有效性问题是当务之急。现有的研究则主要从上市公司的直接控股股东角度研究公司内部控制有效性问题，而我国上市公司普遍存在金字塔持股结构，国有股占大多数，因此，本书在借鉴国外相关研究成果的基础上，结合我国的实际背景，从终极控制人角度研究内部控制有效性。

第三章

概念框架与理论基础

第一节 基于终极控制人内部控制 有效性研究的概念框架

一、内部控制概念框架

（一）内部控制概念的界定

概念是思维的起点，内部控制有效性的评价必须建立在准确界定相关概念的基础上。内部控制是指为了确保实现企业目标而实施的程序和政策。内部控制还应确保识别可能阻碍这些目标实现的风险因素并采取防范措施。内部控制和风险管理是出色的公司治理中极为重要的组成部分。内部控制的思想和框架总体上就是对企业内部资源进行管理的体系，然而基于不同的角度和层次，对内部控制的定义有着不同的认识和分析。

1. COSO 内部控制

COSO 委员会认为，内部控制是由全体共同设计和实施的，为确保组织的实现而实施的程序。该定义构成了《SOX 法案》关于内部控制评估这一内容的基础。同时，COSO 委员会指出，从风险管理的角度来看，内部控制是很有必要的。但是，在内部控制的实际实施过程中，有几点必须引起注意。首先，内部控制系统不是万能的，即使实施了优良的内部控制系统，也不能使一个蹩脚的管理者变得优秀；其次，由于所有的内部控制系统仍然面临发生错误或者产生差错的危险，因而内部控制系统只能对企业目标的实现提供合理保证而非绝对保证。即使一个企业实施了内部控制，也可能由于故意破坏、管理层逾越内部控制而失效。再次，大型或小型企业在建立内部控制系统时，都可能面临资源受限的困境。

2. PCAOB 内部控制

PCAOB 认为，财务报告内部控制由企业高层管理者或者专业人士设计的一个系统，目的在于保证企业公允反映企业的资产、负债、所有者权益；按照要求编制规范的财务报表；以应有的谨慎记录交易事项的发生；防止或提前发现可能存在的有损企业整体利益的不合规行为。

3. Turnbull 内部控制

英国 Turnbull 委员会要求董事会应建立并实施一整套完善的内部控制系统，并且做到定期对系统进行复核。特恩布尔报告认为，内部控制的主要作用包括：为企业的正常运营提供基础，使企业有能力对影响企业几大目标实现的风险作出反应；对内部控制系统的衡量；持续对内部控制情况进行监察，并建议作出关于财务及合规和运营控制的报告。该框架适用于英国以及多数欧盟组织。

4. COCO 内部控制

加拿大 COCO 委员会使用的是"控制"概念，而不是普遍使用的"内部控制"概念，指出控制是一个主体要素（包括实体资源、系统、过程、文化、结构和任务）的集合体，这些要素有效组合在一起才能够帮助人们实现主体目标。COCO 还指出控制需要企业内部所有成员的参与，不仅包括董事会和管理层，还应包括其他所有员工；认为控制的终极目标是为了创造财富，而不单是控制成本；同时还提出，有效的控制应该保持整体与部分、稳定与应变之间的平衡。

5. 我国内部控制委员会定义的内部控制

内部控制是指为了确保实现企业目标而实施的程序和政策。内部控制还应确保识别可能阻碍这些目标实现的风险因素并采取防范措施。同时，内部控制规范和配套指引的发布是我国在公司治理方面的一个重要里程碑，体现了我国经济与全球经济的进一步接轨和整合，为我国企业完善公司治理结构带来了新的指引，提出了新的挑战。

在以往的研究中，不同的学者也从不同学科的视角对企业内部控制进行了不同的定义，至今没有统一的看法。

从最早内部牵制概念的提出，内部控制经过近 100 年的不断发展与完善，经历了从牵制论、制度论、结构论和整体框架的演进过程。直到 2004年 9 月 COSO 委员会正式颁布 COSO - ERM（2004），内部控制达到了内部控制发展的最完善阶段。内部控制从狭隘的会计、审计视野走向了更为广泛的企业管理和公司治理的视野。研究的领域也跨越了会计学、审计学到管理学和经济学等领域；内部控制的方法也从会计的方法、审计的方法发展到管理的方法以及公司治理与企业管理综合研究的方法。研究的内容从最初的"查错防弊"、"被动防范风险"发展到"主动管理风险以便创造价值"。国内外学者对内部控制概念进行各种各样的界定，对它的研究主要分为三个角度：一是外部审计学视角的内部控制研究，主要关心业务循环和交易层面，属于微观层面的内部控制机制；二是组织管理理论视角的内部控制研究，主要关心对组织内部单位和部门的控制（如预算控制），将控制作为管理职能的一个领域，属于中观层面的内部控制机制；三是经济学视角的内部控制研究，分为两个方面，一方面是以交易成本经济学为基础的内部控制，研究的问题涉及交易的特点与控制形式、市场与企业的关系、企业内部组织形式的选择等。另一方面是以委托—代理理论为基础的内部控制研究，主要研究外部投资者与企业内部管理者之间的关系，包含两个层次的控制，即所有者对管理层的治理控制与管理层对企业雇员的日常内部控制机制，属于宏观层面的内部控制。

理论是由一系列相互联系的概念构成的（张曙光，1999；葛家澍，2006；王化成，2006）。科学地构建一门学科的概念框架对于该学科的理论发展和应用研究都有着重要的意义。就内部控制的概念框架而言，目前主要是一些权威性机构发布的标准化概念框架。1992 年美国 COSO 委员会发布的 COSO - ERM（2004）、1995 年 CICA 的控制标准委员会发布的《COCO 指南》、2004 年美国 COSO 委员会发布的《COSO - ERM（2004）》以及 2005 年英国公司内部控制工作小组发布的《Turnbull 报告》；2008 年我国发布的《基本规范》。

根据已有的研究，我们认为宏观层面的内部控制外延过于宽泛，有关所有者对管理者的治理控制属于公司治理的范畴，不应纳入内部控制概念框架内，而外部审计角度的内部控制概念仅限于公司的业务流程控制机制的设计，过于狭隘，不能适应竞争激烈的市场环境和应对变化多端的外部环境，而从组织管理理论视角的内部控制概念虽然强调内部控制的管理职能，但仅限于管理者对企业员工的约束控制机制，并没有包含董事会对内部控制的监督和控制活动，是不全面的，因此，我们认为从公司治理角度界定内部控制概念能更好理解内部控制的涵义。我们认为，内部控制是指为了合理保证企业达到既定目标，防止、纠正和控制任何偏离控制目标的行为，由董事会和管理层组织设计、计划实施，由监事会监督，企业全体人员共同参与的一个动态的管理控制过程。其中，内部控制目标分为总目标和子目标。总目标为战略目标、经营目标、报告目标、合规目标和资产安全目标，子目标是总目标的具体化，即将总目标进一步分解到各个业务环节当中形成子目标；内部控制涉及五项内容：内部环境、风险评估、控制活动、信息与沟通和内部监督，这五个要素相辅相成、综合作用，共同构成企业的内部控制体系。其中，内部环境是实施内部控制的重要基础，风险评估是实施内部控制的重要环节，控制活动是实施内部控制的重要手段，信息与沟通是实施内部控制的必要条件，内部监督则是持续改进的提升内部控制的重要保证。

杨清香（2010）认为要构建一个系统、完整的内部控制概念框架体系，关键是从内部控制众多概念要素当中选择一个最基本、最抽象的一个要素——逻辑起点，即内部控制的本质。对本质属性界定清楚之后，再对内部控制的研究范围、目标、主体、对象、控制方式、内容进行界定，构成一个完整、系统的内部控制概念框架体系。

具体来讲，内部控制概念框架体系主要包含以下几个方面的内容：

（1）内部控制的本质：内部控制本质的研究主要从契约角度、组织角度和管理的角度来分别对其进行界定。契约角度观点认为，企业内部控制的本质是为了弥补企业契约的不完备性的各种控制机制（刘明辉，张宜霞，2002）。这种观点将内部控制扩展到公司治理范畴，扩大了其本质属性，而且无法体现内部控制的管理职能。组织视角的观点认为内部控制本质是组织设立时的制衡本质和组织运作时科层体系之间的监督本质及同一层级之间制衡本质（谢志华，2009）。这种观点将内部控制的职能范围局限在组织的科层体系，没有界定清楚内部控制的管理本质，即为了企业目标的合理实现而进行的管理活动，仍然没有体现内部控制的本质；管理视角的观点认为，内部控制的本质是一种为了实现企业目标而进行的风险控制活动（戴文涛，2010）。内部控制是企业的一项内部管理制度，把风险控制活动看作是内部控制的本质有些片面，内部控制不仅仅是风险控制活动，而且还是一种企业管理活动。我们认为内部控制的本质是为了防止企业成员行为偏离企业目标而采取的管理活动。

（2）内部控制的研究范围：目前对内部控制范围的界定模糊，而且结论不一。主要有两种观点：一种观点主要是从审计和会计领域出发来界定其范围的，该观点认为内部控制的作用范围应该是经营者为了履行受托责任，在企业内部组织机构、各业务流程和经营管理活动之中实施的控制机制，控制层次主要包括总经理（CEO）对次级管理人员，以及次级管理人员对其所管辖的企业员工的控制机制。这种观点很显然忽略了内部控制的中枢——董事会（COSO 报告，1992；Gosselin，1997；Merehant，1998；张先治，2002；张湘洲，2003；谷祺，2003；朱荣恩，2001；阎达五、杨有红，2001；方红星，2002 等）。另一种观点认为，企业契约的不完备性使投资者对内部控制产生需求，从委托—代理理论的角度来讲，内部控制作为解决代理冲突的机制，应该包括两个层次的控制，一是约束管理者的治理控制——公司内部治理机制；二是管理者约束企业员工的控制机制，也即内部控制包含公司内部治理机制（唐予华、李明辉，2003；蔡吉甫，2006；贺欣，2007 等）。我们认为第一类观点缩小了内部控制的范围，董事会作为内部控制的实施主体，对公司内部控制的制定进行决策，对经营者日常内部控制活动进行监督和控制，以履行自身的受托责任，因此，内部控制的研究范围应包含董事会。第二类观点则扩大了内部控制的研究范围。为了解决股东与管理者之间的代理问题，股东需要一个代表自身利益的董事会行使监督约束管理者权利，我国监事会则起到监督制衡董事会的作用，因此，股东、董事、监事会、经理层之间的制度安排是公司内部治理的范畴。但是由于信息不对称、未来的不确定性以及人的机会主义倾向等因素的影响，公司内部各层委托—代理关系之间都有可能存在代理问题，内部控制是解决董事会与管理者、管理者与下一级管理机构及企业所属员工之间的代理问题的一种控制机制。由于董事会既是公司治理的重要因素，也是内部控制的重要实施主体，是连接公司治理与内部控制的关键节点，因此，我们认为内部控制的研究范围应该包括董事会激励约束管理者、管理者激励约束企业员工的一种控制机制两个层次。即：董事会—管理者—企业员工。

（3）内部控制的主体：根据 COSO 的 IC—IF 和 ERM 以及我国《基本

规范》的相关规定，结合我国企业自身的特点，我国上市公司内部控制的主体为董事会、监事会、经理层和企业的所有员工。其中，董事会负责授权、审批内部控制制度的建立健全及作出相关决策，对经营者实施内部控制进行监督和评价。监事会对董事会与经营者建立与实施内部控制情况进行监督。经营者负责组织和执行企业内部控制制度。企业其他所有员工负责企业业务各流程内部控制的正常运行。

（4）内部控制的目标：近年来，我国会计乃至整个管理领域对内部控制的需求日益强烈，国家通过修订和颁布一系列相关法律法规对内部控制的发展起到了有力的政府推动作用，理论界也就此掀起了一个不小的讨论热潮。但就内部控制在组织中的实际运行情况看，作为实现现代企业管理的重要组成部分的内部控制并没有发挥人们预期的效果。究其原因，笔者认为，这与我国对内部控制目标的定位不准有关。内部控制的目标主要取决于内部控制本身所具有的功能和人们在设计和执行内部控制时所要达到的主观需求。从内部控制的发展历程来看，根据不同的利益者需求提出的内部控制目标主要有：战略目标、提高经营的效果和效率、保证财务报告的可靠性、保护资产的安全、完整、遵守法律和法规、防止、发现和纠正错误和舞弊。其中防止、发现和纠正错误和舞弊目标可融入其他目标当中。董事会和经理层追求的主要是经营的效率和效果目标；监管部门追求的是合法合规目标；从投资者的需求来讲，投资者投资的目的是为了实现长期投资价值，即资本的保值增值。资本保值增值的基础是企业能够有效配置资源，高效率地进行经营管理，因此，内部控制的首要目标是战略目标和经营目标；因为保护资产安全，防止毁损、盗用是有效配置资源的基础，因此，内部控制的目标还应包括资产安全目标；在两权分离的情况下，由于信息不对称和人的机会主义倾向，投资者要求管理者提供高质量的财务报告，以便于对管理者考核和投资决策，因此，财务报告目标是内部控制的一个重要目标；而上述四个目标的实现都需求遵守国家的法律法规及公司内部的规章制度，因此，合规性目标也是内部控制的一个基本目标。综上所述，内部控制因为企业契约不完备性、解决企业股东和经理层之间或控股股东与中小股东之间的代理问题而产生的内在需求，因此内部控制的目标应该从投资者的需求角度来界定。我们认为，内部控制的目标应该分为总目标和具体目标两个层次。而内部控制目标之间是有层次的，基于公司治理的内部控制制度服务于企业的目标，派生于企业的经营和管理，从而，内部控制的目标也是派生于企业的目标（陈汉文、张宜霞，

2008），内部控制的总目标应当和企业的目标相一致，该目标是企业的战略目标，可以表述为：实现企业的可持续发展和企业价值的最大化。公司在设定了内部控制战略目标的基础上，在战略计划和战略实施过程中进一步细化总目标。总目标的实现需要真实可靠的财务报告、合法经营、提高经营的效率和效果、保障企业资产的安全和完整来保证。

（5）内部控制的对象：内部控制的对象要以内部控制的研究目标而定。既然内部控制的最终目标是实现企业的可持续发展和企业价值的最大化，那么对偏离企业目标的行为都应被视为风险，都是内部控制的对象。企业所面临的风险有外部风险与内部风险，由于外部风险大多是不可控的，往往通过投资分散化等措施规避风险，而这是企业风险管理的对象，并不是内部控制的对象，内部控制的对象集中在企业内部的风险，企业内部风险源于企业内部各层级委托—代理关系所产生的代理问题。而内部控制正是通过对组织行为的监督、控制和激励，防止和纠正企业内部具有机会主义倾向的道德风险和逆向选择问题。因此，内部控制的对象是指由于企业内部各层级委托—代理关系所产生的，导致偏离企业目标的代理问题。

（6）内部控制的内容：目前世界各国普遍认可 COSO IC – IF（1992）所指出的五项要素内容，我国《基本规范》汇集了专家学者的观点，借鉴了 COSO 报告的内容，对我国企业内部控制内容作出规范。根据该规范，我国企业内部控制内容包括内部环境、风险评估、控制活动、信息与沟通及监督检查。其中，内部环境是董事会与管理层对待公司内部控制的重要性的态度以及采取的行动，是其他内部控制因素的根基，为内部控制提供了前提和基础，为内部控制其他方面的运作提供了框架，被称为企业的"最高层"，它强调了公司治理结构的制衡机制、组织机构设立、人力资源政策以及企业文化等要素；风险评估是指确定并分析企业目标实现过程中的风险，为如何进行风险管理提供基础，它强调在高管层的风险偏好内对企业面临的风险进行识别，确定风险承受水平，并采取相应的风险应对策略；控制活动是指能确保管理层的决策与指示得以实施的政策和程序，有助于确保管理层的指令得以执行，以及任何可能需要用来处理风险以实现企业目标的行动得以实施，它强调企业根据风险评估的结果建立风险预警系统，进行全面预算管理，并对控制结果进行绩效考评；信息与沟通是指在人员能够履行责任的方式及时间范围内，识别、取得和报告经营、财务及法律遵守的相关信息的有效程序和系统，它强调企业通过各种沟通渠道（如信息系统、资料、中介机构等）建立信息与沟通机制，加强企业内部成员之间及企业与外部利益相关者之间的沟通，以防范舞弊行为；监督检查是指持续评估内部控制系统的充分性及表现情况的程序，它强调企业专门的内部控制监督机构的日常监督和专项监督，并组织定期对企业内部控制进行自我评价。在配合实现三大独立而又相互重叠的经营、财务报告和法规遵守的目标时，这五个部分也可作为评价内部控制系统有效性的标准。内部控制五要素之间的内在关系是很清晰的。企业的控制环境，是企业建设内部控制的土壤，是企业发展的基础，是一切内部控制制度、流程、控制点得以实施的根本条件；风险评估是内部控制建设的关键，企业为了目标的实现，必须分析影响因素，进行风险评估；控制活动是内部控制体系的核心，针对风险评估的结果，企业需要采取相应的控制活动来控制和减少风险；信息的沟通交流是条件，与风险评估和控制活动相关的信息应及时获取并加工整理，进而在企业内部传递，即信息与沟通；监督检查是实施内部控制的重要保证，为保证内部控制体系的正常运转以及完善，还需要对整个内部控制过程进行监督检查。

（7）内部控制的方式：内部控制方式是如何实施内部控制。内部控制方式是实现内部控制目标的措施、程序和方法的总称。企业应视不同的控制对象采用不同的控制方法。我国内部控制的主要控制方式有：不相容职务相互分离控制、授权审批控制、目标控制、组织规划控制、会计系统控制、财产安全控制、预算控制、风险控制、评估机制控制、内部报告控制、电子信息技术控制、内部审计控制等。

（8）内部控制的规范：依据什么来实施内部控制。内部控制的规范是指在实施内部控制的过程中所必须遵循的各种规定和要求。它既包括内部控制的外部规范，也包括内部控制的内部规范。外部规范有国家法律法规、行业监管规章等，在我国，外部规范主要有《内部会计控制规范》、《上海证券交易所内部控制指引》、《深圳证券交易所内部控制指引》及《基本规范》及其配套指引；内部规范主要指企业内部管理制度、内部控制原则等。

（二）内部控制与相关概念的辨析

1. 内部会计控制与内部控制

美国审计准则委员会将内部控制界定为企业的相关组织机构为了资产的安全和财务信息的真实可靠而采取的控制措施。内部控制与内部会计控制存在一定的联系：内部控制包含内部会计控制的内容，内部会计控制是保证内部控制财务报告目标的一项重要控制措施。同时，内部控制与内部会计控制存在显著的区别：在制定主体上，内部控制与内部会计控制的制定主体不同，内部控制由董事会对企业内部控制进行总体规划，规划的具体化则是董事会授权由企业内部各职能部门来完成，最后由董事会审批确定；内部会计控制则是财务总监（或 CFO）对其进行总体规划和具体规划。在侧重点上，内部控制关注的是企业所有组织机构和各个业务流程可能发生各种风险的环节，注重其效率性、合法性、会计信息的可靠性；内部会计控制则主要关注整个会计控制系统的效率，偏重财务信息的真实可靠，防止虚假财务信息以及公司资产的安全性。在构成要素内容上，内部会计控制的构成要素主要是会计控制环境、会计系统、控制措施等；而内部控制不仅包括内部会计控制的要素内容，还将环境要素扩展为控制环境，增加了风险评估、信息与沟通、内部监控要素，而且控制活动更加宽泛。

2. 内部控制与内部管理

内部控制与内部管理都是企业的管理活动，两者存在很多相同点：内部控制与内部管理的总体目标是一致，都是为了实现企业价值最大化。但是两者也存在显著的差别：首先是内容差别，管理活动的内容要比内部控制活动宽泛得多；其次是主体差别，管理活动的主体是企业的管理层，而内部控制的主体则是企业所有人员；再次是监督主体差别，管理活动的控制主体是其上一层级的管理人员，内部控制的监督主体则主要是企业的董事会和经营者；最后是权限差别，内部控制并不具备内部管理人员的行政权力。

3. 内部控制与风险管理

国内外对组织内部控制与风险管理关系的认识主要有三类观点：（1）认为风险管理包含内部控制。美国 COSO 于 2004 年发布的 COSO - ERM（2004）报告，英国 Turnbull 委员会（2005）、南非 King IIReport（2002）和英国内部审计师协会（1999）都认为内部控制是风险管理的重要组成部分，风险管理的范围要比内部控制的范围要广。（2）认为内部控制包含风险管理。加拿大 COCO 报告认为"控制"是一个组织中支持该组织实现其目标诸要素的集合体，实质上就是"内部控制"，风险评估和风险管理是控制的关键要素，风险评估和风险管理是控制（即内部控制）的关键要素。（3）认为内部控制就是风险管理。布莱克本（Blackburn，1999），马修莱彻（Matthewleitch，2004）风险管理系统与内部控制系统没有差异，这两个概念的外延变得越来越广，正在变为同一事物。

内部控制与风险管理都是企业的风险控制活动，但是，两者在控制对象和职能上存在差别。在控制对象上，内部控制主要是防范财务舞弊、资产毁损及经营效率低下的风险；而风险管理则包括企业所面临的各类风险；在职能上，内部控制主要是防范、控制风险，而风险管理则还包括转嫁和消除风险。

4. 内部控制与管理控制

管理控制和内部控制的目标是一致的，都是为了提高企业的经营效率和效果，但是，两者又有所差别。根据企业的目标的分解和实施主体的层次，可以将内部控制划分为董事会实施的战略规划控制、经营者实施的战略实施控制及其余员工实施的作业任务控制三个层次（张先治，2002）。管理控制从狭义的角度理解正是对企业实施战略规划过程进行控制。因此，从这个角度分析，管理控制是内部控制一个组成部分。而且正因为战略实施过程是一个将战略总规划进一步分解，并对各个业务系统作出安排的过程，在实现企业目标的过程中起承前启下的作用，在现代经济高速发展的社会里，企业在识别风险和确定风险承受度之后作出的战略规划需要有效地实施才能得以实现，因此管理控制活动在企业中的作用愈加明显，成为内部控制的一个核心。

5. 内部控制与公司治理

目前关于公司治理和内部控制关系的主要观点有三种："环境论"，认为公司治理是有效实施内部控制的重要环境（阎达五、杨有红，2001）；"基础论"，认为内部控制是实现公司治理的基础（杨雄胜，2005）；"嵌合论"，认为公司治理与内部控制是一种相互包含关系（李连华，2005）。我们认为内部控制和公司治理之间存在密切的关系。两者存在很多共同点：两者的理论基础都是委托—代理理论；两者的目标是一致的；两者都包含控制、监督、激励机制。但是两者还存在显著差别：从委托—代理理论分析，公司治理解决的是所有者和经营者之间的委托—代理问题，主要是对所有者、经营者、董事会等治理层次之间的利益均衡作出的制度安排，而内部控制主要是解决董事会、经营者与次级管理者及其他员工之间存在的代理问题，主要是董事会对经营者的控制、监督和经营者对次级管理人员及其他人员的监督和控制过程。公司治理的主要内容是董事会制度、监事会制度和对经营者的激励和约束机制等。内部控制主要包括组织结构控制、授权审批控制、会计记录控制、资产保护控制、职工素质控制、预算控制和内部审计控制等各项控制活动和过程。董事会是联系两者的枢纽，内部控制的有效运行离不开完善的公司治理机制，内部控制的有效运行能够改善公司的治理机制。公司治理和内部控制之间的这种关系在国内外的相关研究中已得到验证。

二、内部控制有效性概念框架

（一）内部控制有效性的界定

COSO IC – IF（1992）提出，如果董事会和管理层能够合理保证经济实体的经营目标得到实现、财务报表可靠、遵守法律和规章制度，则内部控制系统是有效的。COSO IC – IF（1992）将"有效控制"定义为"企业能否可靠地实现其目标取决于其能在多大程度上合理保证企业目标的实现"。最高审计机关国际组织（以下简称"INTOSAI"）认为，有效的内部控制应符合三个标准，即适时适量标准、成本效益标准、功能设计的一贯性标准。毕马威会计师事务所（以下简称"KPMG"）（1999）在其《内部控制：实务指南》中强调内部控制有效性包括设计有效性和执行有效性两方面，而保证内部控制有效性需要一个持续的监督过程。PCAOB（2004）AS2 要求管理当局对企业的内部控制进行评估，审计人员要对管理当局就内部控制有效性评价是否公允做出评价，发表审计意见。此外，国外学者金尼（Kinney，2000）认为，有效的内部控制过程实质上是对企业大量的信息进行管理以支持企业管理者的管理决策过程和保护企业的资产，合理保证企业目标的实现。汤密·辛格顿（Tommie Singleton，2002）认为，建立有效的内部控制环境是为了确保建立充分、相应的政策，配合有效的监督和报告系统以确保管理者的目标能够实现。国外在内部控制有效性的研究中，虽然观点各异，但是目前主流的观点基本上接受 COSO IC – IF（1992）报告，即认为如果董事会和管理层能够合理保证经营效率效果目标、财务报告可靠性目标、合法合规性目标的实现，则可以认定内部控制的有效性。

有效的内部控制有助于在合理的程度上提高企业运营的效果和效率、保护企业资产，确保财务报告的可靠性以及企业对法律法规的遵循。国内外研究对内部控制有效性的界定大都体现出这样的观点：一种观点认为内部控制有效性体现在内部控制的设计的有效和执行过程是否有效（Stringer，2002；赵香稳、杨锐，2006；潘世练、黄海鹏，1999；许莉，2002；周泳宏，2009 等）。另一种观点认为内部控制有效性来源于企内部控制目标的实现（COSO，2002；王会杰，2001；王立彦、王靖，2002；李宇立，2004；张宜霞，2008；郑洪涛，2010 等），内部控制有效性不仅仅体现为内部控制要素内容设计的合理完整，更应该以其为实现企业的各项目标提供的保证水平来衡量。

借鉴国内外专家及学者的观点，根据经济学理论和管理理论，我们认为内部控制有效性是指保护投资者利益的内部控制系统的有效性，其中，内部控制整个系统设计的有效性、执行的有效性是内部控制有效性的前提和基础，企业内部控制为企业目标所提供的合理保证水平则是内部控制总体有效性的结果和最终衡量标准。具体表述如下：

（二）根据《基本规范》和《配套指引》，本书在界定内部控制设计有效性和执行效率主要体现在以下几个方面

（1）控制环境对内部控制有效性的影响，控制环境是其他内部控制组成要素的基础，它的设计质量不仅会影响单位整体活动方式，而且对单位目标的制定以及其他因素均会产生重大影响。对企业内部环境评价，主要是分析公司治理环境是否完善、组织机构设计和建设情况，以及企业文化和人力资源等因素，对内部环境的设计及实际运行情况进行认定和评价。公司治理是股东对经营者进行监督和控制而形成的一种制度安排，内部控制是公司治理机制在公司内部的延伸和进一步深化，其控制措施主要作用于经营者层次，即经营者对生产经营的控制，内部控制不能保证对经营者的监控有效，无法避免内部人侵占中小股东权益的行为，因此，只有在不断完善公司治理环境，才能加强内部控制，尽可能地避免欺诈投资者的行为发生。任何企业要实现目标，必须以一定的组织结构为基础，公司组织机构设计的合理性直接影响内部控制的执行效率，例如专门的内部控

制机构和配备专业人员都是提高内部控制效率的组织安排。良好的企业文化给公司员工创造一个好的工作氛围，注入先进的工作理念，这些因素都是企业内部控制环境不可忽视的重要因素。

（2）风险评估机制对内部控制有效性的影响，风险是不可能实现目标的可能性，新经济时代环境的变化使企业经营风险增大，企业必须设立可以辨认、分析和管理风险的机制，以确认公司的内部和外部风险因素，并确定风险因素的重要程度，确定高风险区域。并据此确定内部控制的重点。因此，识别和不断地评估有可能阻碍实现目标的种种风险是开展内部控制活动的重要前提。对开展企业风险机制的评价，应当以《基本规范》有关风险评估的要求，以及各项应用指引中所列主要风险为依据，结合本企业的内部控制制度，对日常经营管理过程中的风险识别、风险分析、应对策略等进行认定和评价。

（3）控制活动对内部控制有效性影响，控制活动是在控制环境和风险评估的基础上，为保证控制目标有效落实，确保风险被有效控制而制定并实施的各种方法、程序和控制措施。建立适当的控制结构、适当的职责分离，明确定义各经营级别的控制活动是提高内部控制有效性的重要内容。企业组织开展控制活动评价，应当以《基本规范》和各项应用指引中的控制措施为依据，结合本企业的内部控制制度，对相关控制措施的设计和运行情况进行认定和评价。

（4）信息沟通对内部控制有效性影响，信息沟通作为内部控制的重要组成部分，影响内部控制的效率。管理层须将制定的计划准确、及时传递到相关部门，以便该计划能够有效执行，企业业务层的员工也要计划的执行情况及时反馈给管理层，以便管理层评价计划的完成情况，并及时调整计划以完成企业的目标。畅通的内、外部信息沟通渠道有利于企业决策者及时分析企业面临的材料价格、市场风险及政策风险等因素，准确确定企业的战略规划并予以实施以实现企业的战略目标；信息反馈机制的建立有利于企业内部控制及时发现错误及舞弊行为，提高内部控制的资产安全目标和财务报告目标；电子信息系统的建设有利于提高内部控制效率，促进经营效率的提高。因此，信息沟通好的企业能够降低企业员工之间及管理者和企业员工之间的信息不对称，有利于内部控制措施的有效执行，以降低企业的代理成本，提高企业经营效率。

（5）内部监督对内部控制有效性影响，内部监督是对内部控制的质量进行评价的过程，这个过程要包括持续的监督、独立的评价。设计有效的监督才能保证内部控制执行的有效性。企业内部应由有关管理人员和职员定期、独立地自上而下对各部门的控制进行独立的评价、持续的监督。对内部控制制度的执行情况实行严格的检查和反馈，并向董事会和总经理报告，确保公司各项经营管理活动的有效运行。董事会相关机构应当定期评价内部控制的有效性，根据市场环境、新的金融工具、新的技术应用和新的法律法规等情况，提请董事会或管理层适时改进内部控制。企业组织开展内部监督评价，应当以《基本规范》有关内部监督的要求，以及各项应用指引中有关日常管控的规定为依据，结合本企业的内部控制制度，对内部监督机制的有效性进行认定和评价，重点关注监事会、审计委员会、内部审计机构等是否在内部控制设计和运行中有效发挥监督作用。

以上从内部控制要素内容出发界定内部控制设计的合理性、充分性以及内部控制制度的执行效率。但是内部控制的本质是对偏离企业目标的行为进行防范、纠正和控制，促进企业目标的实现，因此，对内部控制有效性的评价不仅仅要考虑内部控制设计和执行的效率，还要考虑内部控制为企业目标提供的保证水平。

（三）内部控制为企业目标提供的保证水平的有效性

从投资者的需求来讲，不仅需要经营者提供财务信息的可靠性，更需要使投入企业的资产能够保值增值，实现价值最大化，因此，对内部控制的需求不仅在合法经营的基础上为企业资产安全提供保证、提供可靠的财务报告以供决策，更需要内部控制能够提高经营效率，实现企业的战略目标。下面分别从这五个目标来讨论影响内部控制目标的有效性。

（1）企业的战略目标：战略目标是企业对未来较长一段时间进行的规划和安排，企业能否实现其制定的战略目标，关键在于战略目标制定是否科学合理、战略实施是否具备充分的保障。因此，企业战略目标评价应从目标制定和目标保证两个方面进行。可持续增长能力是企业战略目标的集中体现，詹姆斯·范震恩和罗伯特·希金斯等研究发现：企业内部控制水平影响企业可持续增长能力。因此，企业内部控制水平对企业战略目标具有重要的作用。

（2）企业经营目标：经营目标是企业一个经营期内的生产效率和经营效果的体现，企业是否对公司资产有效使用、是否进行非效率投资、经营状况如何等都是经营目标评价指标所要考虑的内容。内部控制是企业经营过程的一部分，与经营过程结合在一起，而不是凌驾于企业的基本活动之上，它使经营达到预期的效果，并监督企业经营过程的持续进行。当内部控制嵌入企业的基层组织并成为企业核心部分时是最有效的。

（3）企业财务报告目标：财务报告目标是受托人（经理层）向委托人解除受托责任而出具的财务报表，该报表是否真实、可靠，是否存在经理层为了粉饰报表出具虚假信息欺骗投资者的现象，是否存在财务重述行为等都是财务报告目标所要考虑的内容。企业内部控制的一项重要内容就是内部会计控制，内部会计控制包括实行严格的职责划分和授权批准控制明确职责、制定各项财务会计制度规范会计人员的行为，以及建立会计信息系统达到信息与沟通，这些控制措施的有效运行有助于提高会计信息质量，为投资者提供高质量的财务报表。国外的研究如阿斯保－莎佛等（2005）、陈等人（Chan et al.，2005）及杰弗里·T·道尔（Jeffrey T. Doyle et al.，2007）等认为报告存在内部控制缺陷的样本公司的应计项噪音更多，操纵性应计项指标在统计上显著高于其他公司，即内部控制水平越高，会计信息质量越高。

（4）企业资产安全性目标：安全目标是企业资产是否发生非公允性转移、无偿占用、盗窃等风险。因此应从企业资产的使用情况选择评价指标。内部控制早期的目标就是通过职责分离、内部牵制等手段确保企业实物资产被盗窃、毁损等风险，到目前为止，企业资产安全性仍然是内部控制最基本的目标，内部控制越有效，企业资产被无偿占用及非法转移的可能性越小。

（5）企业合规性目标：合规目标是企业高管是否存在违反国家法律法规行为，是否存在合同违约情况等是企业合规性目标所要考虑的内容。企业内部控制作为一项制度，其自身的有效运行本身就是保证企业合法经营的有力措施，因此，内部控制水平越高，企业违法违规经营的可能性越小。

由上述可见，企业内部控制制度设计的有效性和执行效率，包括五大要素内容，内部控制为企业目标所提供的合理保证水平可以归为五个目标，这两大因素相互联系、相互作用共同构成企业内部控制总体有效性的主要内容。

三、内部控制评价概念框架

《基本规范》第 46 条规定，企业应当根据自身情况，定期对内部控制系统的合理性、完整性和有效性进行自我评价，并据此出具内部控制自我评价报告。这一规定将内部控制评价作为一项政策性的要求呈现在了企业面前。随后发布的《配套指引》，提供了内部控制评价的实施依据，让迷茫中的企业管理者有章可循。因此，企业应该认真解读和学习该指引，评价内部控制的设计与运行情况，规范内部控制的评价程序和评价报告，揭示和防范风险。

（一）内部控制评价概念的界定

关注企业内部控制的主要有企业自身和承担审验责任的外部监管方。因此，内部控制评价自然地分为了两个方向：一个是企业自行实施的内部控制自我评价，另一个是指由注册会计师实施的内部控制外部评价。所谓内部控制评价，是相应的评价主体通过审查、测试等手段对企业内部控制系统的设计和执行进行评价，着重检测系统的合理性、完整性和有效性。内部控制的评价结果，通常以书面的形式表达，从反馈回来的信息中可以发现企业现有内部控制系统的薄弱环节以及存在的缺陷，有利于企业进行有的放矢的内部控制改进，对企业的内部控制系统完善有着至关重要的作用。内部控制评价是随着内部控制的发展而发展的，因此在内部控制发展的不同阶段，内部控制评价也有着相应的表现形式、内涵和侧重点。到目前为止，我国相关部门尚未颁布正式的内部控制评价规范，但在其发布的《企业内部控制评价指引》（以下简称《评价指引》）中已经对内部控制评价作出了相关说明：内部控制评价是由企业董事会和管理层联合实施，在对企业内部控制系统的合理性、完整性和有效性进行评价的基础上，形成评价结论出具评价报告的过程。其中内部控制的合理性是指企业所建立的内部控制是适合企业具体情况的；完整性是指内部控制系统基本覆盖了企业活动的各个重要方面；有效性是该内部控制系统能够为企业目标的实现提供合理保证。因此，本书所界定的我国企业进行的"内部控制评价"属于企业自行实施的对内部控制的评价，也称为企业内部控制自我评价（以下简称"CSA"）。在理解内部控制评价的概念时，了解其特征是非常有帮助的，内部控制评价一方面是一个动态循环的过程，即分析认识企业内部控制制度及执行情况，在这基础上进行评价反馈完善；另一方面，内部控制评价是一个集体行为，而不仅限于董事会或审计委员会，企业中的所有员工都应参与内部控制的设计和实施，发挥自己岗位的特有职能，为实现企业目标做贡献。

具体来讲，内部控制评价概念框架体系主要包括以下几个方面的内容：

1. 评价目的

明确内部控制评价的目的，对于持续进行评价过程有着重要的促进作用。内部控制系统存在的目的是确保企业目标的实现，那么内部控制系统是否存在？是否经过合理设计？是否被一贯执行？是否存在迫切需要改良的薄弱环节？进行内部控制评价，就是要回答这一系列的问题。企业自行开展的内部控制评价，是一项自上而下的检查活动，通过评价过程，可以梳理出企业主要的交易类别和业务流程，描绘出企业实际运行中体现的组织结构。在此基础上，可以衡量企业所谓的内部控制系统是不是完整存在的；如果存在，那它的设计是不是体现了政策的要求、适应了企业的实际情况；如果存在且设计合理，那它又是不是一贯执行，是不是有效地监控着企业的各个关键部门、重大交易和重要流程；同时，可以及时发现内部控制系统的薄弱环节和存在的疏漏，有的放矢地进行改良，为实现企业目标而服务。

2. 评价标准

根据《评价指引》的表述，内部控制评价的标准主要包括两类：一类是一般标准，即评价内部控制系统的完整性、合理性和有效性；另一类是具体标准，即评价公司层面和业务层面的内部控制。

（1）内部控制评价的一般标准。

内部控制评价的一般标准，主要是指内部控制系统的完整性、合理性和有效性。之所以称为一般标准，是因为这一标准在内部控制评价的所有环节，在评价企业内部控制系统的各个角落时，都是必须坚持和遵守的。

第一，内部控制的完整性。内部控制的完整性是指企业所制定的内部控制系统应当从横向上包括了企业从董事会到后勤处的所有部门所有人员，从纵向上包括了企业建立之初的机构设置到后来的筹资投资以及经营，从流程上包含了企业进行几大业务循环经历的所有环节。完整性标准是内部控制系统的基础，没有了完整性就谈不上内部控制系统，更谈不上内部控制评价。

第二，内部控制的合理性。内部控制的合理性是指企业根据行业特点和自身情况设置了适用于本企业的内部控制制度，并且实施该制度是符合成本效益原则的。基于此，任何照搬照抄的内部控制制度都是不正确的，为了设置内部控制系统而不顾成本最终损害了企业利益的行为更是不可取的。

第三，内部控制的有效性。内部控制的有效性主要是指企业内部控制系统在设计完整且合理的基础上，将内部控制系统的相关方面完整、准确无误地落实于企业中相应的部门或业务流程。这一标准的目的主要是防止企业的内部控制系统流于形式，只是一纸空文，因此，内部控制的有效性成为内部控制评价的难点和重点。

（2）内部控制评价的具体标准。

内部控制评价的具体标准是将内部控制系统落实于部门和流程时，所应当遵循的标准，可以分为公司层面和业务层面两个部分。

第一，公司层面的评价标准。根据 COSO 报告，内部控制的五大要素包括控制环境、风险评估、控制活动、信息与沟通、监察，将之细分下去，各个要素又可以分解为更多更小更细的若干项目。这一标准被认为是公司层面的评价标准，它指的是企业内部控制的一个整体氛围即大环境。

第二，业务层面的评价标准。在这一标准中，引入了外部审计的知识，将企业的业务流程划分成大的几个循环：货币资金、销售与收款、采购与付款、生产与存货、人力资源与工薪、投资与筹资。这些循环按照业务活动的流程进行划分，思路清晰易于使用，涵盖了企业活动的任何方面。

总之，内部控制有效性标准体系的构建，应立足于防控风险的目的，同时结合内部控制的目标，针对内部控制的构成要素，从关键控制点入手确定评价标准（林钟高，2006）。

3. 评价对象

内部控制评价的对象是企业整个的内部控制系统，"整个"二字主要针对的是大中型企业或者上市公司，这些企业的股东构成、结构体系往往比较复杂和庞大，不仅包括集团公司总部，还包括相关的资产管理中心、子公司、分公司。只有将整个企业范围内的内部控制系统全部纳入评价对象之列，才可以真实完整地评价企业的内部控制。

4. 评价范围

内部控制评价的范围非常广泛，不仅包含了与财务报表审计相关的内部控制，更包含了影响企业经营的其他重要的内部控制，可以分为公司层面和业务层面两部分。其中，公司层面涵盖了控制环境、风险评估、控制活动、信息与沟通和监察这五个整体要素，反映的是企业内部控制系统的实施氛围和总体情况，决定于企业管理当局的经营哲学和管理理念；业务层面包含了贯穿于企业各个业务循环中的具体内部控制，企业根据行业特点和自身特征，可以着重评估比较关键的循环，确定该循环的内部控制设计合理且准确应用。

5. 评价主体

内部控制评价与内部审计的最大不同点就是评价主体的不同。内部控制评价的对象和范围决定了评价过程是广泛而复杂的，牵扯部门多，调查内容细，因此，内部控制评价的主体不可能由管理层或者内部审计部门单独完成。企业的内部控制评价应当是在高层管理者的支持下，由内部审计部门引导，在外聘专业人员或内部具有相关能力员工参与的同时，调动全体员工进行评价的一个复杂的过程。高层管理者的支持，是内部控制评价得以顺利进行的根本保障；内部审计部门的引导和协调，体现在制定计划、收集信息、评价进程到最后出具报告进行内部控制改良的整个过程，是内部控制评价的领导者；外聘专业人员或内部具有相关能力的员工，不但要对内部控制相关概念规范了解透彻，还应当对评价可能用到的方法熟练掌握，是内部控制评价的关键执行者；全体员工，在内部控制评价的过程中配合内部审计人员进行评价的同时，也有机会重新审视自己所在岗位在企业经营活动中的位置和作用、发现在该环节存在的隐患并进行排除，是内部控制评价的重要参与者。

6. 评价时间和频率

内部控制评价包括定期评价和不定期评价两种。定期评价主要是指《评价指引》中所要求的，在上市公司对外披露年度财务报告时，必须同时提交内部控制自我评价报告，因此内部控制评价的定期评价应当在报告年度结束后及时进行。不定期评价则比较灵活，企业管理层可以不定时地对企业内部控制系统的所有要素和环节同时进行评价，也可以就某个要素、某个循环或者某项控制措施进行专门评价，尤其是在企业发现某一循环发生错误的频率比较高时，可以随时进行评价与改良，时间非常灵活，反馈信息也比较快。

7. 评价报告

内部控制评价的最终成果就是出具评价报告，评价报告的内容应当包括评价目的、评价标准、评价对象、评价范围、评价时间和频率这些要素类信息，还应当包括评价过程中生成的相关资料，如具体评价步骤以及对相关流程的记录。内部控制评价报告的另一重大作用是反馈信息，应当将评价发现的内部控制问题加以分类整理，反馈给各问题所对应的部门和人员，这对于发挥内部控制评价的作用是至关重要的。

（二）内部控制评价与内部控制外部评价、内部审计的比较

1. 内部控制外部评价与内部控制自我评价比较

如前所述，企业内部控制评价主要有两种，外部评价和内部评价。外部评价是指会计师事务所或政府机构根据执业标准或相关规定对企业内部控制系统进行的独立评价，通常服务于财务报表审计，包括整体层面评价和业务层评价两个方面。企业内部控制内部评价，是企业管理当局组织全体员工进行的，对企业内部控制系统设计和实施进行的评价，也就是内部控制自我评价。

（1）两者的联系。

内部控制外部评价和内部控制评价最直接的联系就是，有着共同的评价宗旨，为实现企业内部控制目标提供服务。企业内部控制的三大目标包括合理保证财务报告的可靠性、提高经营效率和效果以及对相关法律法规的遵守，进而保证企业资产安全，促进实现企业发展战略。为了实现这些目标，企业必须对内部控制系统的设计合理性、运行有效性、经济效益性等加以考量；按照法规指引的要求，对企业实际采用的内部控制系统进行分析和评价；指出评价中发现的内部控制系统的缺陷和薄弱环节，提出相应的完善建议。做到以上几点进而确保内部控制目标的实现，内部控制自我评价和内部控制外部评价都不可能单独完成，因此，自我评价只有在外部评价的监督下才能落到实处，外部评价因为有了自我评价的成果而更加富有效率，两者在服务于内部控制目标实现的过程中得以统一。

（2）两者的区别。

第一，评价目标不同。内部控制外部评价的目标是了解被审计单位的

内部环境，评估审计所面临的控制风险，并通过进行符合性测试和实质性测试达到降低审计风险的目的。专项的内部控制外部评价的目标则是评估被审计单位的内部控制几大要素，采用审计的方法对内部控制进行考察，发现其中存在的问题并提出完善意见。内部控制自我评价的目标和专项的内部控制外部评价是比较相似的，它通过调动全体员工的积极性，在整个企业范围内展开对内部控制系统的评估和测试，目的在于揭示和整改企业内部控制系统中存在的缺陷、疏漏、实施障碍和新条件下的不适应，降低操作风险和经营风险，从而提高企业经营活动的效益和效率，实现企业目标，达成企业战略。

第二，评价范围不同。内部控制的外部评价是注册会计师进行财务报表审计的一个重要步骤，目的是评价审计面临的控制风险的高低。因此，内部控制的外部评价范围只是与财务报表审计相关的内部控制，包括为实现财务报告可靠性目标设计和实施的内部控制以及其他与审计相关的控制，如果一项控制既不影响财务报表的信息质量，也不影响企业的资产安全与完整，则这一控制不包含在外部评价的范围内。内部控制自我评价的范围则要广得多，它不仅包含了与财务报表审计相关的内部控制，更包含了影响企业经营的其他重要的内部控制，涵盖了控制环境、风险评估、控制活动、信息与沟通和监察这五个整体要素，以及贯穿在企业各个业务循环中的具体内部控制。

第三，评价时间不同。内部控制的外部评价的实施时间，一般和年度或季度财务报表审计相同，通过询问、观察、穿行测试和检查的方法对某个时点或者较短期间内的内部控制进行评价，进而推断内部控制在报告季度或年度内是否一贯运行是否一贯有效。内部控制自我评价在评价时间上非常灵活，可以在政策的要求下进行自我评价出具评价报告，可以对企业内部控制系统的所有要素和环节同时进行评价，也可以就某个要素、某个循环或者某项控制措施进行专门评价。尤其是在企业发现某一循环发生错误的频率比较高时，及时进行评价与改良，时间非常灵活，反馈信息也比较快。

第四，评价方法不同。内部控制外部评价包括整体层面和业务层面两部分。整体层面的主要评价方法包括询问被审计单位的人员、观察特定控制的运用、检查文件和报告、追踪交易在财务报告信息系统中的处理过程即穿行测试；业务层面的主要评价步骤是：确定重要的交易和流程、了解该流程并记录、分析出比较容易发生错报的环节、识别该环节的控制、证实对流程的了解、进行评价。内部控制自我评价不同于外部评价，它的方法主要包括文字表述法、调查表法、流程图法、实地观察法、证据检查法、经验判断法、引导会议法等。综上所述，内部控制外部评价的覆盖面比较广，思路比较清晰，可以将整个企业的内部控制系统立体地展现在我们面前，对于评价如岗位职责划分这样的硬控制有着针对性的作用。而内部控制自我评价的实现途径比较多样化，对于评价如员工的职业素养和胜任能力这样的软控制比较有用。因此，我们应当结合内部控制外部评价与内部评价，达到良好的评价效果。

2. 内部审计与内部控制自我评价概念比较

内部审计是指由企业自行组织的，由内部专门的机构或者人员，对企业自身内部控制的有效性、经营效益和效率、财务信息真实完整性进行的一种评价活动。内部控制自我评价，是企业管理当局组织全体员工进行的，对企业内部控制系统设计和实施进行的评价。

（1）两者的联系。

第一，内部审计是内部控制自我评价的基础。内部审计在进行的过程中已经收集了相关的审计证据，加之以前期间的审计结论，这些资料对内部控制自我评价有着重要的作用，是一个可信赖的信息来源；内部审计还可以监督内部控制的健全有效，可以帮助内部控制制度的落实，这对企业进行内部控制自我评价进而完善内部控制系统也是有帮助的。同时，内部审计是内部控制系统的一部分，是内部控制自我评价的对象；内部控制自我评价是企业的一项活动，是内部审计的重要内容。因此，内部审计和内部控制评价是相互促进的。

第二，内部控制自我评价促进内部审计。内部控制自我评价是在整个企业范围内，发动所有员工的能动性，组织的对企业所有重要业务流程进行评价和改进的过程。因此，内部控制自我评价不仅可以形成一份内部评价报告，发现企业内部控制系统中存在的问题并进行有针对性的整改，还可以在这一监测评价过程中，反映出与企业相关的行业风险、政治风险、经营风险和操作风险等，这些风险的识别，对于内部审计工作有着很大的促进和帮助作用。内部控制自我评价通常是由内部审计部门牵头进行的，在评价的过程中接触的人员比较多，而且需要根据实际情况不断地与各层级员工进行持续沟通。这一过程的实施，使得内部审计人员和企业员工之间建立了良好的沟通加强了彼此的信任，这种沟通和信任对于内部审计人员在随后进行的，无论是审计业务还是审计建议的执行中，都有着不容忽视的作用。

（2）两者的区别。

第一，内部审计人员所起作用不同。内部控制自我评价进行过程中，内部审计人员所起的主要是一个引导作用，由其牵头，但实际参与者主要是企业管理层和各级员工。内部审计人员发挥引导作用的方式，主要是在管理层的指导下制定评价流程，向员工介绍内部控制的思想调动其积极性，密切关注内部控制评价的实施进程并记录相关信息，促进企业内部控制系统的改良。在内部审计工作中，内部审计人员主体，发挥着关键性的作用，所有活动比如符合性测试需要独立完成。

第二，评价方法、评价效果不同。内部控制自我评价的方法如前所述，主要有文字表述法、调查表法、流程图法、实地观察法、证据检查法、经验判断法、引导会议法等，对于评价如员工的职业素养和胜任能力这样的软控制效果非常好。内部审计在实施审计时，主要是学习外部审计的方法如询问、检查和穿行测试等，对于企业重要业务流程的控制是比较有效的。综上所述，内部审计是内部控制自我评价的基础，内部控制自我评价促进内部审计的实施。在实际评价过程中，我们可以将内部审计和内部控制自我评价的方法综合运用，进行一个全面系统的内部控制自我评价，针对公司层面和业务层面的不同特点，采用不同的方法进行评价。

四、终极控制人概念的界定

（一）终极控制人概念的界定

本书所涉及的终极控制人沿用当前主流文献经常使用的概念，中国台湾学者将其称为最终控股股东，大陆学者将其译成终极控制人，也称最终控制人或者终极控股股东。终极控制人是指在金字塔控制结构下，从追溯直接控股股东的控股股东开始，再向上层层追溯控股股东，直到不再有控股股东的控股股东，最上面的控股股东即为终极控制人。对符合"终极控制人"的条件具体限定如下：首先，沿公司控制链向上追溯，该股东不被其他任何公司或个人所控制；其次，该终极控制人直接或间接持有上市公司的控制权超过其他任一股东直接和间接持有。

下面分别对终极控制人的相关概念进行界定。

（二）终极控制人相关概念的界定

在金字塔结构下，终极控制人股权特征主要从终极控制人性质、现金流权、控制权、两权分离度、控制权行使主体五个方面进行分析。上市公司终极控制人总体特征框架如图 3 - 1 所示。

1. 终极控制人性质 （Con-stat）

根据产权理论，借鉴李增泉和黄俊 （2007），夏立军和方轶强 （2005） 的划分方法，本书根据产权类型终极控制人性质界定为"国有终极控制人"与"非国有终极控制人"，具体定义为：若公司终极控制人可确定为国有资产管理委员会、部委、行政机关和部属高校，即认定其为国有控制上市公司；若公司终极控制人可确定为自然人、民营企业、外资企业、职工持股会、街道集体企业、村办集体企业、乡镇集体企业，则认定其为非国有控制上市公司。本书分别称为"国有终极控制人"和"非国有终极控制人"。

2. 政府控制层级 （Con-cen）

若公司终极控制人可确定为中央国有资产管理委员会、中央部委、中央行政机关、隶属于中央政府部门的高校，即认定其为中央国有控制上市公司；若公司终极控制人确定为地方国有资产管理委员会、其他行政机关、隶属于地方政府教育部门的高校，即认定其为地方国有控制上市公司。

3. 终极现金流量权 （Cas）

现金流量权是指终极控制人直接或间接持有的上市公司的股份比例，表示股东能从公司正常的经营利润中分得的份额。

现金流量权的计算。现金流量权包括直接和间接部分，间接现金流量权是各控制链条中持股比例的乘积之和。计算公式如下：

$$\text{Con} = \sum_{i=1}^{n} \prod_{t=1}^{t} a_{iti}, a_{i1}, \cdots, a_{it} \qquad (3-1)$$

其中，$a_{i1}, \cdots, a_{it}$ 为第 i 条控制链的所有链间控股比例。

4. 终极控制权（Con）

借鉴多数人对终极控制权的界定和计量方法，本书界定终极控制权为：终极控制人对上市公司进行控制的各股权控制链上的最小持股比例之和。借鉴 La Porta 和 Chernykh 等的研究，终极控制权的计算公式如下：

$$Con = \sum_{i=1}^{n} Min_i(a_{i1}, \cdots, a_{it}) \qquad (3-2)$$

其中，a_{i1}，$\cdots$，a_{it}为第 i 条控制链的所有持股比例。

Con 为终极控制权，n 为股权控制链的个数，a_{kt}为第 k 条控制链上第 t 个层级的持股比例。

本书设置了两个临界值：30%[①]与50%[②]，将终极控制权分为三个区间，分别是：

低度控股：终极控制权（con）≤30%。

相对控股：30%＜终极控制权≤50%。

绝对控股：终极控制权＞50%。

5. 两权分离度（Con-cas）

克莱森斯等（2000）构造了控制权与现金流权分离指数，用于衡量金字塔持股结构下终极控制股东对上市公司股东大会的超额控制度，本书用控制权与现金流权的比值来表示控制权与现金流权的分离程度。

两权分离度(Con-cas) = 终极控制权(Con) - 终极现金流量权(Cas)

$$(3-3)$$

6. 终极控制人实际控制权（Dir-cas）

董事会由股东大会选举产生，是公司日常事务的最终决策者，所拥有的决策控制权对于公司经营决策具有决定性作用。在存在自由裁量空间，并且外部惩戒体系不完善的情况下，董事首先考虑的是推举人的意志（段盛华，2004）。董事实际上是代表了各自的利益集团在董事会行使决策控制权。终极控制股东直接或间接向上市公司选派的代表董事，这些被选派

---

① 根据《上市公司章程指引》第41条规定，判断控股股东最直接的标准是其持股比例为临界点30%。

② 在对股东大会决议进行投票表决时，按照我国《公司法》的规定，对公司重大的事项进行决议时，须经出席股东大会的股东所持投票权的半数以上（50%）通过。因此，50%构成了股东影响股东大会决议的关键分界点。

的董事实际上代表了终极控制股东在上市公司的利益。《公司法》规定董事会实行一人一票制，以董事人数为计算标准进行表决，我国的《上市公司收购管理办法》第六十一条则规定："通过行使投票权能够决定一个上市公司董事会半数以上成员当选的"，就构成对一个上市公司的实际控制。因此，终极控制人对董事会层面的终极控制权可以通过以下计算公式进行衡量：

$$终极控制人在董事会的控制权 = \frac{终极控制人直接或间接选派的董事}{董事会规模}$$

$$(3-4)$$

无论是采用股份多数原则，还是累积投票制度，终极现金流权比例都是终极控制股东掌握董事会终极控制权的重要基础，因为终极现金流权比例制约着终极控制股东所能选派的董事人数。赖建清（2004）研究了终极控制人对董事会的控制，定义了一个变量 BR，BR = 1 − 独立董事比例 − 董事会中其他股东代表所占的比例 − 终极控制人控制的表决权比例。BR度量了终极控制人在董事会中拥有的比例与其拥有的表决权股份之间的差异。但是孙健（2008）认为 BR 并没有反映出终极控制人同时面对的成本（现金流量权）和收益（控制权收益），因此给出一个全新的变量 CB = 现金流量权/终极控制人在董事会所占的比例。因此，为了与两权分离度一计量口径一致，本书定义终极控制人的实际控制权为：

$$终极控制人实际控制权 = \frac{终极控制人在董事会的控制权}{终极现金流量权} \quad (3-5)$$

7. 国有上市公司的行权主体（Con-st）

吴清华、田高良（2008）在其代理成本分析框架下，考察了控制权行使方式与审计委员会的治理需求，其中，控制权行权方式包括终极控制人的控制权行使主体和终极控制人控制上市公司的代理链层级。我们认为控制权行使主体能更直接地反映终极控制人的代理行为，因此，选取了控制权行使主体作为衡量终极控制人代理行为的变量。徐莉萍等（2006）按国家所有权的实际行使主体将国家股东进一步细分为国有资产管理部门、中央直属国有企业和地方所属国有企业，其中国有资产管理部门又包括国资局、财政局等政府机关和国有资产经营或投资公司；本书具体定义为：若政府通过实业的国有独资或国有控股企业控制，则认定国有终极控制人的行权主体为实业公司。若由政府（包括国资局、财政局及教育部）直接控制，或者由投资公司、资产经营（管理）公司间接控制，则认定国有终极控制人的行权主体为国有资产管理机构（非实业公司）参与行权。

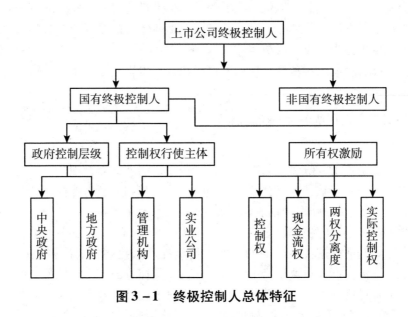

图 3 - 1 终极控制人总体特征

第二节 内部控制有效性研究的理论基础

内部控制实务源远流长必有其存在的土壤和理论根源。本章试图从制度经济学理论、产权理论、博弈理论、信息不对称理论、契约理论、激励与约束理论、信号传递理论、双元控制主体理论、团队理论、系统论、信息论和控制论以及在此基础上发展起来的风险管理理论和战略管理理论等理论的视角阐释引发上市公司内部控制的理论根源，进而为后续章节提供理论依据。

一、内部控制的动态变迁源于制度经济学

制度经济学认为，制度提供的一系列规则是由社会认可的非正式制度、国家规定的正式制度和实施机制所构成，这三个部分就是制度构成的

基本要素。非正式制度是人们在长期社会活动交往中无意识形成的，它具有持久的生命力，并构成一种文化，主要包括风俗习惯、伦理和道德认知、价值观念和意识形态等因素。与此同时，非正式制度中也包括了对正式制度的扩展、细化以及限制，也就是社会公认的行为规则和内部实施的行为规则。正式制度是指人们基于长期的社会生活，有意识创造的一系列法则，包括政治规则、经济规则、其他契约以及由这一系列规则构成的一种层级结构。没有有效的实施机制，任何制度尤其是正式规则都无法发挥其应有的作用。

古淑萍（2011）认为，企业内部控制从属于企业管理活动，本质上是一类具有控制职能的管理活动。从制度经济学观点来看，内部控制是交易活动，以内部控制措施、程序、方法等表现出来的内部控制制度，则是交易规则即交易制度。内部控制制度作为内部控制的交易规则，从理论上分析，也应包括正式内部控制制度与非正式内部控制制度（虽然实践中内部控制制度特指正式内部控制制度）。正式内部控制制度主要指企业参照相应的内部控制规范，结合自身特点建立起来的一整套内部控制的程序、措施、方法等形成书面文件的制度体系，通常具有强制性的特点，要求组织成员遵守。非正式内部控制制度指的是企业文化、管理理念、员工价值观、企业历史传统等体系形成的一种对内部控制的无形约束。它们具有软性约束的特点，不会强制执行。在 COSO IC－IF（1992）五要素中，控制环境中企业员工诚信、伦理和道德、价值观念、管理者的经营风格和企业文化等因素是一种非正式制度，而内部控制其他要素如风险评估、控制活动及信息沟通等则是一种正式制度。在 COSO IC－IF（1992）五要素中，控制环境中企业员工诚信、伦理和道德、价值观念、管理者的经营风格和企业文化等因素是一种非正式制度，其影响包含在风险评估、控制活动、信息与沟通以及监督检查中的正式内部控制制度的有效程度；其他要素如风险评估、控制活动及信息沟通等则是一种正式制度。在企业内部控制中，要充分考虑到正式内部控制制度与非正式内部控制制度相契合的程度，重视非正式内部控制制度的作用。这样，才能充分发挥正式内部控制制度具有的降低管理成本、提高企业效率的作用。理解内部控制制度的正式制度与非正式制度的划分，对于建立起适合企业自身发展需要的内部控制制度体系非常重要。内部控制制度体系的基础是非正式的内部控制制度，即企业文化、企业历史传统、管理理念、员工价值观等隐性的内部控制契约。在我国，内部控制普遍比较薄弱，这与不重视非正式内部控制制度的作用有很大的关系。例如，一味照搬国外企业或国内其他企业的内部控制制度而不考虑自身的特点，导致制度执行的无效或低效。当然，在实践中，企业更多地是关注正式内部控制制度的建设。由于非正式内部控制制度是一种客观的、长期的制约因素，企业短期改变的难度相当大，所以往往只能去适应它，但绝不可因此忽视非正式内部控制制度的作用。

影响制度供求关系的因素非常复杂，任何一个因素变化都会影响到制度的均衡。制度均衡是相对的，不均衡是绝对的。制度不均衡的长期存在，将会导致制度变迁（创新）。一种制度，无论好坏，都存在路径依赖。路径依赖的深层次原因是利益因素：一种制度形成后，就会形成一批相应的既得利益集团和个人。他们对现有制度有着维持的需要，宁愿修补，不愿变迁。内部控制制度的变更同样不可避免路径依赖现象。企业现有的内部控制制度下，有一批既得利益者，他们对现有的内部控制制度有强烈的需求，努力维护旧制度的存在。因此，在进行内部控制制度的改革之前，要充分估计到内部控制制度路径依赖性，对内部控制制度变更的艰巨性有心理准备。解决的方法之一是采取强制推行的办法。这就是新制度经济学当中的强制性制度变迁方法。另一种方法是以利益为诱导的推行，对既得利益方通过利益补偿机制减少意见。这在新制度经济学中称为诱致性变迁方法。采用哪种方法主要取决于企业对内部控制制度创新的两种成本——强制成本与组织成本的大小进行权衡（古淑萍，2011）。

内部控制的实施机制则需要内部监督约束和对公司员工的业绩考评及薪酬激励等措施来保持内部控制的一贯执行。在内部控制修订的时刻，对企业的经营现状而言，内部控制是完备的，但是由于环境的复杂性和人的有限理性，使得内部控制出现滞后性，即内部控制也是不完备的契约，董事会对内部控制体系建设和执行进行监督和评价则有利于发现内部控制缺陷和不完善的地方，并在考虑成本收益的基础上，改善内部控制体系，从而使内部控制有效性提高，使内部控制出现相对的完备性。因此，监督是内部控制实现动态变迁的重要因素，这种动态的不断修正和完善的过程就形成了内部控制的动态变迁。

二、内部控制与产权理论

现代产权理论是新制度经济学的一个分支，代表人物主要有罗纳德·

H·科斯（Coase）、威廉姆森（Williamson）、斯蒂格勒（Stigler）、德姆塞茨（Demsetz）和张五常等。产权理论是指与产权及产权制度相关的理论，所谓产权，是指一种制度或规则，这种制度或规则能够明晰各经济主体的利益边界，激发各经济主体的活力。产权主要是指对财产的占有权、使用权、收益分配权等的权利，产权制度是指对财产关系实现有效的组合、调节和保护的制度安排。科斯在对古典经济进行反思、批判及修正的基础上提出了西方产权理论，重点强调了产权、制度、交易费用等要素，20世纪70年代后产权理论经威廉姆森、诺思、斯蒂格勒等人的研究得到不断的丰富和完善。交易费用理论是产权理论的主要内容，该理论的核心是产权制度存在的意义在于存在交易费用，认为界定清晰的产权，明确产权主体可以减少交易费用，有利于形成有效的产权制度。瓦茨和齐默尔曼指出：会计是产权结构变化的产物，是为了监督企业契约签订和执行而产生的。

现代企业的内部控制体系因企业契约主体之间的产权受托责任而产生，并为维护特定的契约主体的产权关系而存在。现代企业的内部控制框架是有层次性的，且是建立在产权价值运动论的基础之上的。其典型特征是所要调节的经济利益关系扩大了，它不仅要调节经营者与企业一般员工的经济利益关系，而且还要调节要素所有者和经营者之间的经济利益关系。这里，内部控制的范围涵盖了要素所有者、经营者和企业一般员工等（蔡吉甫，2006）。企业产权的制度安排过程和遵循过程其实就是内部控制的形成和作用过程，内部控制是产权维护的工具，是产权矛盾不可调和的产物。内部控制的主要职能在于保证被授予的权利按照授予者的意愿行使，在企业当中存在权利被层层授予的过程，因此，每一层级都需要内部控制确保被授予的权利正确行使，维护授予者的权利。在现代企业中按照层级的划分，内部控制的有效性主要体现在公司治理层控制（董事会—管理者）、管理控制（管理者—次级管理部门）、业务控制（次级管理部门—各业务流程）三个层面。内部控制正是通过对每一层级产权的确定及对产权的交易过程的实施控制措施来维护和保障产权拥有者的利益。

20世纪60年代末70年代初，产权理论经过逐步的发展衍生出了委托—代理理论，其基本内容就是规定某一当事人（委托人）聘用另一当事人（代理人）完成某项工作时的委托—代理关系的成立，以及通过委托人和代理人共同认可契约（聘用合同）来确定他们各自的权利和责任。委托—代理关系实际上是一种契约关系，在这种契约关系中，一个或一些人（委托人）授权另一个人（代理人）为实现委托人的利益而从事某些活动，其中包括授予代理人某些决策权力。委托—代理关系是随着现代企业组织结构的变化而产生的，在企业层级组织一百多年的演变过程中，委托—代理关系如影相随，促进了现代企业的大发展，也带来了代理问题。

古典企业组织是一种最简单的层级组织形态，在这种层级结构中，资本所有权与经营管理权是合一的，所以不存在所有者与经营者之间的委托—代理关系，仅存在所有者（经营者）与工人之间的委托—代理关系。19世纪末20世纪初以来，随着生产社会化的发展和市场竞争的日趋激烈，企业管理也越来越复杂化、科学化，古典企业层级组织已不适应新的形势，所有权与经营权合一的"企业主企业"便演化为两权分离的"经理人员企业"，即现代公司制企业，由此产生了所有权与经营权的分离，同时也产生了委托—代理问题，并已成为现代公司治理的逻辑起点。

根据委托—代理理论的一般观点，上市公司可以界定为一个委托—代理关系聚合体，在这一聚合体中，不仅资源财产所有人可将其财产委托给经理人来经营，而且经理人还可根据管理的需要将受托经营的资源财产进一步委托给属下来经营，由此形成了一个由从股东—董事会—总经理—部门经理—业务员构成的多层次委托—代理关系聚合体。此外，股东可能还有大小之分，他们之间也可能存在控股股东—中小股东的委托—代理关系；为了构筑有效的公司治理机制，公司运行中还实际存在其他一些超越层级的委托—代理关系，如股东—监事会的委托—代理关系、债权人—债务人的委托—代理关系等（见图3-2）。现代公司制企业中实际上存在一系列委托—代理关系：股东通过股东大会委托董事会，董事会代理股东大会委托的工作任务（主要是就重大问题作出决策）；董事会委托经理层，经理层代理董事会委托的工作任务（执行决策，经营管理企业）；股东大会还委托监事会，监事会代理股东大会委托的工作任务（对董事会和总经理等经理人员的工作进行监督）。在现代公司制企业内部，总经理以下又有一系列的委托—代理关系，例如总经理与副总经理之间的委托—代理关系，副总经理与部门经理之间的委托—代理关系，部门经理和下属单位负责人之间的委托—代理关系。这些委托—代理关系形成了一个由从股东（股东大会）—董事会—总经理—部门经理—业务员构成的多层次委托—代理关系聚合体。此外，股东可能还有大小之分，他们之间也可能存在控股股东—中小股东的委托—代理关系；为了构筑有效的公司治理机制，公司运行中还实际存在其他一些超越层级的委托—代理关系，如股东—监事会的委托—代理关系、债权人—债务人的委托—代理关系等。委托—代理理论的中心任务是研究在利益相冲突和信息不对称的环境下，委托人如何设计最优契约来激励代理人。当公司所有权分散时，公司代理问题的核心是所有者与经理人员之间的利益冲突（即第一类代理问题），但是当公司所有权集中到一定程度，代理问题的核心就会发生转变，就会从经理人员与所有者之间的利益冲突（即第一类代理问题）转向控股股东与中小股东之间的利益冲突（即第二类代理问题）。由所有权和控制权分离导致的第一类代理问题和由控股股东与小股东之间的利益冲突所引发的第二类代理问题是现代公司制度及公司治理结构的核心问题。

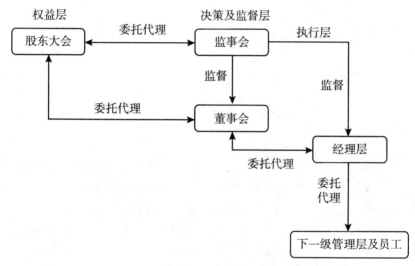

图 3 - 2　现代公司制企业委托—代理链

　　由于存在劳动分工带来的报酬递增的可能性，或是由于委托人没有时间或没有能力独立完成任务，或是由于委托人在面临复杂问题时受到各种形式的有限理性约束，委托人将某项任务授权给具有不同目标的代理人，而代理人有可能得到委托人无法获知的信息，即私人信息。正是代理人、委托人之间存在着的信息差距，从而导致委托—代理关系中信息不对称问题的普遍存在，进而导致委托—代理的两个典型后果——逆向选择与道德风险。而内部控制就是为了解决公司科层体系中各层的代理问题而产生的，它是以委托者和代理者之间目标不一致和信息分散化为前提，委托者通过设计一系列制衡机制达到控制代理人的目的。因此，内部控制是改善委托—代理关系的有效途径（杨有红，2001）。最近的研究表明除美国和英国等少数国家外，股权集中或相对集中是大多数国家公司中的一个普遍现象，大股东与中小股东存在重要的利益冲突。现代理论研究认为，股权集中是一种普遍现象，在所有权集中的公司，大股东因为具有信息优势，往往会为了控制权私利而侵占其他中小股东的利益，公司的代理问题主要体现在大股东和中小股东之间，因此，内部控制解决的代理问题不仅包括传统理论所认为的股东大会与董事会之间的委托—代理关系、董事会与经理层之间的委托—代理关系以及经理层与职工之间的委托—代理关系，而且更重要的是大股东和中小股东之间的代理问题。综上所述，内部控制是经营者为了实现所有者的业绩要求而在企业内建立的一系列规章、制度，所有者也通过内部控制制度实现其对企业的监督。所以，企业的股东、董事会通过配置不同治理层次的责权利和建立内部控制体系，来避免代理问题的发生。

三、内部控制与博弈理论

博弈论，又称"对策论"，是20世纪40年代发展起来的经济学的一个分支，它是研究理性的决策主体之间发生冲突和合作时的决策以及这种决策的均衡问题。在博弈论中，参与人在他的战略空间内，其行动是自由的，不受他人的强迫，但博弈终了时，参与人的支付不仅与他自身所作的选择有关，而且还是其他参与人决策的函数，一个参与人决策的改变将会影响到一个博弈中的所有参与者，这就是说，参与者之间是相互作用和影响的。它将研究的重点投注于传统研究中忽略掉的，或为了简化讨论避而不谈的部分，即内部控制中各个方面行为或决策时相互之间的反应或反作用，也就是说策略和利益的互动性和相互依赖关系。博弈论不存在传统经济理论中由于上述忽略和回避造成的经济模型脱离实际的缺陷，因此在许多情况下它所得出的结论更加符合经济现实和更加具有应用性，对参与内部控制的各方的决策互动具有更强的指导作用（谢识予，2002）。从这个意义上讲，博弈论是研究当一个主体的选择受到其他主体选择的影响，而且反过来影响到其他主体选择时的决策问题和均衡问题，其实质为：在经济主体理性的条件下，行为主体根据给定的条件及对方的行为（策略等），来决定自己的行为（策略），从而使自己的利益最大化（张维迎，1996）。

博弈论原理表明，在博弈过程中，博弈各方可能会达成一定的协议，协议被遵守的前提是：遵守协议的收益大于破坏协议的收益，或者破坏协议的损失大于遵守协议的损失，否则，各方不会有遵守协议的兴趣。根据博弈的定义，内部控制的设计、制定、实施和修订的过程是公司治理层、管理层、实际执行方、监督层等决策主体的行为决策发生相互作用并达到平衡的过程，也是一个博弈过程。博弈的结果是正式的制度，如果外部治理效率下降，就可能转向内部治理，治理契约的选择和内部控制设计以成本最小化、效率最大化为导向（程新生，2004）。运用博弈理论对上市公司内部控制问题进行分析研究，对构建更加合理的内部控制体系具有重要的意义。

四、内部控制与信息不对称

（一）内部控制中的信息不对称的表现及影响

信息不对称理论是由经济学家阿克洛夫在《柠檬市场》中提出的。所谓信息不对称理论，是指在经济业务中，一方经济当事人拥有另一方经济当事人不拥有的信息。信息的非对称性可从以下两个角度进行划分：一是非对称发生的时间，二是非对称信息的内容。从非对称发生的时间看，非对称性可能发生在当事人签约之前，也可能发生在签约之后，分别称为事前非对称和事后非对称。西方经济学经典理论往往假设市场的供求双方对于所交换的商品具有充分的信息，但是这种假定显然并不符合现实。这种不完全的信息是由于市场经济本身不能生产出足够的信息并有效配置他们。证券市场作为一个反映信息的市场，必然会出现市场一方可能无法观察另一方的行为或无法获知另一方行动的完全信息的情况，此时就出现了信息不对称问题。我国学者张维迎（1999）指出信息不对称现象的两个典型后果是逆向选择和道德风险。在没有建立强制性信息披露制度的情况下，证券市场上的信息不对称状态使得投资者无法辨别高品质证券与低品质证券，结果便是高低品质证券的价格趋同，也就是说投资者不愿意为高品质证券支付高价，因为他不知道哪些是高品质证券，最终高品质的证券将被迫退出市场，这就是证券市场中的逆向选择问题。而道德风险，是指经营代理人可能只顾自身利益最大化，而不管委托人的利益是否受损或从自身利益出发蓄意使委托人利益受损，而且并不承担由此造成的全部后果的现象。如经理滥用在职消费、偷懒和投资不当等。内部控制中所存在的信息不对称包括契约订立前的代理对委托人隐藏信息和契约订立后的代理人对委托人隐藏行为和隐藏信息。构成企业内部控制的各类契约中的信息不对称，无论是事前的隐藏信息，还是事后的隐藏行为或信息，都与签订契约的委托人的责任心有关，而委托人的责任心与其所拥有产权特性有关。根据产权理论的观点，一个完整的产权应该包括对该资源的控制权和收益权。如果一个人只拥有对资源的控制权，而没有收益权；或者拥有收益权、没有控制权，那么这个人对该资源拥有残缺产权（肖耿，1997）。企业的产权也包括对企业财产的控制权和收益权。企业是一个由一系列契约所组成的综合体，企业的一些控制权和收益权是由相应的契约所规定，但由于信息的不对称造成契约的不完全性，因而就不可能对所有的权力安排和收益分配进行事先约定，这就产生了对未能约定活动的决策权即企业剩余控制权和对企业收入在扣除契约规定支付之后的余额（利润）的要求权即企业剩余索取权。企业所有权指的就是对企业剩余控制权和剩余收益权（张维迎，2000）。综观我国国有企业的现状，企业名义上归国家所有，但实质上是由有权力的责任部门的行政官员行使对企业的剩余控制权，但这些行政官员并不拥有企业的剩余索取权，因此，政府行政官员拥有企业的残缺产权。企业的管理者同行政官员一样，拥有的也是企业的残缺产权。没有剩余控制权的索取权是被动、固定、空洞的索取权，没有剩余索取权的控制权是缺乏激励的控制权（费方域，1998）。由这些拥有缺乏激励控制权的人来作为契约的委托人，由于这些委托人的职责不到位，代理人可以轻而易举的隐藏行为或信息，致使这些企业的内部控制形同虚设就不足为奇了。

（二）公司治理结构的实质、方式及对抑制信息不对称的作用

内部控制的信息不对称所导致的控制失效，与委托人的不完全产权有着密切的关系。组成内部控制的一系列契约中，处于最高契约地位的是公司的董事会，董事会的权能的安排与公司的治理结构有关。因此，公司治理结构对抑制企业内部控制的信息不对称发挥着重要的作用。公司治理其实质是一个授权、制裁的过程。股东推选能代表自己利益的、值得信赖的、有能力的代表，组成公司的最高经营决策机构——董事会，作为他们在公司决策中的代理人。董事会以经营管理水平和创新能力为标准选聘经理。经理作为执行董事会决策的代理人，在董事会授权范围内对公司事务

独立行使管理权和代理权，扮演"首席执行官"的角色。当董事不能有效履行其职责，维护股东的利益，实现股东的目标，作为股东有权力撤换不称职的董事。同样地，当公司经营者不能完成经营责任时，董事会有权撤换不称职的经营者。这种制度安排就是公司治理的实质。由于公司股权结构的不同，公司治理的形式也不完全相同。而不同的治理形式以它们各自的方式抑制着内部控制的信息不对称。

五、内部控制与契约理论

契约论思想启蒙于古希腊，当时被作为反暴君派思想家的进行理论批判的武器，其中心思想是认为社会、国家及其制度、法律是人们缔结契约的产物。人们最初生活在没有社会和国家的自然状态之中，受自由意志支配，但是由于生存上的种种困境，人们自愿联合起来形成群体的力量，以更好地抵抗不可预见的灾害，从而与统治者即代理人订立契约，形成国家，其余的契约缔结者为被代理者，统治者或代理人根据所指定的行为约束条款和法律来保护群体的利益，那些愿意受到律令约束的被代理者，成为文明社会的公民。

20世纪30年代以来，企业规模化与资本社会化催生了"公司制"这种新的企业形式，契约理论形成主流企业理论。根据契约理论，企业乃"一系列契约的联结"，这一系列契约"也就是劳动者、所有者、物质投入和资本投入的提供者、产出品的消费者相互之间的契约关系的结合"（Jensen M. C. and Meckling W. H.，1976），即构成企业契约主体的是具有某种偏好和经济资源的一些个人、群体和组织，具体包括：政府、管理者、股东、债权人、员工、消费者、供应商、审计人员等。在现代企业中，通过一系列联结的契约，各个具有独立利益关系的契约主体，将其所拥有的资源优势——资本、技能、服务、信息等投入企业中，并希望从企业中得到相应的回报（见图3-3）（陆建桥，2002）。这些独立主体之间都存在着隐形的契约关系，它们之间相互影响，相互作用，实现了各利益相关者之间的利益均衡，企业才能创造最大的效益。企业的各种交易都是按照契约内容进行的，这就使企业内部发生的交易成本，低于市场中这些交易发生时的交易成本。市场是一种完备的契约，但由于交易费用的存在、有限理性的限制、机会主义行为的存在、行为的不确定性、计量和评价契约主体的多样性投入和回报存在一定难度以及缔约主体各方信息的非对称性，经济生活中的企业契约一般都是不完备的，即不可能在契约中把参与契约主体的所有权利和义务都规定下来，不可能设计出完全无漏洞的契约条款来应对现实世界的所有复杂问题，"在目前的法律制度状况下，合同在中国甚至比在西方更不完全"（哈特著，费方域译，1998），当不同的资源所有者参与到企业中来时，每个人的利益未必是统一或者说是一致的，在证券市场上则更加体现出多方利益的不统一性，投资者、投机者、管理层内部人等各种角色粉墨登场，监管机构若要维护市场的稳定，投资人要保证企业健康发展最大化收益，减少各类欺诈舞弊案的发生，就必须依靠一套工具对可能危害发展的危险进行管理，这套工具中成本最低的就应该是内部控制（Paul A. Samuelson，William D. Nordhaus，1998）。契约的不完备性决定了内部控制在其中扮演的补充和降低交易成本的作用（叶陈刚、程新生，2006）。从本质上讲，代理理论实现企业目标的手段即是契约，通过多方签订一系列契约实现权力的制衡和企业的管理，表现为公司治理机制。理论上可以说，有效的公司治理将会带来一套有效的内部控制制度。内部控制制度涉及公司经营管理的各个方面，合理的内部控制制度可以协调上到高管下到基层员工的每一位公司参与者的权责利关系，对公司业务的各个环节实施有效监督，从而防止内部人谋取个人利益的行为。内部控制是弥补契约不完备性的一种有效手段，其不仅保障了管理层与经理层之间的制衡关系，更深入到企业经营管理的方方面面，调整着各级管理者与下属员工之间的权责利关系，内部控制的执行，与公司每一位员工息息相关。如此情况下，企业就需要建立一个内部控制体系，起到在契约制定之后执行过程中的治理作用，来弥补企业契约的不完整性，以保证企业的正常运作和发展。

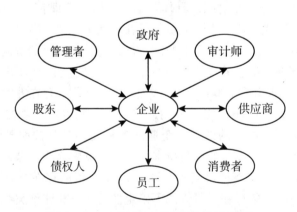

图 3-3　企业是一系列契约的联结

六、内部控制与激励约束理论

　　内部控制是由制度、市场、文化三个维度构成的有机系统，制度控制、市场控制、文化控制是企业内部控制系统的三种典型控制机制，而企业实际运行的内部控制系统则是以制度、市场、文化为维度的三角形平面区域中的一个点，是制度控制、市场控制、文化控制三种机制的有机结合（见图3-4）（谷祺、张相洲，2003）。内部控制的三维系统观认为，制度控制是内部控制系统的基础，任何企业、任何组织在内部管理中，如果没有基本的制度规范做基础，企业必然陷入混乱状态、导致经营失败，但制度控制对外部市场环境变化反应比较滞后，所以应该同时强调市场控制和文化控制对组织战略目标实现的重要作用。市场控制通过利用外部市场力量对转移价格和管理补偿进行协商，从而实现组织内部不同部门单位竞争关系的相互协调和组织内部资源关系的及时调整，以对市场供求变化做出迅速反应，但这种控制机制的基础却是知识资产的信息不对称，相应的也就无法实现知识的传播与共享，当然就不可能实现知识的积累并推动企业的发展。这时，企业就需要建立文化控制机制，使企业的组织目标成为员工个人的努力目标，从而充分调动员工的积极性和创造性，自觉的沟通信息，传递知识，发掘市场机会并满足不同客户的需求，共同为企业的战略目标实现而努力。所以，企业的管理控制模式不应该只是纯粹意义上的制度模式、市场模式或文化模式，而应该是这三种模式要素特征的有机结合。

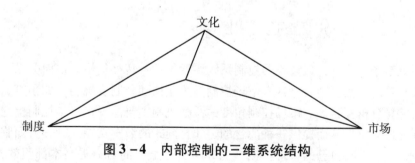

图3-4　内部控制的三维系统结构

　　内部控制作为一种有效的管理手段，贯穿于企业经营管理活动的各个方面，只要企业存在经济活动和经营管理，就需要加强内部控制，建立相应的内部控制系统。而对于现代企业来说，激励与约束作为其机能的一部分，也不能简单地脱离内部控制去制定，而应该从企业已存在的内部控制制度出发，并针对各个不同的角度对其进行分析，以期建立起真正符合企业实际与特点的激励与约束机制，从而对公司的发展起到重要的推动和促进作用。

（一）制度控制与激励和约束

以制度规范为基本手段协调企业组织集体协作行为的内部控制机制就是制度控制。我国国有企业的产权改革过程中，普遍存在着"道德风险"与"内部人控制"问题，导致企业产权激励和约束的作用不断萎缩。制度控制角度的激励主要体现在企业应在晚上产权制度的基础上，努力建立较完备的激励制度。企业内部激励要绩效挂钩，利益激励与精神激励相结合，以利益激励为主。业绩认定要提高长期经营业绩比重，实现年薪、延期奖金、股票期权、职位消费等的多元结合。制度控制角度的约束主要体现在企业应进一步加强控制制度建设。企业内部控制约束要以决策、管理、监督"三权分立"的制衡机制为中心，辅之以内部责任制约束和职业道德规范约束，为产权各主体创造良好的经营环境和社会氛围。此外，企业要注意形成有效的独立监管制度。除企业内各产权主体之间以及相关规定所产生的监督作用外，企业也要注意独立监管制度的建立，也就是由某些具有较高独立性的组织，如内部审计委员会、独立董事等，对企业形成其特有的监督效果。

（二）市场控制的激励和约束

市场方式下，最重要的控制系统要素包括：转移价格、横向关系、议价和管理补偿。同时，许多市场控制系统还伴随着制度机制，如预算、事后差异分析报告等。市场控制角度的激励机制主要体现在市场控制模式能够促进竞争，从而提供一种隐含的、非合同式的激励功能。管理者面临竞争，只能提高自己的管理控制能力，尽自己最大的努力提高本部门效益。在竞争模式下，管理者必须要对外部市场信息具有高度灵敏度，根据市场供求变化迅速做出反应，及时调整组织内部的资源分配关系，并通过与其他各方的协商和讨价还价来实现组织资源的交换和报酬的取得，其内在的竞争压力、供求关系最终会判断其决策的正确性，以便为其保持或调整相关管理行为提供信号，并及时做出反应。市场控制机制的约束主要体现在对实现企业的整体目标的考虑。在市场控制模式下，由于高激励水平的存在，各管理部门都会按照本单位的利润最大化而努力，这样就过少的考虑了企业整体的利益。企业作为一个经营实体，其整体绩效不可能与每个子系统的个别绩效完全一致，这时，企业就必须以整体的观念对市场供求变化做出及时的反映，要求各个子系统不能只考虑自身的利益，而是要从全局出发，考虑整个企业的持续发展能力。在市场环境不断发展变化的今天，只有部分为整体服务，根据企业总体的发展方向去进行决策，在竞争的同时保持各部门的有效沟通及合作，才能真正实现企业的良好运营。

（三）文化控制机制的激励和约束

企业文化应是与正式内部控制制度相对的非正式的内部控制制度，是企业管理行为包括内部控制制度实施在企业全体员工中形成的一种精神上的结果，是存在于人们头脑当中的理念，是一种新型的管理思想和管理理论。作为管理软件的企业文化，虽然它是无形的，但是它能够影响甚至指挥人们有形的行为，能发挥物质资源等硬件所起不到的功能和作用，它能最大限度地调动职工的积极性和创造性，形成组织合力，达到最佳的管理目标。因为企业文化是主动的、自律的，企业内部控制制度是被动的、他律的。如果企业文化是一种积极、敬业、诚信的文化，是与企业内部控制制度相协调的文化，那么，企业内部控制制度的制定成本、执行成本就会降低，执行效力就会提高。如果企业文化是消极、怠工、背信弃义的文化，那么，人人都可能存有侥幸心理，游离于制度之外而不受约束的心理，企业内部控制制度的实施就可能会因此效率低下，内部控制制度就会形同虚设。所以，企业内部控制制度应建立在全体员工的心理契约之上，建立在企业文化基础之上。文化控制角度的激励主要体现为企业文化是人力资源开发管理的重要途径之一，当企业文化能够真正融入每个职工的个人价值观时，他们才能把企业的目标当成自己的奋斗目标，从而加强和提高员工的积极性，并真正发挥群体效用。文化控制角度的约束主要体现为企业文化是一种非正式规则的心理契约体系，构成企业的主要非正式约束，它以潜移默化的形式，实现企业共同价值观、道德观向员工个人价值观、道德观的内化，从价值观念、道德规范上对员工进行软的约束，使员工在观念上确立一种内在的自我约束的行为标准，并根据此标准去限制自己的行为，从而在一定程度上减少"搭便车"等现象的发生，使人们超出对个人直接利益的斤斤计较，增强个人对于某项制度安排的法理性认同和依赖，并淡化机会主义行为。

七、内部控制与信号传递理论

信息是在决策中必须依赖的因素，但是搜集信息总是要承担成本的，于是就导致了信息在不同人群中的分布是非均衡的。信息失衡可能导致整个市场失效或者对劣质产品的逆向选择。逆向选择往往发生在契约订立之前，是在生产过程之外在市场上交易双方由于对所交易的对象的信息不对称而发生的效率损失问题。因为逆向选择产生于信息的不对称，那么一个直接的解决方法就是降低信息不对称的程度。解决由于信息不对称而产生的"逆向选择"问题的方法有两种途径：一种途径被称为"信号甄别"方式，是指没有私人信息的一方设计某种方案或机制来主动识别代理人的私人情息，以缓解信息的不对称；另一种方法被称为"信号发送"方式，是指拥有私人信息的一方通过采取可被观测的行为即"发送信号"来向另一方显示自己的真实信息，这就是所谓的"信号传递机制"。信号传递理论是由经济学家斯潘斯在 1974 年引入的，该理论认为传递利好会导致好的市场反应，传递利空则会产生差的市场反应，而信号的有效性依赖于两个重要前提：第一，该信号具有可选择性，即被用作信号的行为必须具有非强制性的特点；第二，该信号具有不易模仿性，即对于高质量公司而言，传递信号的成本比低质量公司更低。目前对于内部控制评估、鉴证报告的披露，在沪、深两市存在鼓励与强制的差异，属于可供选择的行为，因此它符合作为信号的第一个条件。其次，鉴证报告的披露增加了公司和会计事务所的法律风险，存在或然损失的可能。上市公司内部控制的真实质量与这种风险直接相关。因此披露内部控制评估报告以及鉴证报告符合作为信号的第二个条件，即高质量的上市公司可以通过传递信号将其与那些较差的企业区别开来，向资本市场传递管理层对内部控制的信心。在市场经济中发展起来的资本市场，信息不对称导致逆向选择的问题容易造成市场效率低下，不利于经济运行。具体到企业的投资人与管理者来看，投资人作为被代理人拥有所有权，但却不参与经营活动，而管理者授权进行生产经营及资本运作，充分掌握了企业内部信息，没有信号传递机制，外部投资者对于企业内部的生产、经营及管理状况根本就无从了解，这就需要依据企业所披露的信息来做出判断。内部控制作为一种对经营活动进行监督与控制的制度安排时，其重要性对降低公司经营风险和提高经营效率是不言而喻的。根据信号传递理论，在缺乏第三方监督的情况下，披露内部控制信息有助于信息传递，内部控制质量高的公司可以利用内部控制的内部信息作为一种强有力的信号向市场传递管理层对内部控制质量的信心，从而提升投资者对公司的信心。

八、内部控制与双元控制主体理论

现代企业是以所有权和经营权相分离为主要特征的，而拥有所有权的所有者和拥有经营权的经营者都是企业的控制主体，因而可以将两者统称为双元控制主体。现代企业双元控制主体的存在，体现了企业中"控制与被控制"关系的特征：一方面是所有者对经营者的控制，因为所有者拥有对经营者的评价和任免权，同时也决定着其报酬的高低，因此可以说经营者的经营是在所有者的监督控制之下进行的；另一方面虽然所有者拥有企业的最终控制权，但在经营过程中企业的控制权实际上为经营者所拥有，所有者必须依靠经营者"尽心尽力"地工作才能实现其资本的扩张和企业价值的增加，从这个意义上说，所有者又受到经营者的牵制和控制。这种相互依存、对立统一的两个控制主体，也许就是现代企业制度的魅力之所在。

所有者对经营者实施的控制，是基于外部利益关系人和经营者之间的代理关系而进行的监督，从属于公司治理结构的一部分。现代公司治理结构是一种基于效率原则的，关于企业组织内（外）部各要素贡献者（企业的参与者）之间的责任、权力、风险与利益相互匹配的制度安排（孙早，2001）。其本质也是一种契约，由内部监督机制和外部监督机制构成。内部监督机制是由主要股东、董事会和监事会等对企业经营者实行监控的机制。这是公司治理结构的主体，也是内部控制制度的核心。经营者对生产经营过程的控制可以看作是对公司内部的委托—代理关系所实施的监督，它分布于企业的各种作业之中，是企业经营过程的一部分，并和企业的经营过程结合在一起，对决策权力机构设定的目标的实施过程进行持续的监督，以保证其实现。有学者认为内部控制是面向次级管理人员和员工的控制，它不能用来约束最高层管理当局本身，因此内部控制不应该包括所有者对经营者的控制。但是笔者认为内部控制产生的基础是委托—代理问题，企业经营者设计、运行公司内部控制的原动力来源于所有者对他的监督和受托责任的解除。同时这两个层次的控制目标的构造符合现代企业制度的公司治理结构层次。如果将所有者对经营者的控制排除在内部控制之外，不仅会影响企业代理问题的解决，还会弱化企业内部控制的有效执行。

九、内部控制与团队生产理论

所谓团队是指一种为了实现某一目标而由相互协作的个体所组成的正式群体。团队与普通群体有几个方面的不同。首先，群体强调信息共享，而团队强调集体绩效；其次，群体责任是个体的，而团队的责任既可能是个体的，也可能是共同的；再次群体具有中性的或者消极的作用，而团队往往具有积极的作用；最后群体的技能是随机的或不同的，而团队的技能是相互补充的。作为一支高效团队，斯蒂芬·罗宾斯认为它具有以下八个基本特征：一是有明确的目标。团队成员必须清楚了解所要达到的目标，以及目标所包含的重大现实意义；二是团队成员间相互信任。每个人对团队内其他人的品行和能力都深信不疑；三是拥有共同的诺言。这有利于团队成员之间的相互交流；四是具备相关的技能。团队成员必须具备实现目标所需要的基本技能；五是良好的沟通。团队成员间拥有畅通的信息交流，并且能够良好的合作；六是谈判的技能。高效的团队内部成员间角色经常发生变化，这要求团队成员具有充分的谈判技能以提高团队的工作能力；七是合适的领导。高效团队的领导往往团队的主心骨，担任的是教练的角色，他们对团队提供指导和支持，而不是试图去控制下属；八是内部与外部的支持。既包括内部合理的基础结构，也包括外部给予必要的资源条件（斯蒂芬·罗宾斯著，黄卫伟、孙建敏、王凤彬等译，1996）。

企业生产在本质上是一种团队生产，团队的生产效率取决于每个团队成员对团队总产出的贡献。然而在信息不对称的条件下，无法完全按照每个团队成员真实的努力水平与贡献大小去支付报酬。有机会主义倾向的成员有可能存在道德风险和逆向选择问题，从而导致企业运行效率的降低和组织内部交易成本的增加。因此，为了解决内部团队生产过程中的机会主义行为问题，有必要采取措施对团队成员的行为实施监督和控制。这就需要在企业内部建立一种监督和控制系统，以此协调企业内部成员之间的行为关系。这种监督与控制系统实际上就是企业的内部控制体系，它构成了以经营者为中心的企业微观层次的内部控制。企业微观层次的内部控制把监督与控制企业成员的行为作为主要职责，其中一个重要目标，就是通过降低企业内部的交易成本，提高产权经营的效率和效果，为经营者有效履行产权经营受托责任创造条件，最终达到实现企业团队生产的目的（吕秀芝，2010）。

十、内部控制要素内容的基础是系统论、信息论和控制论，以及在此基础上发展起来的风险管理理论和战略管理理论等管理理论

（一）控制论、系统论、信息论与内部控制

系统论、控制论与信息论构成了现代系统科学的基础理论。三者之间是密不可分的。内部控制在其发展过程中，汲取了系统论、控制论、信息论的核心要素，具有坚实的理论基础。

首先，控制论是内部控制的主要理论基础。控制论是 20 世纪 40 年代末出现的一门新兴学科。英国数学家维纳，于 1948 年在法国、美国同时出版了《控制论或动物、机器中的控制和通讯》一书，标志着控制论的正式诞生。控制论是一种研究由各种相关元素组成的系统的调节与控制的一般性规律的科学。其研究的系统是由依靠因果关系连接在一起的因素的集合，元素之间的这种关系叫耦合。因此，控制论可以说是关于耦合运行的系统的功能的科学。其基本观点是首先，一切有生命和无生命的系统都是信息系统，具有信息变换的过程。其次，一切有生命和无生命的系统都是反馈系统，具有反馈控制的原理，控制系统都是通过各种反馈来达到控制的目的（刘静、李竹梅，2002）。控制论学者雷尔内认为控制是"为改善某个或某些对象的功能或发展，需要获得并使用信息，以这种信息为基础而选出的，加于该对象上的作用"。内部控制主要运用控制论的原理，通过运用专门的方法和程序对组织的内部控制运行系统进行控制和调节，以保证组织按照预定的目标运作，提高整体运营效益和效率，因此，内部控

制与控制论有着十分密切的关系。控制论在企业管理领域的运用形成内部控制。内部控制所研究的组织，同样是一个信息系统，通过信息的变化和反馈，以及专门的施控方法，达到控制的目的。也就是说，内部控制是使企业能按一定目标前进的内部管理过程，是在一个单位内部形成的具有控制效果的系统，采用相应的施控方式，如授权批准控制、组织规划控制、实物保护控制、文件记录控制、计划预算控制、职工素质控制、业绩报告控制、内部审计控制等，确保会计信息真实可靠，保证经营方针和目标的实现。艾什比认为控制论是研究系统的调节与控制的一般规律的科学。其目标是如何使受控客体按照施控主体的意愿行动。

其次，系统论也是内部控制的重要理论基础。系统论最初是 20 世纪 40 年代由美籍奥地利生物科学家贝塔朗菲创立的一门逻辑和数学领域的科学，后来逐步成为关于任意系统的一般理论与方法论。系统论的观点和方法为我们建立内部控制系统结构提供了理论基础。基本观点如下：第一，系统是由若干个至少一个相互联系、相互作用的要素所构成的具有特定功能的有机整体。第二，系统内部的各要素应该有序地组织在一起，形成系统的结构。第三，每个系统都有特定的功能和既定的目标。目标决定系统运行的方向，系统的整体功能和综合行为都是为了实现系统的目标。第四，任何一个系统都是物质、能量和信息三大基本要素相互作用的产物。第五，系统论强调整体与局部、局部与局部、整体与外部环境之间的有机联系。根据系统论的观点，企业的生产经营管理系统可以分为若干子系统（徐政旦、朱荣恩，2002）。内部控制也是一个系统，而且是一个开放的和动态的系统。内部控制系统与其他系统一样具有整体性、相关性、目的性、层次性、环境适应性、动态性的特征。

最后，信息论同样是内部控制的重要理论基础。信息论是研究信息产生、获取、变换、传输、存贮、处理识别及利用的学科。一般认为，1948年申农发表的《通讯的数学理论》一文标志着信息论的诞生。企业的内部控制是一种经济控制。信息是在控制客体的运行与发展过程中产生的，离开信息就无法进行控制。在企业内部，经济信息内容包括了市场信息、制造信息、认识信息、财务信息、自然资源与供应信息及发展信息等。通过这些经济信息的传递、接受、处理和应用，反映和沟通企业生产经营各方面情况的发展变化，借以控制和管理生产。因此，企业生产经营活动中所产生的经济信息，是企业各管理阶层、各生产环节和各个人员之间相互沟通，形成有组织活动的纽带，是建立和实施企业内部控制的基础。

从控制论的角度来看，内部控制的目标就是要通过各种控制和激励等措施，使企业成员按照股东的意愿行使权力，并合理保证企业目标的实现，内部控制的施控主体主要指企业的管理当局及各级责任中心，内部控制的受控客体主要是企业内部的各个部门及部门间的耦合关系。从信息论的角度来看，现代社会是一个信息社会，企业也同样存在信息在企业内部和外部的及时传递和反馈的过程，由于企业内部信息分布是不对称的，需要在企业构建一个有效的信息与沟通系统，这也是内部控制的一个重要内容，在企业内部，董事会要将战略目标及时传递到企业各个业务层次，企业执行作业目标的人员要将任务完成程度的信息及时反馈给管理者；同时企业还要和外部投资者、供应商等企业外部环境发生信息交换过程，这个信息传递和反馈的过程正体现了信息论的内容。只有及时的信息和沟通，内部控制系统才能采取必要的控制手段随时予以调节和纠正偏离企业目标的行为，可以说信息沟通是内部控制有效运行必不可少的条件。因此，随着信息网络技术的发展和 IT 技术在企业中的广泛应用，研究企业内部控制标准的实施要充分考虑企业信息的传递和交换。从系统论的角度来看，内部控制是一个内嵌于企业生产经营过程的一个管理系统，内部控制包含系统的整体性、层次性、目标性及动态性等特点。正如《基本规范》所界定的那样，内部控制是由内部环境、风险评估、信息与沟通、控制活动及内部监督五个要素内容构成的相互联系相互统一的系统。

（二）风险管理理论与内部控制

风险管理是指企业对未来的不确定性或可能发生的损失进行识别、评估、控制及监督等管理的过程。企业随着全球一体化，企业面临的外部环境越来越复杂，生产要素市场、产品市场及人才竞争市场等市场环境的不确定性增加，企业要想进入市场或者在市场竞争中占有一定份额，需要对这些影响企业发展的不确定性因素进行及时识别和评估，不仅如此，企业内部各部门及各业务流程中也同样存在风险，员工的机会主义倾向、道德风险等也影响着企业的发展，因此，企业应以股东偏好为基础，动态地识别和评估企业面临的内、外部风险，确定风险承受度，并采取降低、分散、接受、控制、消除风险等风险管理措施应对风险，以实现企业的目标。

从内部控制的发展历程来看，内部控制最初是为了防止实物资产被盗的风险，随着经济技术的发展，内部控制逐渐发展为防止资产被侵占、管理者提供虚假财务信息、经营效率低下及企业面临的丧失竞争力等风险。由于世界经济的快速发展，企业面临日益复杂的外部环境和内部环境。企业所建立的内部控制体系是为了控制和降低风险所带来的损失。企业的内部控制系统中事件识别、风险评估和风险应对就是通过对风险事先的预测，经营活动中的控制及事后的反馈评估系统来有效地对风险进行控制。可以说建立内部控制体系的直接目标就是降低企业风险，从而实现企业价值最大化。可以说，建立风险控制系统是企业内部控制系统中至关重要的环节，它可以有效地防止、发现和纠正企业存在资产被侵占的风险、管理提供虚假财务报告及经营效率低下等风险，降低代理成本，为投资者创造更高的企业价值。

（三）战略管理理论与内部控制

战略管理是企业在一定时期内全局及长远的发展方向、目标、任务和政策，以及资源配置的决策和管理艺术。企业在确定战略发展使命后，根据企业外部环境和内部条件设定企业的战略目标，为保证该目标的正确实施和实现进行计划，并依靠企业内部能力将这种计划和决策予以实施，同时在计划实施过程中进行控制，将战略实施结果通过信息与沟通系统进行反馈和评价，因此战略管理是一个动态管理过程。从内容上看战略管理包括三个阶段：战略设计、战略实施和战略评估。战略设计是一阶段。通过评估一个组织的外部机会和威胁，基于组织内部的优势，提出一个组织的战略使命，是战略管理中最后一个阶段。企业处于不断变化的外部和内部环境之中，战略评估可以帮助企业不断修正战略实施过程中所出现的问题。通常企业战略的制定可以利用SWOT分析法。

企业内部控制体系为企业战略实施提供了保障，一套完善高标准、运行有效的内部控制体系可以确保企业战略目标的实现，提升企业价值，从而为企业利益相关者带来价值。内部控制体系涉及平衡记分卡中所强调的财务和内部流程这两维，由此可见，现代内部控制体系的根本目标是为了企业的战略所服务的。在实施战略管理的企业中，企业内部控制可以依据战略管理的过程将内部控制划分为战略规划控制、战略实施控制和战略执行控制三个重要环节，其中董事会是战略规划控制的核心，经营者是战略实施控制的主体，而企业其他员工则是战略执行控制的主体。董事会在确定的战略总目标后，经营者在将其具体化为战略实施的目标，然后进一步将该实施目标在各个部门和各个业务环节进行分化，将每一个战略执行目标落实到企业每一个员工身上，内部控制作为内嵌于生产经营过程中的管理活动，能够有效地防止、发现和纠正偏离企业战略目标的行为，以合理保证企业战略总目标的实现。

第三节　股权结构与内部控制关系的理论分析

股权结构是指各股票投资主体（包括自然人和法人）所持有股票的种类和数量在股票投资对象中的分布结构，表现了以财产所有权为基础的各不同持股主体间的力量对比，具体包括股东的类型及持股比例、股票的集中或分散程度、股东的稳定性和高层管理者的持股比例等。就大多数上市公司来讲，股东包括个人、非金融企业、非银行金融机构、政府、国外投资者、高层管理者或一般职工。在一些国家，商业银行也成为上市公司的股东，甚至是大股东。

当社会环境和科学技术发生变化时，企业股权结构也相应地发生变化。股权结构中资本、自然资源、技术和知识、市场、管理经验等所占的比重受到科学技术发展和经济全球化的冲击。随着全球网络的形成和新型企业的出现，技术和知识在企业股权结构中所占的比重越来越大。社会的发展最终会由"资本雇佣劳动"走向"劳动雇佣资本"，高层管理者持股即是这一趋势发展的结果。由此，股权结构是一个动态的可塑结构。

一般来说，股权结构有三层含义：一是股权集中度，指股票的集中与分散程度；二是股东性质，尤其是第一大股东性质，境内有国有控股和民营控股；三是股权构成，指国有股、法人股、个人股等，划分方法不同，具体内容也不尽相同。本书研究所有权集中的股权结构下内部控制效率问题，主要从控股股东股权性质和股权集中度两个方面来讨论其与内部控制的关系（见图 3 - 5）。

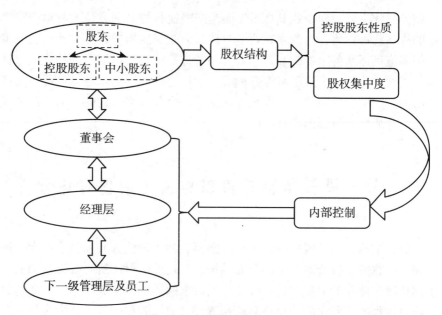

图 3-5 传统的股权结构与内部控制关系的分析框架

从经济学的角度来看，公司治理结构实质上是对企业进行控制而建立的企业内外一整套制度的安排樊行健（2005）。股权结构是公司治理这一制度安排的产权基础，决定着一个公司所有权的配置效率，从而影响公司管理层的决策行为（林钟高，2009），而公司控制权配置是所有权配置的核心，由于分工，委托—代理关系普遍存在于公司内部各层级，因而公司控制权也在公司内部各层级进行配置，内部控制的重要功能在于保障公司各层级被授予的权利按照授予者的意愿行使，从而达到产权的保值增值（蔡吉甫，2006）。上市公司的股权结构影响公司所有权在股东大会、董事会、管理者之间的安排，所有权安排的合理性影响内部控制对公司控制权在公司内部各层级进一步配置的控制效率。现代公司所有权与控制权分离产生委托—代理关系，由于信息不对称和机会主义进而产生委托—代理问题，企业则是由一系列委托—代理关系组成。内部控制作为不完全契约的补充契约，其实质是指当委托人授权代理人从事某项活动时，为了保证代理人的行为能够符合委托人利益最大化的要求，防止、纠正可能出现的代理行为而采取的措施和手段，是解决委托—代理问题的有力措施。因此，在影响企业委托—代理问题因素中，股权结构是内部控制的制度基础，而内部控制制度是股东权益维护的工具。作为内部控制制度建立和实施基础的股权结构，决定着公司治理结构的构成及其运行机制，然后通过公司治理效率来决定企业整体运行效率，最终将制约和影响着内部控制的有效性。

一、控股股东股权性质与内部控制有效性

控股股东股权性质是公司产权分配的直接表现，其合理与否会直接影响到企业各要素的配置效率和公司控制权的分配，影响到内部控制制度是否能够有效实施和执行，进而影响公司的经营效果（吴益兵，2009）。相对于私有控股股东而言，国有控股股东侵占中小股东的动机较小，控制上市公司的目的更多是为了国有资产的保值增值，因而对内部控制的资产安全及经营效率目标需求较高；再加上国有上市公司面临更多更严格的监管环境，免于被起诉的压力，国有控股股东对内部控制的合规性目标需求较高；另外，由于国有上市公司拥有更为充分的资源，进而更可能进行内部控制建设，提高企业内部控制质量；对于私有控股股东而言，则更多是为了获取控制权私有收益，对内部控制的需求较低。综上所述，控股股东股权性质不同，对上市公司内部控制的需求不同，国有控股股东对内部控制的需求更大，因而国有上市公司内部控制有效性高于私有上市公司。同时，由于国有企业对国有资产增值保值的要求以及拥有更为充分的资源，进而更可能进行内部控制建设，提高企业内部控制质量。

二、股权集中度与内部控制有效性

股权集中度代表了企业股权的分布性及制衡能力，也决定了控股股东对公司的影响力，进而决定着企业内部控制建设的目标（吴益兵，2009）。在分散的股权结构下，股东监督成本很高，"搭便车"的现象较普遍，公司很可能形成以高管为中心的内部人控制，其决策缺乏监督机制，由于自身利益目标与公司利益不一致，公司高管为了实现自身利益，存在侵占投资者利益的动机，对上市公司内部控制的治理需求降低，作为内部控制的执行主体，很可能影响内部控制的设计和运行，使内部控制的目标偏离企业目标，造成内部控制在管理层凌驾下的失效问题。在集中的股权结构下，适度集中的股权结构有利于减少股东与管理层之间的信息不对称，控

股股东对上市公司内部控制需求增强，并有动机和能力对公司内部控制进行监督和控制，因而有助于提高内部控制有效性，促使上市公司内部控制目标的实现；但是，大股东凭借其强大控制权谋取私有收益的可能性增加，对内部控制的需求降低，控股股东会影响上市公司内部控制的设计和执行，使内部控制的目标偏离企业目标而有利于自身利益目标的实现，从而不利于内部控制目标的实现，造成内部控制失效。

第四节　基于终极控制人的内部控制
有效性分析的可能框架

股权结构是公司治理结构的产权基础，决定了公司控制权的配置。我国上市公司股权结构的现状是：第一大股东持股比例平均达到37%，用 Herfindahl_ 5 表示的股权制衡度平均为 0.173769，二者的 Pearson 相关性系数高达 0.966，充分说明我国上市公司股权高度集中、国有股占较大比例（赵建凤，2003）。拉·波特（1999）首次提出了最终控制人的概念，一些学者在分析股权结构问题时，通过股权控制链条找到控股股东的最终控制人，而不再是简单地以第一大股东作为控股股东。突破了以前对公司治理的研究范式。

拉·波特等（1999）和克莱森斯等（2002）的研究发现多数国家的大部分上市公司的最终控制者是家族且控制权都高于现金流量权，当控制权和现金流量权分离程度越高时，公司价值越低。邓建平，曾勇（2006）放宽了拉·波特等（1999）的定义，把非上市的控股公司也加入我们的讨论中，追溯我国上市公司的控制链。因此本书基于我国上市公司的现实背景，研究终极控制人对内部控制有效性的影响。

一、终极控制人产权性质与内部控制有效性

（一）终极控制人是否是国有与内部控制有效性

不同产权性质的终极控制人，对上市公司的决策和经营层的监督存在

差异。首先，终极控制人为国有的上市公司，往往承担了经济目标、社会目标等多重目标，这些上市公司往往涉及国家经济命脉行业，其侵害公司利益的可能性较小，对上市公司内部控制的治理需求较高，这种需求主要体现在内部控制为国有资产的保值增值、可靠的财务报告以及公司经营的合规性提供的合理保证，因此，国有终极控制有强烈的动机监督和控制内部控制设计的充分合理性和执行效率，并对执行效果进行评价，以确保公司内部控制的不断完善，提高内部控制有效性；而非国有终极控制人则不同，非国有终极控制人的目标是实现自身利益的最大化，为了实现私有收益很可能凭借其超额控制权侵占上市公司利益，较常见的有非法占有公司资金、要求上市公司提供非法担保业务，以及与上市公司发生非公允的关联交易等方式转移上市公司利润，因此，对于上市公司内部控制的货币资金内部控制、关联交易内部控制等控制措施需求降低，并通过影响上市公司内部控制的设计和执行，从而影响内部控制目标的实现，造成上市公司内部控制很可能失效。其次，国有终极控制人的代理人往往是政府官员，政府官员的利益主要体现在政绩上，而其政绩的实现又与上市公司的业绩紧密相连，因此，对内部控制为国有资产的保值增值、财务信息可靠及合法经营等目标提供的保证水平需求较大，并有动机建立完善的上市公司内部控制制度和监督公司内部控制的有效执行，从而提高上市公司内部控制有效性；而非国有终极控制人的代理人往往代表了终极控制人的利益，对上市公司内部控制需求不高，为了终极控制人的私有收益，很可能通过影响公司内部控制的决策而影响内部控制的执行效果，使上市公司内部控制偏离企业目标，造成公司内部控制有效性降低；最后，相比非国有终极控制人，国有终极控制人面临的监管更严格，迫于被处罚的压力，需要内部控制确保公司合法经营，并提供可靠的财务报告，因而国有终极控制人有动机监督控制内部控制的决策和执行，实现内部控制合规性目标和财务报告目标，从而有利于提高内部控制有效性。

综上所述，终极控制人性质不同，其目标利益、终极控制人代理人的利益与上市公司利益的一致性存在差异，导致终极控制人与中小股东利益的代理冲突程度存在差异，从而影响终极控制人对上市公司内部控制的治理需求，并通过影响内部控制的决策和执行效率来影响内部控制目标的实现，最终影响上市公司内部控制的有效性。由上述分析可知，国有终极控制人控制的上市公司内部控制有效性要高于非国有终极控制人控制的公司。

（二）政府控制层级与内部控制有效性

政府控制层级分为中央政府和地方政府两个控制层级，政府两个层级因为所有权激励不同，产生不同的代理冲突，对内部控制的需求存在差异，因而会影响内部控制的有效性。首先，从委托—代理的角度看，地方政府类似于中央政府的代理人，地方政府由于受到中央政府和其他地方政府竞争的影响，面临竞争资源的压力，在进行决策时，从资本市场上竞争资源的动机高于中央政府。地方政府的这种动机会影响其对上市公司的管理决策，降低对上市公司内部控制的治理需求，并通过影响内部控制政策的制定和执行达到其侵占上市公司资源转移上市公司利润的目的，从而影响内部控制目标的实现，很可能造成上市公司内部控制失效；而相比地方政府，中央政府控制的上市公司则拥有更丰富的资源，而且公司所处的行业大多涉及国家经济命脉，其侵占上市公司资源的动机较弱，对公司内部控制的国有资产的保值增值目标需求较高，中央政府有能力也有动机监督和控制上市公司内部控制的建设和实施，以提高内部控制效率，实现上市公司的目标。其次，地方政府的代理人大多是政府官员，由于地方政府官员的政绩取决于当地的经济实力挂钩，地方政府的代理人往往会通过影响内部控制决策以达到自身利益目标，例如通过内部控制的风险评估机制，使公司战略规划并不符合公司的实际经营和财务状况，进行高风险投资项目，提高公司风险承受度，使公司面临经营失败的风险，这很可能影响内部控制战略目标和经营目标的实现，而地方政府官员为了掩盖其经营失败行为，往往会制造虚假财务信息以欺骗投资者，造成内部控制财务目标难以实现，因而很可能造成公司内部控制失效；最后，相对地方政府，由于中央政府控制的上市公司面临更严格的监管，因而，中央政府控制人对上市公司内部控制的法规遵循目标和财务编报的合规性目标需求较高，中央政府控制人有动机监督上市公司的内部控制设计和执行，提高上市公司内部控制有效性，以实现内部控制的合规性和财务报告目标；而地方政府则享有政策制定和执行的剩余权，这为地方政府的代理人侵占上市公司利益的行为创造了更大的行权空间，为了实现自身利益，往往通过影响内部控制的设计和执行，使上市公司内部控制偏离企业目标，很可能造成内部控制有效性降低。

综上所述，中央政府和地方政府由于面临的竞争资源压力不同、地方政府官员利益目标与上市公司利益的不一致以及二者面临的监管程度不同，造成其对上市公司内部控制的需求存在差异，从而影响内部控制的有效实施，影响上市公司内部控制的有效性。总体而言，中央政府控制的上市公司内部控制有效性要高地方政府控制的公司。

二、所有权激励与内部控制有效性

（一）现金流权与内部控制有效性

终极现金流权决定了终极控制人的侵占成本，当终极现金流权较小时，由于侵占行为而承担公司利益损失的成本较小，终极控制人侵占动机较大，对上市公司内部控制的治理需求降低，终极控制人很可能为了获取非共享收益，凭借其控制权影响董事会对内部控制的决策，包括影响公司货币资金的内部控制、固定资产、存货等资产的内部控制、关联交易内部控制、对外担保内部控制等制度的设计和执行，以便与上市公司发生非公允的关联交易，并为掩盖其侵占行为出具虚假财务报告，以及影响董事会对内部控制执行情况的监督和评价，使内部控制偏离企业目标，从而造成上市公司内部控制失效；随着现金流权增大，因侵占行为而承担因侵占造成公司利益损失的成本增大，终极控制人的侵占动机减弱，终极控制人的利益与中小股东的利益逐渐趋于一致，有更强烈的扶持动机，对上市公司内部控制的治理需求增强，能够对上市公司内部控制实施有效监督和控制，促使内部控制目标的实现，提高公司内部控制有效性。

（二）两权分离度与内部控制有效性

已有的研究表明，控股股东一般通过金字塔持股结构和交叉持股方式使其终极控制权超过其终极现金流量权，形成对上市公司的超额控制。由于终极控制人对上市公司实施侵占所获取的收益要远远高于按其现金流量权所承担的成本，因此，随着两权分离程度的增大，作为控股股东的终极控制人其侵占动机更加强烈，其对上市公司内部控制的治理需求降低，终极控制人往往会为了获取丰厚的私有收益影响上市公司内部控制决策，以利于自身利益目标的实现，按照内部控制业务分类，通常受其影响的内部控制决策有货币资金内部控制、关联交易内部控制、对外担保内部控制、内部会计控制等，终极控制人很可能凭借其超额控制权干涉这些限制其侵占行为的内部控制的设计和执行，使内部控制不能很好地为这些目标提供合理保证，从而很可能造成上市公司内部控制失效。

（三）控制权与内部控制有效性

当最终控制人的控制权较低时，只是相对较弱的控股，对上市公司内部控制影响力有限。因而对公司内部控制效率影响并不显著；当最终控制权在介于上述弱控制与强控制两种情形之间的30%～50%相对控制时，最终控制人在金字塔底层企业拥有的表决权使其成为控股性股东，已经能够有效地控制并影响决策过程，此时其他大宗股东对最终控制人会起到一定的制衡作用，但最终控制人取得私利将会超过因企业价值受损而由最终控制人所承担的部分，因此，最终控制人有强烈的动机谋求控制权私利，出现了最终控制人的利益侵占效应或盘踞效应（entrenchment effect）。在此区间范围内，最终控制权与所有权分离度相对较大，相对较低的现金流权降低了终极控制人获得私利所付出的成本，终极控制人与中小股东之间的代理冲突加剧，其获取私利的动机将会增强，此时，最终控制人对上市公司内部控制的治理需求降低，为了攫取私有收益，终极控制人通过影响内部控制的设计、执行、监督、评价等决策，使内部控制的执行偏离企业目标，从而有利于其自身利益的实现，降低了公司内部控制效率。在最终控制权超过50%形成绝对控股时，最终控制人成为主导性大股东，在此区间范围内，最终控制人的控制权与现金流量的分离程度降低，最终控制人为取得私利需付出使其自身收益受损的成本更高，随着控制权的增加，最终控制人获得的私利将呈下降趋势，此时最终控制人也拥有绝对多数的所有权，使其与小股东利益趋于一致，产生联盟效应（alignment effect），其对上市公司内部控制的治理需求增强，终极控制人有动机和能力影响内部控制决策，通过对公司内部控制的监督和评价，及时防止、发现和纠正舞弊行为，提升公司的内部控制效率，实现企业内部控制目标。

综上所述，随着控制权与现金流权分离程度增大，终极控制人实施利益转移侵占其他中小股东利益的动机增大，终极控制人凭借其超额控制权影响公司的管理决策，从而影响公司内部控制体系的构建和实施，使内部控制目标不能顺利实现，上市公司内部控制很可能失效。如为了保护侵占行为的隐秘性，避免外部股东的干预，终极控制人往往会影响公司会计政策，降低企业信息披露的透明度，因此，随着两权分离程度的增大，在终极控制人的超额控制权下，公司内部控制的财务报告的真实可靠性目标无法得以实现。而现金流量权则体现了终极控制人的侵占成本的大小，随着现金流权增大，终极控制人侵占的成本越大，其侵占动机降低，终极控制人利益与其余股东的利益趋于一致，对公司内部控制的治理需求增大，公司内部控制有效性提高；终极控制权在不同区间上市公司内部控制效率存在差异，当终极控制权较低时，即低度控股时，因其对上市公司控制能力有限，对公司内部控制影响并不显著，当控制权增大到相对控股时，两权分离程度增大，终极控制人具有利益侵占效应，其往往通过影响内部控制的设计和执行使公司内部控制偏离企业目标，以达到攫取私有收益的目的，从而造成公司内部控制有效性降低；而当控制权增大到绝对控股时，两权分离程度降低，由于侵占成本的增加，终极控制人与其余股东的利益趋于一致，对上市公司内部控制的治理需求增强，终极控制人有动机和能力影响上市公司内部控制设计和执行决策，通过监督和评价公司内部控制的执行，提高公司内部控制效率。

三、终极控制实际控制权与上市公司内部控制有效性

由于董事会是上市公司的重要决策机制，终极控制人参与上市公司经营管理对上市公司实施控制的一个重要途径是通过在公司董事会占有多数席位以行使表决权，已有的研究表明，终极控制人往往会通过在上市公司委派董事或高级管理人员来控制上市公司（Claessens，2000；Faccio，2002；赖建清，2004；孙健等，2008）。

终极控制人选派的董事在董事会所占有比例越高，终极控制人通过董事会影响公司管理决策，对上市公司实施控制的能力也越强，从而对上市公司的侵占动机也越大，现金流权的大小决定了终极控制人的侵占成本，当终极控制人在董事会所占比例与现金流量权分离程度越大，即终极控制人实际控制权越大时，其侵占所付出的成本比其因侵占所获取的利益要小

得多，终极控制人的侵占动机也越强烈，对上市公司内部控制的治理需求降低；同时，董事会作为内部控制的实施主体对内部控制效率具有很大的影响，由于董事会由终极控制人控制，董事会的决策往往有利于终极控制人的利益。当终极控制人实际控制权较大时，终极控制人往往会通过董事会影响内部控制决策，使内部控制的设计和执行受到较大影响，如董事会可能会授权管理者在实施内部控制时更利于终极控制人的私有利益的实现，在对管理者内部控制实施情况考评时也是以终极控制人的利益为中心，从而造成上市公司内部控制偏离了企业目标，很可能造成上市公司内部控制失效。

综上所述，终极控制人实际控制权越大，因为终极控制人侵占动机越强烈，其往往通过公司董事会影响公司内部控制的设计和执行，从而上市公司内部控制有效性越低。

四、国有上市公司行权主体与上市公司内部控制有效性

国有终极控制人参与上市公司的经营管理的主体不同，由于行使权利的管理人员的利益与上市公司利益的存在一致性差异，以及行使权利主体的管理人员自身专业能力的差异，加上行权主体面临的政府干预程度不同，造成终极控制人与中小股东之间的代理冲突存在着差异，从而影响终极控制人对内部控制的需求，影响内部控制的决策，对内部控制目标的实现造成影响，最终导致上市公司内部控制有效性存在差异。

与实业公司或独资公司相比，当国有终极控制人行权主体是政府行政机关、政府管理机构或投资公司等资产管理机构时，首先，资产管理机构参与上市公司经营决策的往往是其代理人行政管理人员，行政人员的利益与是否很好地执行中央或地方政府的政策密切相关，与上市公司内部控制的价值最大化目标关系不大，因此，对上市公司的内部控制治理需求不高，从而影响公司内部控制的设计的充分性和执行效果，对内部控制运行情况进行监督的动机也不强，很可能无法及时发现公司内部控制制度可能存在的漏洞，以及内部控制执行结果对企业目标的偏离，造成内部控制有效性降低；而当行权主体是实业公司时，由于实业公司的目标是实现企业价值最大化，与上市公司的利益存在一致性，对上市公司内部控制的治理

需求较高，实业公司有强烈动机监督内部控制的建立和执行，因而，实业公司控制的上市公司内部控制有效性较高；其次，资产管理机构由于其职能主要是对投资的国有资产进行管理，缺乏实业公司的生产经营管理经验，资产管理机构的代理人缺乏相应的专业知识，使得代理人与上市公司管理者之间存在严重信息不对称，当其参与上市公司内部控制决策时，可能不能有效地监督内部控制的措施程序是否与上市公司的经营过程很好地结合在一起，对内部控制执行效率的监督与评价可能缺乏专业性和客观性，对内部控制存在的缺陷不能及时发现和纠正，因此，上市公司内部控制不高；而当国有终极控制人的行权主体是实业公司或独资公司时，由于其代理人经营管理经验丰富，专业能力较强，减少了行权主体与上市公司之间的信息不对称，缓解了代理冲突，对上市公司内部控制的监督能力增强，并能够及时发现和纠正公司内部控制不完善的地方，从而有利于提高公司内部控制的有效性；最后，由于资产管理机构在对上市公司行使股东权利时，可能面临政府较多的干预，使得其在参与上市公司决策时，可能使上市公司更偏重于政治目标，而非仅仅是价值最大化目标，管理机构对内部控制的治理需求较低。政治目标的实现使上市公司承担较多的政策负担，不利上市公司经济目标的实现，也偏离了内部控制的企业目标，因此，上市公司内部控制有效性降低；而国有终极控制人行权主体是实业公司时，面临的政府干预低于行权主体是资产管理机构的公司，实业公司在参与上市公司经营管理时，更倾向于企业价值最大化目标，对上市公司内部控制治理需求增强，有更强烈的动机和能力监督、控制上市公司内部控制的设计的充分合理性和执行效率，并对内部控制执行结果进行监督评价，及时发现和纠正内部控制存在的缺陷，提高上市公司内部控制的有效性。

综上所述，上市公司的行权主体不同，终极控制人与中小股东之间的代理冲突存在着差异，会影响行权主体对上市公司内部控制的治理需求，从而影响其对上市公司内部控制的决策和监督动机，并影响公司内部控制的执行效率和结果，很可能对上市公司内部控制有效性造成影响。由上述分析可知，上市公司的行权主体是实业公司的内部控制有效性要高于行权主体是资产管理机构的公司。

借鉴上述分析和前两节的文献研究结论，基于终极控制人的我国上市公司内部控制有效性的相关理论依据和可能的结果，概括见表3-1。

表 3 – 1   终极控制人对内部控制有效性影响的理论分析框架

终极控制人特征	分组	主要理论依据	内部控制有效性
终极控制人性质	国有	产权理论；委托—代理理论 交易成本理论	高
	非国有		低
政府控制层级	中央政府	产权理论；委托—代理理论	高
	地方政府		低
控制权	绝对控股	产权理论；委托—代理理论	高
	相对控股		低
	低度控制		相关性不显著
现金流权	高	产权理论；委托—代理理论	高
	低		低
两权分离度	高	产权理论；委托—代理理论	低
	低		高
实际控制权	高	委托—代理理论	低
	低		高
控制权行使主体	间接控制	交易成本理论；委托—代理理论	低
	直接控制		高

第五节   小   结

内部控制源远流长，有其自身的理论科层体系。由于研究视角不同，现有的研究对内部控制的界定存在差别，这很容易引起误解。很多人认为内部控制就是内部会计控制，或者是管理控制，有的将内部控制与风险管理等同起来。因此，本章首先分别从内部控制的本质、目标、内容、对象、方法等几个方面重新界定了内部控制的概念，对其与内部会计控制、管理控制、内部管理、风险管理等概念进行辨析，接着对内部控制有效性概念、终极控制人概念等相关概念进行界定。然后，从制度经济学理论、产权理论、博弈理论、信息不对称理论、委托—代理理论、契约理论、信号传递理论、双元控制主体理论、团队理论、系统论、信息论和控制论以及在此基础上发展起来的风险管理理论和战略管理理论等理论的视角阐释引发上市公司内部控制的理论根源，进而为后续章节提供理论依据。从制度经济学、产权理论、委托—代理理论、不完全契约理论、组织理论、团队生产理论等经济理论和信息论、控制论、系统论及在三论基础上的风险管理理论、战略管理理论等管理理论阐释了内部控制的理论基础。然后，在以上概念界定和理论基础上，对股权结构和内部控制的关系进行理论分析。最后在上述内部控制理论基础上，构建基于终极控制人的内部控制有效性理论分析框架。

第四章

上市公司内部控制有效性的
综合评价

第一节 引　　言

从委托—代理的角度来看，内部控制是解决企业内部各层级的委托—代理问题，防止和纠正各级代理人的逆向选择和道德问题等偏离委托人目标利益的行为，以促进委托人目标利益实现的一项重要的制度安排（王普松，2004）。内部控制评价是对企业内部各组织机构内部控制执行过程的监控，是内部控制体系的组成部分，其根本目的是保障内部控制体系有效地开展控制活动，以实现内部控制的目标。内部控制有效性评价是企业内部控制建设中一个不可缺少的部分，其最终目的是通过评价来发现内部控制存在的问题，进一步完善内部控制以实现企业的目标。以往国内外学者对内部控制的研究主要是围绕内部控制信息披露的有效性、制度建设以及操作规范、理论的发展与演进展开研究，很少涉及内部控制评价的量化研究。近年来，一个新兴的研究热点就是建立内部控制框架评价企业内部控制状况。其中，尤以 COSO 委员会的内部控制框架最为著名。我国目前颁布的有关内部控制评价的法规数量不少，但是这些法规没有对内部控制有效性进行详细解释，界定的评价主体和评价内容不同。目前我国企业内部控制体系实施面临的一个现实是，至今仍缺乏一个明确、完善且具有高度认同感的内部控制评价系统。2006 年的《深圳证券交易所上市公司内部控制指引》、《上海证券交易所上市公司内部控制指引》和 2008 年的《基本规范》虽强制规定上市公司披露内部控制自我评价情况，但并没有统一规定内部控制评价的内容、标准和方法。这就导致了我国企业内部控制评价的主观性和随意性。2010 年 4 月 26 日财政部等五部委联合发布了《配套指引》，但该指引主要侧重原则性的指导意见，不够具体，内部控制评价实施难的问题仍没有得到实质性解决。本章依据财政部等五部委联合发布的《基本规范》与《配套指引》，从内部控制设计和执行的效率与内部控制目标的保证水平两方面构建内部控制有效性综合评价指标体系，通过主成分分析法构建内部控制有效性综合评价指数模型，并以 2009 ~ 2013 年我国沪市上市公司为研究对象，对我国上市公司内部控制有效性进行综合评价。

第二节　上市公司内部控制有效性综合评价基本指标体系的构建

企业内部控制有效性评价系统是指由企业内部控制有效性内涵、评价目的、评价模式、评价主体、评价客体、评价模型组成的一个相互联系、相互制约、内涵与外延相统一的有机整体。

国内研究机构和学者就如何科学地评价企业内部控制有效性水平做了大量的研究，设计的评价指标体系、采用的评价方法及评价标准多种多样。其中构建内部控制体系框架和建立数学模型是国内外研究机构和学者常用的内部控制评价方法。

目前国内关于内部控制有效性评价指标的选取上主要分三种形式：一是以是否披露内部控制重大缺陷、是否出具非标准意见或者以是否违法违规作为内部控制评价指标；二是根据《基本规范》或 COSO 报告中对内部控制五大要素内容的相关规定设计详细的评价指标；三是根据内部控制目标实现水平来设计评价指标。这些方法都存在不同程度的局限：二分类选取指标方法无法判断没有披露缺陷的公司内部控制有效性的差别。以内部控制五项要素内容来选取评价指标，由于定性衡量指标难以量化，而且选取的指标仅仅反映内部控制的设计有效性和执行有效性，却不能衡量执行的最终效果；而以内部控制目标构建内部控制指标体系大多采用了财务指标，这些财务指标虽然在某些方面说明内部控制目标的保证水平，但是并不能排除其他因素对这些指标的影响，这制约了内部控制理论与实践的发展，因此，本书认为，内部控制要素内容指标是内部控制有效性的基础，内部控制执行最终效果指标是内部控制有效性的最终衡量标准，综合考察衡量这两方面因素的指标体系更能体现内部控制有效性。

目前研究中使用的内部控制评价方法主要分为三种形式：一是直接根据披露的内部控制评价信息作为指标，如管理层披露的内部控制缺陷、审计师的审核意见等，现有相关实证研究中大多采用这种方法。二是通过调查问卷的方式确定各评价指标的权重并计算总得分来评价内部控制质量。三是运用层次分析法、功效系数法等方法对评价指标体系赋权重计算得分构造指数来评价内部控制质量。目前看来，现有的内部控制评价体系均有不完善之处，如果简单地以披露和未披露内部控制评估报告二分类变量进行测量，显然不能够区别内部控制质量的高低；而以内部控制缺陷的披露与未披露二分类衡量其有效性，受自愿披露的限制仍然不能很好区别内部控制质量的差异，而由内容打分法构建的评价模型是建立在内部控制自我评价报告之上的，一方面低质量的内部控制信息披露会降低内容打分法构建指数的可信度，另一方面打分法过多地依靠评价者的主观判断，造成研究的可重复性较差而受到学者们的批评；而纯数学上的理论模型，在实际中无法找到可行的替代变量，或者是因为模型的假设难以被接受、模型的使用成本较高等原因，在内部控制评价实践中并没有被广泛采用。

基于此，本章在借鉴国外内部控制评价系统建立的基础上，结合中国企业的制度环境，根据内部控制理论、财政部等部门发布的《基本规范》和《配套指引》的相关规定，并考虑从内部控制要素内容和内部控制目标保证水平两个方面综合构建内部控制评价各项指标，既包括定量指标又包括定性指标；同时，主成分分析法在对多指标体系评价时，模型中各综合因子的权数是根据综合因子的方差贡献率大小来确定的，方差越大的变量越重要，从而具有较大的权数，这样就避免了人为确定权数的随意性，使得综合评价结果客观合理并具有可比性。因此，本书采用主成分分析法构建我国上市公司内部控制评价系统。

一、主成分分析法的内在机理

主成分分析由皮尔森（Pearson，1901）首先使用，以后经霍特林（Hotelling，1933）、拉奥（Rao，1964）、库利和洛恩斯（Cooley and Lohnes，1971）、格纳纳德西肯（Gnanadesikan，1977）、克斯尔萨加（Kshirsagar，1972）、莫里森（Morrison，1976）、马蒂亚（Mardia）、肯特和毕比（Kent and Bibby，1979）发展和成熟起来。主成分分析是考察多个定量（数值）变量间相关性的一种多元统计方法，它是研究如何通过少数几个主成分（即原始数据的线形组合）来解释多变量的方差——协方差结构。具体说来是导出几个主成分，使其尽量多地保留了原始变量的信息，且彼此线性无关。该方法被大量应用于社会学、经济学、管理学的评价中，逐步成为独具特色的多指标评价技术。但在实际应用中也出现了一些问题，一些学者从不同角度分析找出问题存在的原因并给出相应的改进办法，如陈述云、张崇甫（1995）认为主成分分析在应用过程中主要存在两个问题：究竟选取多少个主成分进行评优排序；有时难以对主成分作出合乎客观的经济解释，这有碍与对定量综合评价作出定性分析。他们认为产生问题的原因在于主成分分析所采用的线性分析造成的，并给出了非线性主成分分析的方法，并设想通过对主成分进行旋转以明确主成分的经济含义。白雪梅、赵松山（1995）则从主成分分析与因子分析区别的角度分析了主成分分析作综合评价所存在的问题，并指出数据无量纲化处理方法及特征向量的选取是对主成分析做综合评价造成的影响原因，并给出了解决的方法。阎慈琳（1998）则认为用主成分分析作综合评价的问题在于同一个特征值对应两个方向相反的特征向量，而选不同的特征向量组合可能造成综合评价结果大不相同，作者认为应采用第一主成分进行评价或对主成分进行旋转。叶双峰（2001）从改进主成分分析的数据无量纲化处理方法和采用非线性变换的主成分分析来做的综合评价。傅荣林（2001）对主成分的选取及评价模型的限制条件作了分析并给出主成分评价优化模型。本章基于以上研究解决选用多个主成分对内部控制有效性进行综合评价的问题。

主成分分析就是设法将原来指标重新组合成一组新的互相无关的几个综合指标来代替原来指标，同时根据实际需要从中可取几个较少的综合指标尽可能多地反映原来的指标的信息。主成分分析的简要数学过程是：设估计样本组公司为 n 家，选取的财务指标为 k 个。

（1）对财务指标进行标准化处理。因为所选的财务指标的量纲不完全一致，所以需要进行标准化处理，即将各种不同度量的指标转化为同度量的指标，使各指标具有可比性。

（2）计算相关系数矩阵 R。设 R_{ij} 为经过标准化后的指标 i 与指标 j 之间的相关系数，则：

$$R_{ij} = \frac{\text{COV}(X_i, X_j)}{\sqrt{DX_i DX_j}} = EX_i EX_j \quad (EX_i = EX_j = 0, \ DX_i = DX_j = 1)$$

由 R_{ij} 的计算公式，可得：$R = XX^T / (n - 1)$

（3）计算相关系数矩阵的特征值 t 与特征向量 B。将所求得特征值依大小顺序排列：$t_1 > t_2 > t_3 > \cdots t_k \geq 0$ 对应于 t_i 的特征向量为：

$$B_i = (B_{1i}, B_2, B_{ki})^T, \ (i = 1, 2, 3, \cdots, k) \ \text{且} \ B_i^T B_i = 1$$

（4）建立主成分。由线性方程组求解可得 k 个主成分：

$$\begin{cases} Z_1 = XB_1 \\ Z_2 = XB_2 \\ \cdots\cdots \\ Z_k = XB_k \end{cases}$$

其中，主成分 Z_I 的贡献率为：$H_i = \dfrac{t_i}{\sum\limits_{m=1}^{k} tm}$

根据主成分 Z_1 到 Z_k 的累计贡献率计算，从而确定主成分的个数。

（5）将选定的几个主成分综合建立模型。

利用主成分分析法构建内部控制有效性评价模型的总体思路是：首先，选择确定模型采用的体系；其次，采用一定的方法确定研究样本；再次，运用 SPSS 等统计软件进行主成分分析，在此基础上建立模型并进行检验；最后，确定模型的临界值，通过对样本进行分析，判别模型的评价准确度。

二、上市公司内部控制有效性评价指标体系构建的原则

（1）全面性原则。内部控制评价系统既要全面反映被测评对象的总体内部控制状况，又要具体反映内部环境、风险评估、控制活动、信息与沟通和内部监督等具体内部控制要素的基本情况；既要反映内部控制的要素内容又要反映内部控制的目标保证水平；既要反映企业的内部控制现状，也要反映企业内部控制变化趋势。

（2）系统性原则。企业内部控制评价指标体系建立应全面考虑内部控

制质量影响因素，系统地反映内部控制的本质特征和目标要求，选择的指标要尽量能涵盖内部控制的各个方面，从整体上考虑指标之间的相互关系，使内部控制指数指标既不重复也不遗漏；指数指标应当遵从一定的逻辑关系，对指标进行合理的分层设计，系统地反映企业内部控制指标之间的关系和层次结构，使评价结果真正代表企业内部控制的质量和水平。

（3）重要性原则。内部控制评价系统应当在全面评价的基础上，关注被测评公司的重要业务单位、重大业务事项和高风险领域，重点分析关键影响因素、重大业务以及高风险领域，在选取评价指标时应随着具体环境及评价目的的不同而有所侧重。

（4）可比性原则。内部控制评价系统既要全面反映上市公司的内部控制情况，又要适合不同上市公司之间的对比；既要考虑到指标设计上的可比性，也要考虑到指标计算的可比性。

（5）平衡性原则。首先，在设计评价指标体系时，应注意发挥定性指标与定量指标各自的优势，将定性指标与定量指标结合运用。内部控制评价系统中，涉及企业的内部控制运行情况的各个方面，既要考虑到内部控制评价的主观性，又要使内部控制评价具有客观性，评价系统构建时要将定性与定量两类指标充分结合，最终形成量化指标。

（6）可操作原则。内部控制评价指标体系中的评价指标多数来自于企业的信息披露，不同企业之间的差别有可能较大，评价指标的选取要切合实际，具有可操作性。此原则一方面要求评价指标所需数据是可获得的，符合成本效益原则；另一方面要求相关数据取得后，进一步加工和分析的过程应相对简单，易于执行者操作。这样既可以降低评价工作的成本，又能够减少操作失误所造成的误差。

三、上市公司内部控制有效性基本评价指标体系的构建

内部控制有效性的评价指标是内部控制评价的载体，也是内部控制评价内容的外在表现。在设计内部控制有效性评价指标时要将结果评价和过程评价相结合，合理选择和设计评价指标。除了内部控制目标中五大目标指标能够量化以外，要素内容指标大都需要定性判断，所以对内部控制有效性的判断在现实情况下既要从结果理性的角度采用定量指标直接评价内

部控制目标的实现情况，也要重视从过程理性的角度采用定性指标判断内部控制的设计和运行的有效性。所以在评价中要采取结果评价和过程评价相统一、定量指标与定性指标相结合的方法，来评价内部控制的有效性。

（一）内部控制设计和执行效率评价指标体系

根据 COSO 内部控制整合框架的五要素内容和四大目标、我国《基本规范》所界定的内部控制五项要素内容和五大目标以及《评价指引》，本书借鉴已有的相关研究，根据企业的内部控制披露的实际情况来设计内部控制有效性的指标体系。

1. 内部控制环境

内部控制环境中，公司治理结构、组织机构设置及权责分配、企业文化构成了内部控制环境的主要内容。由于董事会和经理层是实施公司内部控制的主体，因此，对公司高管层的激励机制构成了公司治理机制的核心要素。拉金尼尔（RanjiniJha，2009）研究认为 CEO 和 CFO 报酬中对证券价格变化敏感的长期激励计划越少，董事会的监管力度就越强，内部控制的质量就越高。根据我国上市公司现有的激励机制实施情况来看，高管持股和高管薪酬构成激励机制的两大内容；已有的研究普遍认为，在公司治理机制中，董事长兼任总经理不利于董事会决策，影响董事会效率，并且董事长、总经理两职合一也违背了内部控制相互牵制的基本原则，影响内部控制有效性；克里希南（2005）认为，审计委员会是公司内部控制的重要监督主体之一，高质量的审计委员会能促使公司形成高质量的内部控制。《基本规范》要求公司设置专门的机构负责内部控制的设计、执行以及监督评价工作。专业内部控制机构的设置有利于提高公司内部控制效率；管理层的经营风格、管理理念、风险态度以及公司诚信经营、核心价值观等文化氛围构成企业文化，作为企业的非正式制度，企业文化能最好地管理和控制那些由于任务不确定性而导致的可能在紧密耦合的生产过程中发生的变化，并能协调交叉价值链之间的相互依赖因素，从而鼓励持续改善（Kalagnanam，Lindsay，1999）。因此，本书选取董事长、总经理是否两职合一、高管是否持股、高管薪酬、是否有专业机构负责内部控制的日常工作及企业是否注重文化建设作为内部环境的衡量指标。

2. 风险评估

企业面临的风险主要有对来自企业内部的风险和企业外部的风险。如何对各种风险进行确认和分析，并根据管理者的风险偏好确定风险容忍度，是风险评估的重要内容，也是企业风险管理过程中重要的环节。《基本规范》认为，对风险评估活动的评价，企业需要建立风险评估机制，并对评估的风险予以披露，根据风险承受度对未来的利润进行预测。以采取正确的风险应对政策。本书选取的风险评估指标为：是否有风险提示及对策措施（主要是企业面临的外部风险）、是否建立企业风险评估机制、是否预计下年度的收入和成本作为风险评估的衡量指标。

3. 控制活动

控制活动是企业内部控制系统的主体，是企业对所确认的风险采取必要的防范或减少损失的措施，以保证企业目标实现的政策和程序。控制活动贯穿于企业内部的各个阶层和所有的职能部门，控制活动评价主要是看企业是否结合风险评估的结果，通过手工控制与自动控制、预防性控制与发现性控制相结合的方法，运用各种控制手段来降低风险和减少损失。由于内部控制的实施和运行好坏最终依赖于人，对企业成员所采取的激励措施将影响内部控制的有效性。CEO 和 CFO 报酬中对证券价格变化敏感的长期激励计划越少，董事会的监管力度就越强，内部控制的质量就越高（Ranjini Jha，2009）。因此，控制活动评价指标应包括：预算控制制度是否健全有效、是否建立重大风险预警机制和突发事件应急处理机制、董事会日常工作中关于内部控制活动安排和绩效考评制度的执行情况等。

4. 信息与沟通

信息与沟通是指在人员能够履行责任的方式及时间范围内，识别、取得和报告经营、财务及法律遵守的相关资讯的有效的程序和系统。这包括最高层将与控制有关的事宜的重要性及个人担当的角色向下级传达、向上级汇报重要信息的渠道以及与外部利益相关者保持有效沟通。信息与沟通评价主要考察企业内部之间、企业与外部的信息与沟通能力。具体表现为是否建立了信息与沟通制度，明确了内部控制相关信息的收集、处理和传递的程序。主要的评价指标为董事会会议次数、是否建立了投资者关系管理制度或者有这方面的工作安排、企业是否进行信息系统建设，包括 OA

办公系统、ERP 系统等。

5. 内部监督

内部监督控制评价主要是考察企业内部是否建立了内部控制监督制度，明确相关机构在内部监督中的职责，规范了内部监督的程序、方法和要求。公司内部监督主体是董事和监事会。蔡吉甫（2006）认为把基于监督基础之上的相关内部控制信息以内部控制报告的形式及时反馈给控制主体以便于决策，有利于内部控制的改进完善。所以，监督在外延上应包括内部控制信息的披露或传递。因此，本书选择董事会对公司内部控制自我评估报告以及是否披露内部控制缺陷作为内部监督执行效果的指标。另外，公司的监督制衡机制—监事会的勤勉度及独立性也是内部监督的考察指标，本书选取了监事会会议次数、监事会对相关事项发表独立意见两个指标。

（二）内部控制目标保证水平评价指标体系构建

内部控制目标，在企业表现为两个层次：一是作为整体的内部控制系统应具有的控制目标，二是企业内部各相关部门和岗位应当具有的控制目标，后一类目标是前一类目标的具体化。由于每家企业的组织机构、经营业务流程、人力资源政策等差异很大，对第二个目标无法采取统一的指标来评价，而且内部控制总目标的实现最终依赖于具体目标的实现，在某种程度上体现了内部控制具体目标的有效性，因此，本书只考虑了内部控制总目标。依据《基本规范》中所界定的五项目标来选取评价指标体系。具体情况如下所示：

1. 战略目标

企业的战略目标就是要实现企业长期利益最大化，而核心竞争力是支持企业健康持续发展的原动力（普拉哈拉德和加里·哈梅尔，1990），因此，企业战略目标的实现，关键在于形成和保持企业的核心竞争力或核心能力。池国华（2009）认为战略实施和战略定位是内部控制的本质。战略目标是内部控制最高层次的目标。芬卡特拉曼（Venkatraman，1990）从战略的绩效表现入手，用 17 个反映管理效率和市场份额的指标来刻画战略；王瑛（2004）从企业的生存能力和发展能力出发，用 11 个指标反映了企业的核心竞争力指标；张兆国（2011）从长期发展能力、财务风险角度用6个指标反映企业内部控制战略目标。我们认为企业战略目标的实现与否一般可以从以下几个方面来进行衡量：首先是企业在该行业的核心竞争力，市场开发能力是企业的根本竞争能力，通常评价市场开发力的综合指标是市场占有率，影响市场占有率的财务因子中最集中表现就是企业的主营业务收入及其增长水平的高低。其次，战略目标的实现水平还体现在企业的发展前景。企业必须通过自身积累来实现实现长远发展，这种积累依赖于企业可持续增长的能力，包括企业盈利能力和成长能力等；最后，企业在实现长期、可持续发展能力的同时，也要权衡企业所面临的风险水平，财务风险和经营风险的高低及企业承受风险的能力也是影响企业战略目标实现的一个重要因素。因此，企业须在降低自身面临的风险的基础上实现长远发展。因此，本书选取了长期发展能力（包括主营业务增长率、可持续增长率）、财务风险指标（包括长期资产适合率和资产负债率）和企业价值指标（托宾 Q 值）来反映企业战略目标。

2. 经营目标

经营的效率和效果的高低是衡量企业内部控制有效性的最直接体现，已有的研究大多从营运能力、生产能力及盈利能力几个方面考察企业经营效率和效果。我们认为企业资产是否被有效利用是影响企业的正常运转的一项重要因素，现有的研究主要从总资产、存货及应收账款的周转快慢考察资产的利用效率。资产周转的越快说明内部控制为经营效率目标提供的保证水平较高，所以应重点考察资产周转情况对经营效率的影响；企业的生产能力是企业发展的基础，企业的生产能力越强，经营效率越高，已有的研究从人均生产能力来考察企业的生产能力；企业的获利能力是企业经营效果最集中的体现，企业盈利能力越强，经营效果越好。因此，根据已有的研究，本书选取了资产使用效率指标、生产效率指标（包括人均销售额和人均资产）和盈利能力指标（包括销售利润率、净资产收益率和经营活动现金净流量对净利润的比值）三个方面的指标来衡量经营目标及相应的内部控制水平。

3. 报告目标

企业内部控制一个重要的目标是保证财务报告的真实、可靠及完整性，内部控制不仅能够防止和纠正无意的错报和盈余管理行为，更重要的是要能够有效地防止和纠正企业财务编报中的舞弊行为。道尔等（2007）以应计项目质量表示财务报告质量，研究内部控制缺陷对财务报告的影响，结果表明，存在内部控制缺陷的公司，其应计项目质量也较低。杨有红（2009）、田高良，齐保垒（2011）等将选择发生了会计差错更正作为财务报告内部控制缺陷的衡量指标。因此，本书选取企业非操控性应计数水平、重大会计差错行为指标来评价企业内部控制为财务报告的质量提供的保证水平。

4. 合规目标

内部控制能够保证企业的经营和高管人员的行为不超出国家的相关法律法规及公司的规章制度的约束范围。作为一个信用社会的一员，忠实地履行其所签订各类合约也是企业一项应尽的义务，否则，企业很可能要面临因丧失信用存在的潜在损失，有时甚至是面临法律诉讼。张兆国等（2011）通过考察企业的罚款支出、未履行债务以及涉诉金额的大小作为内部控制合规目标。本书借鉴其研究选取了罚款支出、未履行债务两个定量指标作为内部控制合规性目标的衡量指标，以对企业生产经营的合法合规情况进行评价判断。

5. 资产安全目标

内部控制发展的最早阶段就是为了防止实物资产被盗的风险，发展到现在的企业风险管理框架，对内部控制提出了更高的要求，主要体现在内部控制是为了防止企业资产被无效率地使用、出现毁损、被大股东非法占用或对关联企业提供担保等方面，因此，本书借鉴张兆国等（2011）的研究从这几个方面量化资产安全指标。

内部控制指标体系的构建应遵循上述原则，并根据构建的评价客体，主要从内部控制设计的有效性来构建内部控制指数指标体系与内部控制执行的有效性来构建内部控制指数指标体系。本书内部控制要素内容指标的设计是根据《基本规范》及前人的相关研究①②而构建的由三级指标构成的评价体系，其中一级指标 2 个、二级指标 10 个、三级指标 40 个，具体

---

① 林钟高，郑军，王收珍. 内部控制与企业价值研究——来自沪深两市 A 股的经验分析，财经研究，2007，33（4）：134－136.

② 张兆国，张旺峰，杨清香. 目标导向下的内部控制评价体系构建及实证检验，南开管理评论，2011，14（1）：150－152.

指标如表4-1所示。

表4-1　　　　内部控制有效性综合评价指标体系

一级指标	二级指标		三级指标	指标解释
内部控制要素内容	控制环境	X1	董事长或副董事长是否兼任总经理	如果兼任取0，否则取1
		X2	高管是否持股	若是取1，否则取0
		X3	高管薪酬	= ln［薪酬总额（万元）］
		X4	是否有专业负责组织内部控制的机构	若有取1，否则取0
		X5	企业是否注重企业文化建设	若注重取1，否则取0
	风险评估	X6	年报中是否有风险提示及对策措施	年报中有取1，否则取0
		X7	是否建立企业风险评估机制	建立取1，否则取0
		X8	是否披露下年度预计收入和成本	年报中有取1，否则取0
	控制活动	X9	董事会日常内部控制工作安排	年报中说明安排取1，否则取0
		X10	是否实行预算管理	实行取1，否则取0
		X11	是否建立重大风险预警、应急机制	建立取1，否则取0
		X12	企业是否有绩效考评制度	有取1，否则取0
	信息与沟通	X13	董事会会议次数	该年度内董事会会议总次数
		X14	企业是否有投资者关系管理制度	有取1，否则取0
		X15	是否进行信息系统建设	有取1，否则取0
	内部监督	X16	监事会会议	该年度内监事会会议总次数
		X17	监事会对有关事项的独立意见	年报内披露讨论取1，否则取0
		X18	对内部控制的自我评估报告	有则取1，否则为0
		X19	董事会对内部控制缺陷的评价	年报中说明安排取1，否则取0

一级指标	二级指标	三级指标		指标解释
目标保证水平	战略目标	X20	销售增长率	Δ 主营业务收入/上年主营业务收入
		X21	长期资产适合率	（所有者权益 + 长期负债）/（固定资产净值 + 长期投资净值）
		X22	资产负债率	负债/总资产
		X23	可持续增长率	所有者权益本期增加额/期初所有者权益
		X24	TobinQ 值	（股票市值 + 净债务）/有形资产价值
	经营目标	X25	存货周转率	主营业务成本/平均存货余额
		X26	应收账款周转率	主营业务收入/平均应收账款余额
		X27	总资产周转率	主营业务收入/平均总资产
		X28	人均销售额	= ln（主营业务收入/员工总人数）
		X29	人均资产	= ln（总资产均值/员工人数）
		X30	营业利润率	营业利润/营业收入
		X31	净资产收益率	净利润/平均净资产
		X32	净利润现金含量	经营活动现金净流量/营业利润
	报告目标	X33	非操控性应计的绝对值与总应计绝对值的比值	非操控性应计的绝对值/（非操控性应计的绝对值 + 操控性应计的绝对值）
		X34	重大差错更正	根据年报中披露中存在重大差错更正为 0，否则为 1
	合规目标	X35	罚款数额	司法行政部门的罚款（包括税收滞纳金）以及合同的违约罚款/营业收入
		X36	未履行债务	（应交税金 + 应付职工薪酬 + 到期未偿还债务）/营业收入
	安全目标	X37	资产的盘亏、毁损	资产的盘亏及毁损数额/年末总资产
		X38	资产减值损失	资产减值损失/年末总资产
		X39	关联方对资金的占用	年末其他应收款/年末总资产
		X40	对外担保	对外担保资金总额/年末所有者权益

四、内部控制有效性评价指标体系的基本统计特征

2006 年上交所与深交所分别发布内部控制指引之后，我国上市公司开始广泛关注内部控制建设；继财政部等五部委 2008 年发布《基本规范》、2010 年发布《配套指引》后，我国上市公司内部控制建设进入全面规范阶段。相比以前年份，2011 年之后应该是我国上市公司内部控制建设最好的年份，也最能反映上市公司内部控制建设现状，因此，本章以 2010 年 12 月 31 日之前在沪市上市的公司为样本，观测年度为 2011 ~ 2012 年。为保证研究样本的有效性和数据的严密性，剔除金融类、保险类公司和被 PT，ST，＊ST，＊＊ST 的公司以及数据缺失或不全的公司，并保证所选样本在 2011 ~ 2012 年连续两年内持续经营，共获得 1498 个观测样本。

本章相关数据主要来源于中国经济研究中心的 CCER 数据库、国泰安信息技术有限公司（GTA）的 CSMAR 数据库、瑞思经济金融数据库（RESET）及巨潮资讯网，内部控制目标保证水平的部分指标数据来源于 CSMAR 数据库和 CCER 数据库，部分数据源于巨融资讯网站公开披露的上市公司年报，内部控制要素内容的指标数据主要来自年报中手工整理所得。数据的统计分析主要采用 SPSS16.0、STATA10.0 和 EVIEWS6.0 软件。

限于篇幅，我们以 2011 年沪市 921 家 A 股上市公司为例进行实证分析。去除异常值之后，2011 年最终样本为 738 家 A 股上市公司。表 4 - 2 是 738 家 A 股上市公司内部控制有效性评价指标描述性统计。

（一）控制环境因素

董事长与总经理两职合一（X1）的上市公司平均达到 29%，两职合一的控制权分配机制不利于提高董事会效率，弱化了董事会对公司内部控制的监督、控制职能；高管持股（X2）的上市公司达到 42%，高管薪酬（X3）的自然对数平均为 4.25 万元，标准差达到 1.06，说明上市公司高管持股的激励措施并不普遍，而且根据现有研究该持股比例也较低，这些治理机制综合对公司内部控制效率产生影响。另外，有 88% 的上市公司设

立了专门的机构负责内部控制的日常工作（X4），说明上市公司普遍开始重视内部控制的建设；有75%的上市公司注重公司的文化建设（X5），说明上市公司内部控制文化环境较好，较好的企业文化为内部控制的有效实施创造了良好的氛围。

（二）风险评估因素

有72%的上市公司披露了风险提示有应对措施（X6），70%的上市公司具备风险评估机制（X7），35%的上市公司对下一年度的收入和成成情况进行了预计（X8），这些统计数据表明大部分公司高管对公司未来面临的内部风险和外部风险进行评估，提高内部控制事前控制的能力，但是对公司未来的收入与成本预计不够，没有明确、具体的预计目标将不利于内部控制的有效实施。

（三）控制活动因素

董事会日常工作中对内部控制活动进行安排（X9）的上市公司平均为72%，有65%的公司实施了预算管理（X10），45%的上市公司对存在的重大风险采取了预警机制，并对突发事件具备应急处理机制（X11），98%的上市公司对公司员工进行绩效考评（X12），这些数据表明大部分公司的董事会对公司内部控制日常工作较重视，但具体采取的措施不足，尤其是对公司面临的重大风险关注度不够，只有小部分公司具有风险预警机制和突发事件应急处理机制，因此，大部分公司的内部控制效率并不高。另外，大部分公司对员工采取了业绩与效益挂钩的激励措施，这有利于内部控制措施落实到公司各个层级的员工，提高内部控制效率。

（四）信息与沟通因素

董事会会议平均为9.65次（X13），低于国外发达国家的平均水平，而且公司之间差异较大，最高为36次，最低3次；有48%的上市公司建立了投资者关系管理制度（X14），通过建立网站、开通沟通渠道等方式加强了公司与外部投资者的沟通与信息传递；19%的上市公司建立了信息系统（X15），如ERP系统、OA办公系统等；这些统计数据表明，上市公司内部和外部的信息与沟通机制普遍低于国外的平均水平，信息沟通的渠道之一——信息化建设程度低，不足20%。这些统计结果说明我国上市公司信息与沟通机制不健全，影响内部控制相关信息的传递，造成风险处理措施存在滞后现象，从而影响内部控制效率。

（五）内部监督因素

公司监事会会议（X16）平均为4.85，标准差为1.57，说明上市公司监事会对公司的监督活动差异较大；有82%的公司监事会对相关事项发表了独立意见（X17），这说明虽然大部分上市公司监督会对相关事项发表了独立意见，但公司监事会的监督活动很有限，每年平均不足5次的会议；上市公司中，有43%的公司高管层对内部控制进行了自我评估（X18），出具了自我评估报告，2%的公司披露了内部控制缺陷问题（X19），说明上市公司自我评价、监督能力不强，这将影响内部控制的持续改进和进一步完善，影响内部控制的持续有效性。

（六）战略目标因素

销售增长率（X20）、长期资产适合率（X21）、资产负债率（X22）、可持续增长率（X23）及托宾Q值（X24）综合反映了企业的长期发展能力、财务风险（偿债能力）及企业持续的盈利能力，也反映了企业内部控制为战略目标提供的保证水平。这几个指标在上市公司之间差异很大，尤其是长期资产适合率和可持续增长率，标准差分别达到33.66和5.55。长期资产适合率平均为6.78，超过了理论标准值100%，说明多数上市公司财务结构不稳定，可能存在盲目投资行为；托宾Q值平均值大于1，高于美国上市公司平均水平，这意味着高产业投资回报率，企业投资支出会增加。这些指标说明企业内部控制为战略目标提供的保证水平不高。

（七）经营目标因素

存货周转率（X25）、应收账款周转率（X26）、资产周转率（X27）分别从不同角度反映了企业资产的管理水平，其中，存货周转率和应收账款周转率在上市公司之间差异很大，标准差分别达到20.20和81.26，并且存货周转率和应收账款周转率平均都超过了企业标准值3，意味着企业资产的管理水平不高，说明企业内部控制对资产的控制水平较低；人均销售额（X28）和人均资产（X29）从不同角度反映了企业的生产效率，由标准差可知，这两个指标在上市公司之间差异非常大，说明上市公司内部控制在企业生产控制方面差异很大；销售利润率（X30）、净资产收益率（X31）和净利润现金流含量（X32）从不同方面反映了企业的经营效率，同时也反映了企业内部控制对企业经营效率的控制能力。销售利润率和净资产收益率的平均值都为负值，说明上市公司平均的盈利能力较低，企业内部控制为公司经营效益所提供的保证水平整体水平不高。

（八）报告目标因素

非操控性应计（X33）和重大会计差错更正（X34）反映了企业在财务报告编制过程中出现的操纵利润、粉饰报表的行为以及人为重大差错行为。从统计结果可知，上市公司报告虚假财务信息的行为并不普遍，说明上市公司内部控制对财务报告目标所提供的保证水平整体水平较高。

（九）合规性目标因素

行政部门的罚款及合同违约罚款（X35）和未履行债务行为（X36）反映了企业内部控制为合法经营所提供的保证水平。由统计结果可知，这两项指标的均值都较低，说明企业内部控制对合规性目标提供的保证水平较高。

（十）资产安全性目标因素

资产的盘亏毁损（X37）、资产减值损失（X38）、关联方对资金的占用（X39）和对外担保额（X40）反映了企业内部控制为资产的安全性提供的保证水平。由统计结果可知，四项指标的平均值都不高，说明企业内部控制普遍对企业资产的安全性目标提供的保证水平较高。

表 4 − 2 　　　　　　　内部控制有效性评价指标描述性统计

		指标	样本数	最大值	最小值	均值	标准差
内部控制要素内容	控制环境	X1	738	1.00	0.00	0.29	0.45
		X2	738	1.00	0.00	0.42	0.52
		X3	738	6.50	0.00	4.25	1.06
		X4	738	1.00	0.00	0.88	0.38
		X5	738	1.00	0.00	0.75	0.46
	风险评估	X6	738	1.00	0.00	0.72	0.48
		X7	738	1.00	0.00	0.70	0.46
		X8	738	1.00	0.00	0.35	0.49
	控制活动	X9	738	1.00	0.00	0.72	0.47
		X10	738	1.00	0.00	0.65	0.50
		X11	738	1.00	0.00	0.45	0.49
		X12	738	1.00	0.00	0.98	0.20
	信息与沟通	X13	738	38.00	3.00	9.65	3.55
		X14	738	1.00	0.00	0.48	0.50
		X15	738	1.00	0.00	0.19	0.36
	内部监督	X16	738	15.00	1.00	4.85	1.55
		X17	738	1.00	0.00	0.82	0.42
		X18	738	1.00	0.00	0.43	0.49
		X19	738	1.00	0.00	0.02	0.10
内部控制目标保证水平	战略目标	X20	738	7.50	− 0.98	0.19	0.56
		X21	738	565.50	− 83.35	6.78	33.66
		X22	738	0.75	0.04	0.66	1.10
		X23	738	115.56	− 15.35	0.45	5.55
		X24	738	72.68	0.66	1.56	2.85
	经营目标	X25	738	275.85	0.03	8.25	20.20
		X26	738	775.48	0.00	31.88	81.26
		X27	738	7.95	0.00	0.82	0.65
		X28	738	19.90	9.28	13.65	1.15

续表

指标		样本数	最大值	最小值	均值	标准差
内部控制目标保证水平	X29	738	19.88	11.36	14.16	1.15
经营目标 X30		738	0.68	-101.56	-0.25	4.05
经营目标 X31		738	5.56	-16.80	-0.05	0.95
X32		738	515.98	-45.98	3.66	22.30
报告目标 X33		738	15.68	0.00	0.25	0.68
报告目标 X34		738	1.00	0.00	0.05	0.18
合规目标 X35		738	0.05	0.00	0.00	0.00
合规目标 X36		738	3.28	0.00	0.05	0.26
安全目标 X37		738	0.29	0.00	0.00	0.02
安全目标 X38		738	18.60	0.00	0.05	0.75
安全目标 X39		738	0.66	0.00	0.03	0.03
X40		738	18.98	0.00	0.25	0.88

从上述基本统计特征中，得出大部分上市公司目前出现的内部控制问题，也给我们指出了改善内部控制应努力的方向。

第三节　上市公司内部控制有效性综合评价指标体系的简化

在内部控制有效性指标体系中各类（个）指标在衡量过程中的重要性是不同的，因此，需要按照一定的方法确定评价指标的权重。目前常用的评价方法有德尔菲专家意见法、层次分析法（AHP）、模糊评价法等方法，这些方法大多依靠人的主观判断确定指标权重，会影响评价结果的可靠性。而主成分分析法、熵值法等方法则很好地克服了这个缺陷。主成分分析法是一种可以在尽可能少损失信息的条件下，对多维数据进行降维，即用提取出来的数目较少的不相关的主成分代替原有的变量进行分析，在指标合成方面应用比较广泛。

从理论上分析，主成分分析法构建我国上市公司内部控制有效性评价模型具有合理性，首先，在构建模型时所采用的原始指标的个数不受限制，只要该指标能够在一定程度上区分企业内部控制有效性的高低；其次，由于对该指标的原始数据进行了标准化处理，使各指标之间具有可比性和可加性，成为模型运算的基础；再次，在模型中各主成分的权重根据各自的贡献率确定，因而客观地反映出各主成分在模型中作用的强弱；避免了人为选择的主观性。从实践角度来说，通过建立企业内部控制有效性评价模型对上市公司进行内部控制有效性研究是一种行之有效的研究方法。企业可以利用此模型作为防范企业风险、提高经营效率的手段，投资者可以利用此模型预测企业内部管理水平，为防范投资风险提供有益的参考；债权人则可以运用此模型判断投资的安全性，以决定是否为上市公司提供融资。

本书借鉴主成分提取思想的思路，通过极大方差法对提取的成分进行旋转，以各个成分的方差贡献率作为权重对各成分得分进行求和，计算出的结果即为内部控制有效性的得分。

一、样本选择与数据来源

样本选择：由上述统计结果可知，本书选取了 2011～2012 年沪市 A 股上市公司所有样本，剔除了金融、保险业的公司以及在数据整理过程中缺失的数据，一共 1498 家上市公司。本章以 2011 年沪市 A 股上市公司 738 家上市公司为例，说明运用主成分分析法求得上市公司内部控制综合评价指数的求解过程。

数据来源：基于内部控制目标的大部分相关目标主要来源于国泰安数据库和 CCER 数据库（如战略目标，经营效率目标等），小部分指标从证券网站公布的上市公司年报中手工取得（如经营效率目标中人均销售额和人均资产总额，是否被 ST、PT；资产安全目标中的资产的盘亏、毁损，对外担保额占净资产比指标和合规性目标中的罚款数额指标和未履行债务指标）。内部控制要素内容的大部分指标来源于上市公司年报手工整理。

二、上市公司内部控制有效性综合评价指标体系的简化过程

主成分分析既可以使用相关系数矩阵为消除不同量纲的影响，在进行主成分分析之前，首先根据标准化公式对估计样本组 738 家公司的各分项指标原始数据进行标准化处理。在本书构建的内部控制有效性评价指标体系中，X2 – X18、X20、X23 – X33 为正指标，X1、X19、X34 – X40 为负指标，X21 和 X22 为适度指标。本书按照极差法对各项指标进行了标准化处理。

然后，为检验标准化后的数据是否适宜进行主成分分析，我们进行 KMO 统计量与 Bartlett 球形检验，结果如表 4 – 3 所示，KMO > 0.5，Bartlett 检验统计量对应的显著性概率为 0.000，适宜进行因子分析。

表 4 – 3　　　　　　　　　　KMO 和 Bartlett 检验

KMO Measure of Sampling Adequac		0.72
Bartlett's Test of Sphericity	ApproX · Chi-Square	8752.60
	df	782
	Sig	0.00

本书运用 SPSS 对估计样本组 2011 年的标准化数据进行主成分分析，计算各主成分的特征值和贡献率，从表 4 – 4 可以看到每个主成分的方差，即特征值，它的大小表示了对应主成分能够描述原有信息的多少。按照提取特征值大于 1 的主成分的原则，前 14 个主成分的累计贡献率达到 79.53%，已能概括原数据绝大部分的信息，因此，这里提取只需前 14 个成分即可。经方差最大化旋转后的 14 个主成分的贡献率分别为 7.41%、4.75%、6.27%、7.29%、5.74%、6.65%、6.02%、5.34%、5.68%、5.92%、4.10%、6.05%、3.44% 和 4.87%。经过主成分分析法的降维处理，我国上市公司内部控制有效性评价指标体系由 40 个基本指标简化为 14 个主成分表示的指标。

表4-4　　　　　　　　主成分特征值与贡献率

成份	初始特征值			提取平方和载入			旋转平方和载入		
	合计	方差%	累积%	合计	方差的%	累积%	合计	方差%	累积%
1	0.53	13.03	13.03	0.53	13.03	13.03	0.30	7.41	7.41
2	0.40	9.72	22.75	0.40	9.72	22.75	0.19	4.75	12.16
3	0.33	8.06	30.81	0.33	8.06	30.81	0.26	6.27	18.43
4	0.27	6.64	37.44	0.27	6.64	37.44	0.30	7.29	25.72
5	0.25	6.20	43.65	0.25	6.20	43.65	0.24	5.74	31.46
6	0.24	5.89	49.53	0.24	5.89	49.53	0.27	6.65	38.11
7	0.21	5.01	54.55	0.21	5.01	54.55	0.25	6.02	44.13
8	0.18	4.44	58.99	0.18	4.44	58.99	0.22	5.34	49.46
9	0.18	4.32	63.30	0.18	4.32	63.30	0.23	5.68	55.14
10	0.16	3.91	67.22	0.16	3.91	67.22	0.24	5.92	61.07
11	0.14	3.42	70.64	0.14	3.42	70.64	0.17	4.10	65.16
12	0.13	3.14	73.78	0.13	3.14	73.78	0.25	6.05	71.21
13	0.12	3.04	76.81	0.12	3.04	76.81	0.14	3.44	74.65
14	0.11	2.71	79.53	0.11	2.71	79.53	0.20	4.87	79.53
……（略）									
40	0.00	0.08	100.00						

　　为了更清晰地看出各变量在主成分上的负载 X，我们对因子负载做方差最大化旋转，得旋转后的因子负载矩阵（见表4-5）。由表4-5可知，主成分1中，X3、X16、X20、X21、X23、X24、X25、X26、X28、X29、X32、X33、X34、X35、X36 的负荷量较为明显且集中，第一主成分反映的是高管薪酬指标、监事会会议、销售增长率、长期资产适合率、可持续增长率、存货、应收账款周转率、人均销售额、人均资产额、经营现金净流量占利润比、非操控性应计所占比例、重大会计差错更正、罚款数额、未履行债务。这些指标主要分布于内部控制五项目标五个层次，因此可认为第一主成分综合反映了内部控制目标保证水平。主成分2中，X27、X31、X37和X40的负荷量明显大于其他比率，第二主成分反映的是存货、

固定资产报废损失、对外担保、净资产收益率、资产周转率，其中前两项指标所占比重较大，因此可认为第二主成分集中体现了企业资产的综合使用效率；主成分 3 中，X4、X9 和 X22 的负荷量明显大于其他比率，反映的是资产负债率、内部控制专设机构的设立和董事会对内部控制工作的日常安排，其中影响较为明显的 X4 和 X9，反映了高管对内部控制的控制能力；主成分 4 中，X6、X7 和 X13 的负荷量明显大于其他比率，代表董事会会议次数、风险评估活动和采取的风险对策，这些指标集中体现了外部风险评估和控制能力；主成分 5 中，X5 和 X12 的负荷量明显大于其他比率，反映的是文化建设和企业对高管和员工的绩效考评制度，其中 X5 影响较大；主成分 6 中，X11 的负荷量明显大于其他比率，集中体现了企业风险预警机制；在主成分 7 中，X2、X30 负荷量明显大于其他比率，反映的是营业利润率和高管持股，其中，X2 影响较为突出，体现了企业的股权激励措施；主成分 8 中，X8 的负荷量明显大于其他比率，反映的是企业对下一年度收入和成本的预计，体现了企业利润预测能力；主成分 9 中，X18 和 X39 的负荷量明显大于其他比率，反映关联方对企业资金的占用和企业对内部控制的自我评估的报告，其中 X18 的影响较大，体现了企业对内部控制的自我评价能力；主成分 10 中，X10 和 X38 负荷量明显大于其他比率，反映企业全面预算管理活动和资产减值损失比例，其中影响较大的是 X10，体现了企业的预算管理能力；在主成分 11 中，X17 的负荷量明显大于其他比率，反映监事会对相关事项是否发表独立意见；在主成分 12 中，X14 的负荷量明显大于其他比率，反映企业对投资者开展的管理活动；在主成分 13 中，X15 和 X19 的负荷量明显大于其他比率，反映企业信息系统建设和内部控制缺陷的披露，其中 X15 的影响较大，体现了企业对内的信息沟通能力；在主成分 14 中，X1 的负荷量明显大于其他比率，反映企业的董事长和总经理是否两职合一情况。

由主成分得分系数矩阵表（见表 4－6）所示，各主成分分别由基本指标不同的线性组合而成，具体表达式如下：

表 4 – 5　　主成分载荷矩阵

	F1	F2	F3	F4	F5	F6	F7	F8	F9	F10	F11	F12	F13	F14
X1	-0.02	0.01	-0.01	-0.01	-0.04	0.02	-0.02	0.00	0.01	0.00	-0.01	0.01	0.01	0.44
X2	-0.04	-0.02	0.00	-0.01	0.02	0.02	0.49	0.00	0.01	0.01	0.00	0.03	0.01	-0.02
X3	0.08	-0.03	0.00	0.00	0.01	0.00	0.02	-0.02	0.01	0.01	-0.01	-0.02	0.02	0.00
X4	0.00	-0.02	0.27	0.03	0.00	0.00	0.01	0.00	0.03	-0.01	0.01	0.00	0.02	-0.01
X5	-0.02	-0.02	0.01	0.06	0.44	-0.02	-0.02	0.02	0.04	0.02	0.00	0.01	0.00	0.00
X6	0.01	0.00	0.02	0.43	0.06	0.02	-0.01	0.01	0.05	0.01	0.03	0.01	0.03	0.02
X7	0.04	0.01	0.10	0.30	0.11	0.21	-0.01	-0.02	0.01	0.00	0.03	-0.02	-0.01	-0.04
X8	-0.04	0.00	-0.03	0.00	0.02	0.03	0.00	0.45	0.01	0.08	-0.04	0.01	-0.01	0.00
X9	0.02	0.01	0.40	0.01	0.12	0.01	-0.01	-0.03	0.03	0.01	-0.01	-0.01	-0.02	0.01
X10	-0.03	0.02	0.01	0.00	0.00	0.06	0.00	0.07	0.03	0.48	-0.03	0.02	0.01	0.01
X11	0.00	0.00	-0.02	0.08	-0.01	0.46	0.02	0.02	0.04	0.03	-0.03	0.04	0.04	0.00
X12	0.00	0.00	0.02	0.01	0.05	0.00	0.01	0.00	0.00	0.00	0.00	-0.01	0.00	-0.01
X13	0.01	-0.01	-0.01	0.01	0.00	-0.02	0.01	0.01	0.01	0.00	-0.01	-0.01	-0.01	-0.01
X14	0.02	0.00	0.00	0.00	-0.03	0.04	0.03	0.01	0.01	0.01	0.03	0.49	0.05	0.01
X15	0.04	-0.01	0.03	0.03	0.01	0.05	0.03	0.00	0.04	0.01	0.03	0.03	0.36	0.02
X16	0.04	-0.02	0.01	0.03	0.01	0.00	0.00	-0.03	0.02	-0.01	0.01	0.00	0.01	0.01
X17	0.00	-0.01	0.01	0.03	0.03	0.04	0.00	-0.03	0.02	-0.01	0.40	0.02	0.02	-0.01
X18	0.03	0.04	0.09	0.06	0.05	0.04	0.01	0.01	0.47	0.04	0.02	0.02	0.03	0.00
X19	0.00	0.00	0.00	0.01	0.00	-0.01	-0.01	0.00	0.00	0.00	0.00	0.00	0.01	0.00
X20	0.10	0.00	0.01	0.01	0.00	-0.01	-0.01	0.01	0.01	-0.01	-0.01	0.00	0.00	0.00
X21	0.08	-0.07	-0.02	0.02	-0.01	0.00	-0.03	-0.03	0.02	0.02	-0.02	0.01	-0.03	-0.01

续表

	F1	F2	F3	F4	F5	F6	F7	F8	F9	F10	F11	F12	F13	F14
X22	-0.12	-0.04	0.01	-0.01	0.01	0.01	0.01	0.01	0.00	-0.01	0.00	0.00	-0.01	0.01
X23	0.18	-0.03	0.01	-0.01	0.00	0.01	0.03	0.03	0.01	-0.02	0.02	0.00	0.02	0.02
X24	0.08	0.04	-0.01	-0.01	0.00	-0.01	0.00	0.00	-0.02	-0.02	-0.01	0.00	0.00	0.00
X25	0.05	-0.02	0.01	0.00	-0.01	0.00	0.00	0.00	0.00	0.00	0.00	0.01	-0.01	0.00
X26	0.05	-0.01	0.00	0.01	-0.01	0.01	-0.01	-0.01	0.01	0.01	0.00	0.00	-0.01	0.00
X27	0.03	0.03	0.02	0.01	0.02	0.01	0.01	0.00	0.02	0.00	0.00	-0.01	0.01	0.01
X28	0.05	-0.03	0.00	0.01	0.00	0.00	0.00	0.00	0.01	0.00	0.01	0.00	0.01	0.00
X29	0.05	-0.04	0.00	0.01	0.00	0.01	0.01	0.00	0.02	0.00	0.00	0.00	0.01	0.01
X30	-0.12	-0.04	0.01	-0.01	0.00	0.01	-0.01	0.00	0.00	0.00	-0.02	0.01	0.00	0.01
X31	-0.02	0.16	-0.01	0.00	-0.01	0.01	0.02	-0.02	0.00	0.01	0.00	0.00	-0.01	0.00
X32	0.14	-0.13	0.00	0.00	-0.01	-0.01	0.00	0.00	0.00	0.00	0.00	0.00	-0.01	-0.01
X33	0.08	0.03	0.00	0.00	-0.01	0.00	-0.01	-0.01	0.00	-0.02	-0.01	0.01	0.01	0.01
X34	0.02	0.00	0.00	0.00	0.00	0.00	0.00	0.00	0.00	-0.01	-0.01	0.01	0.00	0.01
X35	0.36	-0.20	0.02	-0.01	0.04	0.01	0.04	-0.06	-0.02	0.00	0.01	0.01	-0.04	0.00
X36	0.14	0.02	0.00	0.02	0.02	0.00	0.00	-0.02	0.00	0.00	0.01	0.00	-0.01	0.00
X37	0.00	0.20	-0.01	0.00	0.00	0.01	0.00	0.00	0.01	0.00	0.01	0.00	-0.01	0.00
X38	-0.09	0.00	0.00	-0.01	0.01	-0.01	0.01	-0.01	0.01	0.01	0.01	-0.01	0.00	0.01
X39	-0.05	0.02	0.00	0.02	0.00	0.00	0.00	0.00	0.02	0.01	0.01	0.00	0.01	0.00
X40	0.04	0.23	0.01	0.00	0.01	0.00	0.00	0.01	0.01	-0.01	0.00	0.00	0.00	0.00

$F1 = -0.02 \times X1 - 0.05 \times X2 + 0.05 \times X3 + \cdots - 0.05 \times X38 - 0.03 \times X39 + 0.014 \times X40$

$F2 = 0.01 \times X1 + 0.04 \times X2 - 0.01 \times X3 + \cdots - 0.03 \times X38 + 0.01 \times X39 - 0.039 \times X40$

$F3 = 0.01 \times X1 + 0.01 \times X2 - 0.01 \times X3 + \cdots + 0.01 \times X38 + 0.01 \times X39 + 0.01 \times X40$

$F4 = 0.01 \times X1 + 0.03 \times X2 + 0.01 \times X3 + \cdots - 0.01 \times X38 + 0.01 \times X39 - 0.01 \times X40$

$F5 = 0.01 \times X1 + 0.04 \times X2 + 0.01 \times X3 + \cdots + 0.01 \times X38 + 0.01 \times X39 + 0.03 \times X40$

$F6 = 0.03 \times X1 - 0.04 \times X2 - 0.01 \times X3 + \cdots + 0.01 \times X38 - 0.01 \times X39 + 0.01 \times X40$

$F7 = 0.04 \times X1 + 0.98 \times X2 + 0.01 \times X3 + \cdots + 0.01 \times X38 - 0.01 \times X39 + 0.04 \times X40$

$F8 = 0.01 \times X1 - 0.01 \times X2 - 0.01 \times X3 + \cdots - 0.01 \times X38 - 0.01 \times X39 + 0.03 \times X40$

$F9 = -0.01 \times X1 - 0.01 \times X2 + 0.01 \times X3 + \cdots + 0.01 \times X38 + 0.01 \times X39 - 0.04 \times X40$

$F10 = -0.03 \times X1 + 0.02 \times X2 + 0.02 \times X3 + \cdots + 0.01 \times X38 + 0.01 \times X39 - 0.01 \times X40$

$F11 = 0.02 \times X1 - 0.01 \times X2 - 0.01 \times X3 + \cdots + 0.01 \times X38 - 0.01 \times X39 + 0.02 \times X40$

$F12 = -0.02 \times X1 - 0.03 \times X2 - 0.02 \times X3 + \cdots - 0.01 \times X37 + 0.01 \times X39 + 0.01 \times X40$

$F13 = -0.06 \times X1 - 0.07 \times X2 + 0.02 \times X3 + \cdots + 0.01 \times X38 + 0.01 \times X39 - 0.02 \times X40$

$F14 = 0.99 \times X1 + 0.04 \times X2 - 0.01 \times X3 + \cdots + 0.01 \times X38 + 0.01 \times X39 + 0.01 \times X40$

根据上述分析结果，经过主成分分析法对内部控制有效性基本指标降维处理，最终得到十四个评价指标即 14 个主成分，这 14 个主成分分别由 40 个基本指标的不同线性组合而成，基本指标中内部控制要素内容基本指标为 19 个，即：X1 - X19，这些指标基本涵盖了控制环境、风险评估、控制活动、信息与沟通以及内部监督五个方面的内容，内部控制目标保证

表4-6

主成分得分系数矩阵表

	F1	F2	F3	F4	F5	F6	F7	F8	F9	F10	F11	F12	F13	F14
X1	-0.02	0.01	0.01	0.01	0.01	0.03	0.04	0.01	-0.01	-0.03	0.02	-0.02	-0.06	0.99
X2	-0.05	0.04	0.01	0.03	0.04	-0.04	0.98	-0.01	-0.01	0.02	-0.01	-0.03	-0.07	0.04
X3	0.05	-0.01	-0.01	0.01	0.01	-0.01	0.01	-0.01	0.01	0.02	-0.01	-0.02	0.02	0.01
X4	-0.03	-0.05	0.42	0.01	-0.13	-0.02	0.01	0.07	-0.04	-0.02	0.02	0.01	0.03	-0.03
X5	-0.06	-0.02	-0.22	-0.16	1.00	-0.01	-0.05	-0.04	-0.02	-0.01	-0.06	0.07	0.05	0.07
X6	-0.01	-0.04	-0.07	0.88	-0.17	-0.33	0.04	0.04	-0.04	0.05	-0.09	0.04	0.03	0.06
X7	0.04	0.07	0.09	0.37	0.05	0.25	-0.01	-0.04	-0.14	-0.03	0.03	-0.04	-0.14	-0.05
X8	0.07	-0.03	0.05	0.00	-0.01	-0.01	0.01	1.04	-0.03	-0.12	0.08	-0.02	-0.05	0.00
X9	0.00	0.06	0.75	-0.11	0.07	0.01	-0.01	0.02	-0.14	0.03	-0.03	0.03	-0.06	0.05
X10	0.01	0.02	0.00	0.01	-0.05	-0.05	-0.01	-0.16	-0.08	1.05	0.03	-0.01	-0.01	0.01
X11	-0.03	-0.03	-0.07	-0.21	0.03	0.96	-0.03	-0.04	0.01	-0.11	-0.02	-0.04	-0.05	-0.02
X12	0.00	0.01	0.00	-0.01	0.04	0.00	0.01	0.00	-0.01	-0.01	0.00	0.00	0.00	0.00
X13	0.00	-0.01	0.00	0.02	0.00	-0.02	0.01	0.00	0.01	0.00	-0.01	0.00	-0.01	-0.01
X14	0.00	0.02	0.04	0.01	-0.01	-0.05	-0.04	-0.01	-0.03	-0.04	-0.05	1.02	-0.07	-0.03
X15	0.03	-0.03	0.01	-0.02	0.03	-0.05	-0.03	0.01	-0.08	-0.01	-0.05	-0.09	1.03	-0.03
X16	0.02	-0.01	0.00	-0.01	0.01	0.00	0.00	0.01	0.02	-0.01	0.01	0.00	0.01	0.01
X17	-0.02	0.00	-0.06	-0.09	0.01	0.06	-0.01	0.07	-0.03	0.05	1.03	-0.06	-0.07	0.02
X18	0.00	-0.01	0.00	-0.07	-0.06	-0.05	0.00	-0.02	1.07	-0.06	-0.02	-0.02	-0.09	-0.03
X19	0.00	0.00	0.00	0.00	0.00	0.00	0.00	0.00	0.00	0.00	0.00	0.00	0.01	0.00
X20	0.07	0.03	0.00	0.01	-0.01	-0.01	0.00	0.02	0.00	0.00	-0.01	0.00	0.00	0.00

续表

	F1	F2	F3	F4	F5	F6	F7	F8	F9	F10	F11	F12	F13	F14
X21	0.04	-0.08	-0.04	0.03	-0.02	-0.01	-0.03	-0.04	0.05	0.03	-0.04	0.01	-0.06	-0.01
X22	-0.12	-0.10	0.02	-0.01	0.00	0.01	0.00	0.00	0.02	-0.02	0.00	0.01	-0.02	0.01
X23	0.21	0.05	0.01	-0.03	0.00	0.00	0.04	0.10	0.00	-0.03	0.04	-0.03	0.04	0.04
X24	0.07	0.07	0.00	0.00	0.00	0.00	0.01	0.02	-0.02	-0.01	-0.01	0.00	0.01	0.00
X25	0.02	0.00	0.01	0.00	-0.01	0.00	0.00	0.00	0.00	0.00	0.00	0.00	-0.01	0.00
X26	0.02	0.00	0.00	0.01	-0.01	0.00	-0.01	0.00	0.01	0.00	0.00	0.00	-0.02	0.00
X27	0.03	0.04	0.01	-0.01	0.01	-0.01	0.01	0.00	0.00	0.00	0.00	-0.01	0.01	0.01
X28	0.02	-0.02	0.00	0.00	-0.01	0.00	0.00	0.00	0.02	0.00	0.00	0.00	0.01	0.00
X29	0.02	-0.02	-0.02	0.00	0.00	0.00	0.00	0.00	-0.02	0.00	0.00	-0.01	0.01	0.01
X30	-0.11	-0.09	0.01	0.00	0.01	0.00	0.01	-0.02	0.01	-0.01	-0.01	0.01	0.00	0.01
X31	0.04	0.21	-0.01	0.00	-0.02	0.00	0.01	-0.02	-0.01	0.01	-0.02	0.01	0.00	0.00
X32	0.08	-0.14	-0.01	0.00	-0.01	-0.01	0.01	0.00	0.02	0.01	0.01	-0.01	-0.02	0.00
X33	0.08	0.06	0.00	0.00	0.01	0.00	0.00	0.02	-0.02	-0.01	0.00	-0.01	0.02	-0.01
X34	0.01	0.01	0.00	0.00	0.00	0.00	-0.01	0.00	0.00	-0.01	-0.01	0.01	0.01	0.01
X35	0.47	-0.24	-0.02	-0.04	0.06	0.02	0.05	-0.02	-0.02	0.06	0.02	0.00	-0.13	0.05
X36	0.12	0.08	-0.01	-0.01	0.02	0.00	0.02	0.00	-0.02	0.01	0.00	0.00	-0.01	0.00
X37	0.08	0.30	-0.01	-0.01	0.02	-0.01	0.02	-0.02	-0.02	0.01	0.02	0.00	-0.04	0.01
X38	-0.05	-0.03	0.01	-0.01	0.01	0.01	0.01	-0.01	0.01	0.01	0.01	-0.01	0.01	0.01
X39	-0.03	0.01	0.01	0.01	0.01	-0.01	0.01	-0.01	0.01	0.01	-0.01	0.01	0.01	0.01
X40	0.14	0.39	0.01	-0.01	0.03	0.01	0.04	0.03	-0.04	-0.01	0.02	0.01	-0.02	0.01

水平基本指标为21个，即：X20－X40，这些主成分基本涵盖了战略目标、经营目标、财务报告目标、资产安全目标以及合规目标五个方面的内容。

第四节　我国上市公司内部控制有效性综合评价结果及其分析

一、我国上市公司内部控制有效性综合评价模型的构建

根据表4－4中各主成分因子的贡献率和累积贡献率，以及由表4－6主成分得分系数矩阵所求得的14个主成分，可以得到上市公司的内部控制有效性综合评价得分模型：

$IC-Score = 0.093 \times F1 + 0.060 \times F2 + 0.079 \times F3 + 0.092 \times F4 + 0.072 \times F5 + 0.083 \times F6 + 0.076 \times F7 + 0.068 \times F8 + 0.072 \times F9 + 0.074 \times F10 + 0.051 \times F11 + 0.043 \times F12 + 0.076 \times F13 + 0.061 \times F14$

在此模型中，根据内部控制有效性主成分线性表达式，F1，F4在内部控制有效性指数中所占比重较大，由此结果可以看出，在我国上市公司内部控制上，公司的目标保证水平和高管层对公司内部控制的管理是衡量企业内部控制水平的最重要因素，但各主成分所占的比重相差并不悬殊。

将上市公司样本的标准化后的基本指标数据代入各主成分线性表达式得到各主成分的数据，再根据综合评价指数表达式得到企业内部控制水平的综合评价指数，将其按从高到低进行排序，显然指数越高代表企业的内部控制水平越高，相反，越低则企业的内部控制水平越低。由于篇幅所限，2012年的有效性指数求解过程分别见附录一。

二、2011～2012年我国上市公司内部控制总体状况分析

（一）总体样本描述性统计分析

2011～2012年我国上市公司内部控制总体状况如表4－7所示，总体

内部控制有效性均值接近于 0，以中位数为界限，将样本总体按照内部控制水平高于中位数的公司分为高效组样本，低于中位数的公司为低效组样本，结果发现，高效组占总体样本比例＞50%，高于低效组所占的比例。这些统计结果说明我国上市公司总体上内部控制水平不高，还有待于进一步完善。

表 4-7　　　　　　　　　按内部控制有效性高低分组分析

	样本数	所占比例	均值	中位数	标准差	极小值	极大值	T 值	Z 值
低效组	683	46%	-0.23	-0.16	0.18	-1.18	0.01		
高效组	815	54%	0.23	0.20	0.20	-0.04	0.95	62.30 ***	-43.60 ***
总体	1498	100.0%	0.00	-0.01	0.30	-1.18	0.95		

（二）各省份内部控制有效性水平比较

深圳市迪博企业风险管理技术有限公司分别对 2008、2009、2010 年上市公司内部控制质量进行研究。该公司将内部环境、风险评估、控制活动、信息与沟通和内部监督五个要素作为一级指标，并设计了 26 个相应的二级指标和 63 个三级指标，得出上市公司内部控制质量指数，并采用排序分析、均值比较、回归分析、相关性分析等方法对上市公司的内部控制进行研究，通过按省份数据排序发现沪市北京地区的上市公司整体内部控制水平高于沪市其他省份的整体水平。

我国 31 个省、直辖市和自治区（未包括中国香港、中国澳门和中国台湾）的经济环境存在较大差异，上市公司在各地的分布不均衡，我们通过各省份经济发展水平比较，将上市公司分为东部沿海地区、中部地区及西部地区三个样本组，然后，对样本组均值单因素方差分析（one-way ANOVA），中位数非参数卡方检验（Chi-square test），F 值和卡方检验（Chi-square test）都通过显著性水平检验，反映出内部控制水平在各省份之间存在显著差异。通过均值和中位数的比较（见表 4-8），东部沿海区的上市公司内部控制有效性均值为 0.05，中位数 0.04，在三组中都是最高，西部地区的上市公司内部控制有效性均值为 -0.78，中位数为 -0.09，在三组中最低，说明内部控制水平较高的上市公司大多数集中在我国东部地区和沿海等经济发达的省份，而内部控制水平较低的上市公司大多集中在我国西部欠发达地区。

表 4 - 8　　　　　　　　上市公司按经济发达程度分组分析

	样本数	均值	标准差	中位数	极小值	极大值	F 值检验
东部沿海地区	758	0.05	0.29	0.04	- 1.18	0.95	
中部地区	622	- 0.04	0.29	- 0.05	- 1.16	0.83	30.20 ***
西部地区	118	- 0.78	0.30	- 0.09	- 0.75	0.73	

（三）我国各行业内部控制整体状况

深圳市迪博企业风险管理技术有限公司研究发现沪市金融保险业、交通运输仓储业和建筑业整体内部控制水平处于行业前三位。本书按照中国证监会（CSRC）（2001 版）《上市公司行业分类指引》，我国上市公司分为 13 个行业，因为金融行业的特殊性，本书剔除了金融行业的上市公司，因此本章对 12 个行业的上市公司内部控制有效性水平进行单因素方差分析，分析结果显示上市公司内部控制水平在不同行业表现出了较大差异。如表 4 - 9 所示，F 值为 20.68，说明不同行业上市公司内部控制水平存在显著性差异，其中，内部控制有效性水平排名前三位的为交通运输、仓储业、社会服务业及房地产业，内部控制有效性水平排名后三位的为食品加工业及建筑业。

表 4 - 9　　上市公司内部控制有效性水平单因素方差分析及行业排序

行业	样本数	均值	标准差	中位数	极小值	极大值	F 值
制造业	836	- 0.07	0.25	- 0.07	- 0.95	0.68	
采掘业	23	- 0.02	0.26	0.02	- 0.85	0.48	
建筑业	39	- 0.01	0.33	- 0.05	- 0.80	0.65	
批发和零售贸易	116	0.02	0.29	0.00	- 0.65	0.76	
传播与文化产业	10	0.03	0.50	0.15	- 1.05	0.82	
综合类	88	0.05	0.35	0.09	- 1.15	0.85	20.68 ***
信息技术业	106	0.05	0.32	0.10	- 0.92	0.95	
农、林、牧、渔业	41	0.08	0.25	0.09	- 0.55	0.66	
电力、煤气等的生产和供应业	66	0.10	0.29	0.12	- 0.65	0.72	

续表

行业	样本数	均值	标准差	中位数	极小值	极大值	F 值
房地产业	68	0.15	0.26	0.15	−0.48	0.65	
社会服务业	35	0.16	0.32	0.22	−1.20	0.80	20.68***
交通运输、仓储业	70	0.22	0.30	0.25	−0.72	0.76	
总计	1498	0.00	0.29	−0.01	−1.20	0.95	

（四）按公司基本特征将样本数据分类分析

1. 公司规模（size）与内部控制分析

道尔等（2007），阿斯保－莎佛等（2007）等的研究结论认为，披露内部控制缺陷的公司相对没有披露内部控制缺陷的公司，其规模相对较小。方红星、孙蒿等（2009）研究认为与规模小的公司相比，规模大的公司更倾向于自愿披露内部控制报告。与规模小的公司相比，规模大的公司有充裕的资源设置内部控制组织机构，配置相互牵制、制约的岗位和人员，并配备高素质的人员对内部控制的运行状况监督，从而公司内部控制有效性较高。从表4－10的结果可以看出，规模大的公司内部控制有效性平均为0.07，中位数为0.06，而规模小的公司内部控制有效性平均为−0.07，中位数为−0.06，T 值为12.45，Z 值为−11.16，显著性水平都为1%，即规模大的上市公司内部控制有效性要显著高于规模小的公司。

表4－10　　　　　按上市公司规模（size）分组分析

规模	样本数	均值	标准差	中位数	极小值	极大值	T 值	Z 值
大	749	0.07	0.28	0.06	−0.93	0.95	12.45***	−11.16***
小	749	−0.07	0.27	−0.06	−1.22	0.78		

2. 成长性（grow）与内部控制分析

道尔等（2007）的研究结论认为，披露内部控制缺陷的公司相对没有披露内部控制缺陷的公司，增长的速度更快。阿斯保－莎佛等（2007）也得出相同的结论。林斌等（2009）实证检验发现快速成长的上市公司更愿意披露内部控制鉴证报告。因此，本书将成长性较高的公司与成长性低的公司分组比较内部控制均值，结果如表4－11所示，有749家上市公司成长性较高，T值和Z值都表明，成长性较高的公司内部控制有效性要显著高于成长性低的公司。

表4－11　　　　按上市公司成长性（grow）分组分析

成长性	样本数	均值	标准差	中位数	极小值	极大值	T 值	Z 值
高	749	0.03	0.29	0.02	－1.22	0.78	5.45 ***	－5.40 ***
低	749	－0.03	0.28	－0.04	－1.10	0.95		

3. 交叉上市（cross-list）与内部控制分析

从委托—代理理论的角度看，海外交叉上市的公司代理成本高于非海外交叉上市的公司。目前在境外交叉上市的中国公司，其境外上市地的监管一般更加严格，且对公司内部控制信息要求强制披露。为了降低代理成本，海外上市的公司更需提高内部控制质量。张宗新（2003），方红星、孙翯等（2009）研究认为海外交叉上市的公司更倾向于实施自愿性信息披露。此处交叉上市是指公司除在境内上市之外，还在境外上市（如中国香港、美国，未包括B股）。交叉上市的公司既要遵守我国企业内部控制规范，也要遵守上市地相关内部控制法律法规，因此，相对于仅在境内上市，交叉上市公司的内部控制水平会存在差异。我们经过分组比较均值研究发现：交叉上市的上市公司内部控制水平要显著高于其他上市公司（见表4－12）。

表4－12　　　按上市公司是否交叉上市（cross-list）分组分析

交叉上市	样本数	均值	标准差	极小值	极大值	T 值	Z 值
是	122	0.03	0.29	0.04	－0.90	1.89 *	－2.08 **
否	1376	－0.01	0.28	－0.01	－1.18		

4. 内部审计部门设置（depart）与内部控制分析

内部审计机构主要职责是对公司或子公司进行财务活动进行审计、内部控制监督及风险评价等。英国凯德伯里（1992）强调内部审计在公司治理和内部控制中的作用。中国证监会（2002）要求上市公司设立内部审计部门；程新生，孙利军（2007）研究认为我国上市公司内部审计制度的建立和实施能够改善公司财务控制（内部控制的一个子系统）。因此，我们对设立了内部审计部门和未设立内部审计部门的公司进行内部控制有效性均值、中位数比较。统计结果如表4－13所示，有786家上市公司设置了内部审计部门，这些公司内部控制有效性水平均值为0.06，而未设置内部审计部门的公司内部控制有效性水平均值为－0.06，T值和Z值都在1%的显著水平，因此，设置内部审计部门的公司内部控制水平显著高于未设置内部审计部门的公司，说明内部审计部门的设置有利于提高公司内部控制效率。

表4－13　按上市公司是否设置内部审计部门（depart）分组分析

内审部门	样本数	均值	标准差	中位数	极小值	极大值	T 值	Z 值
未设置	712	－0.06	0.29	－0.07	－1.20	0.76	9.85 ***	－9.52 ***
设置	786	0.06	0.27	0.06	－0.90	0.95		

（五）回归分析

为了进一步考察分组变量与内部控制有效性的关系，我们对其进行多元线性回归分析，结果如表4－14所示，内部控制有效性与大规模、东部地区、高成长性、交叉上市及内部审计部门的设置显著正相关，与前文分组比较结果一致，说明具备这些特征的公司内部控制有效性较高。

表4－14　上市公司内部控制有效性与分类变量关系的回归分析

		IC-score	
	预测符号	（1）	（2）
c	?	－0.30 *** （－22.56）	－0.10 *** （－8.46）
size	+	0.06 *** （7.75）	

续表

		IC-score	
	预测符号	（1）	（2）
east	+	0.05*** (3.48)	
grow	+	0.03** (2.56)	
cross – list	+		0.04** (2.15)
depart	+	0.05*** (3.72)	
样本数		1498	1498
调整的 R 方		0.65	0.04
F 检验值		713.86	46.18

第五节 内部控制有效性综合评价指数的实证检验

为了验证计算出来的内部控制有效性综合评价指数的准确性，根据已有的研究成果，如杨有红（2009）选择发生了会计差错更正、违法违规、审计师出具的非标准意见报告来代替内部控制三个目标：财务报告目标、资产安全目标、合法合规目标，并以此作为内部控制有效性的衡量指标。由于《基本规范》提出上市公司可聘请外部审计师对本公司内部控制质量出具鉴证报告，本书按照将样本分为四组：组1，ST公司与非ST公司组；组2，违规公司与未违规公司组；组3，非标准审计意见与标准审计意见公司组；组4，出具内部控制鉴证报告与未出具内部控制鉴证报告的公司。然后，对各组内部控制有效性均值和中位数采用T值检验和Z值检验。以考察各组上市公司内部控制有效性是否存在显著差异。

是否为ST上市公司样本组，内部控制有效性T值和Z值检验结果如表4-15所示，因连续两年亏损被ST的上市公司其内部控制有效性评价指数要显著低于经营正常的上市公司。

表 4 – 15　　　ST 公司与非 ST 公司内部控制综合指数差异检验

	样本量	均值	标准差	中位数	极小值	极大值	T 值	Z 值
ST 公司	440	– 0.05	0.30	– 0.06	– 1.20	0.78	– 5.65 ***	– 4.96 ***
非 ST 公司	1058	0.03	0.26	0.01	– 1.05	0.95		

是否发生违规的上市公司样本组，内部控制有效性 T 值和 Z 值检验结果如表 4 – 16 所示，因违法违规而被证监会等监管部门处罚的上市公司内部控制有效性评价指数低于没有受到处罚的上市公司。

表 4 – 16　　违规与未违规公司内部控制综合指数差异检验

	样本量	均值	标准差	中位数	极小值	极大值	T 值	Z 值
违规	31	– 0.12	0.30	– 0.06	– 1.20	0.45	– 2.65 ***	– 2.06 **
未违规	1467	0.00	0.28	– 0.01	– 1.15	0.95		

是否出具非标准审计意见的上市公司样本组，内部控制有效性 T 值和 WilcoXon 秩和检验结果如表 4 – 17 所示，被外部审计师出具非标准意见的上市公司其内部控制有效性评价指数要显著低于出具标准意见的上市公司。

表 4 – 17　　　审计师出具标准意见与非标准意见公司
内部控制综合指数差异检验

	样本量	均值	标准差	中位数	极小值	极大值	T 值	Z 值
标准意见	1421	0.01	0.28	0.00	– 1.20	0.95	8.38 ***	– 6.65 **
非标准意见	77	– 0.20	0.35	– 0.16	– 1.15	0.56		

外部审计师对公司内部控制的鉴证报告代表了独立第三方对公司内部控制有效性的公允意见，在一定程度上反映了公司内部控制的有效性。林斌，饶静（2009）基于信号传递理论，验证了为了向市场传递真实价值的信号，内部控制质量越好的公司越愿意披露内部控制鉴证报告。张军，王军只（2009）通过实证研究发现上市公司内部控制审核有助于提高会计盈余质量，进而有助于提高财务报告的可靠性。杨德明，王春丽等（2009）

通过实证研究发现在年报中披露了审计鉴证意见的公司，更容易收到清洁的审计意见，并认为披露审计鉴证意见可以作为内部控制质量的替代变量。因此，我们预期外部审计师出具鉴证报告的上市公司应该具有较高的内部控制有效性。T值和 WilcoXon 秩和检验结果如表4-18所示，经外部审计师出具鉴证报告的上市公司其内部控制有效性评价指数要显著高于未出具鉴证报告的上市公司。

表4-18 　　　　　审计师是否出具内部控制鉴证报告
对公司内部控制综合指数检验

	样本量	均值	标准差	中位数	极小值	极大值	T 值	Z 值
出具鉴证报告	31	0.18	0.25	0.15	-0.72	0.96	12.48 ***	-12.36 ***
未出具鉴证报告	1467	-0.03	0.28	-0.05	-1.20	0.80		

第六节　稳健性检验

由于上述实证检验是分别从财务报告质量、经营状况、合规情况及外部独立审计师评价等指标来检验内部控制有效性指数的有效性。单方面地从某一个指标检验内部控制有效性评价指数的有效性，可能并不能全面、综合地检验该指数的可靠性。因此，我们从内部控制披露的内容来检验该指标的有效性。杨有红（2009）通过对沪市862家上市公司2007年年报中内部控制信息披露状况的统计分析，发现披露自我评估报告的公司其内部控制有效性更强。林斌和饶静（2009）通过对2007年沪、深两市1097家A股上市公司内部控制披露情况的实证研究，结果也表明内部控制质量越好的公司越有动力对外披露内部控制鉴证报告。杨有红（2009）根据我国上市公司对内部控制信息披露的方式及详细程度将其分为五个层次，即"内部控制审核报告"、"自我评估报告"、"详细说明"、"一般陈述"、"简单披露"这说明可以根据内部控制信息披露的水平来间接地判断。因此，本书以此作为企业内部控制真实水平来对样本进行检验。表4-19显示了内部控制有效性评价指数与内部控制披露指数的相关性检验结果，Pearson 相关系数和 Spearman 相关系数表明两者显著相关。

表 4 – 19 　　　　内部控制有效性评价指数与内部控制
披露指数的相关性检验

样本量	Pearson 相关系数	Spearman 相关系数
1498	0.52^{**} (0.00)	0.56^{**} (0.00)

以上的相关分析和方差分析，表明公司的内部控制信息披露指数与我们构建的内部控制有效性指数显著正相关。已有的研究认为公司盈利能力、公司规模及成长性是影响内部控制信息自愿性的披露（Smith；乔旭东，2007；方红星，2009；曹建新，2010），因此，我们通过建立有序多分类回归模型，来考察在控制了以上各类因素后，评价得分对于公司内部控制披露水平以及内部控制真实有效性的预测和判别能力，模型如下：

$$ICPL = a_0 + a_1 \text{IC-score} + a_2 Isst + a_3 Lnsize + a_4 Growth + a_5 Profit + \varepsilon \quad (1)$$

以上变量分别代表：

ICPL：有序多分类变量，代表公司内部控制信息披露水平。根据上市公司年报中披露情况来界定内部控制披露指数，我们将既披露内部控制自我评估报告又披露内部控制鉴证报告的上市公司赋值 5，对只披露内部控制自我评估报告或鉴证报告的公司赋值 4，对详细披露内部控制内容的公司赋值 3，对内部控制只作一般性陈述的赋值为 2，对只简单的一两句话概括的公司赋值为 1[①]。

IC-score：根据本评价体系计算出的公司内部控制有效性评价得分；

Isst：公司当年否被 ST；

Lnsize：总资产的自然对数；

Growth：公司的营业收入增长率；

Profit：公司营业利润率。

表 4 – 20 中的模型拟合信息给出了最终模型和模型中只包含截距项（其他参数系数全为 0）时似然比检验，卡方检验的显著性水平 P < 0.01，

---

① 详细披露是指详细披露了内部控制的各项制度、风险评估、控制活动、信息与沟通和内部监督的相关内容；简单披露是指只是简单的一两句话没有实质性内容，如本公司建立健全了内部控制制度；一般陈述是指介于详细披露和简单披露之间。

说明该模型显著成立。

表 4 – 20 模型拟合信息

模型	2 倍对数似然值	卡方	df	P 值
仅截距	6985.66			
最终	6092.05	895.638	1	0.00

表 4 – 21 是对模型进行有序 Logistic 回归后的主要结果，从表 4 – 21 中各变量的系数估计值来看，IC-score 的系数估计值为 12.18，而且高度显著（Wald 检验的显著性水平 P < 0.01），这说明内部控制有效性评价指数是可靠的，在 ICPL 与其余变量关系中，Lnsize 的系数估计值为 0.18，且在 1% 显著水平上与内部控制披露指数正相关，表明上市公司规模越大，资源越充裕，其信息披露水平较高；Growth 的为 – 0.001，Isst 的系数估计值为 – 0.4，且在 1% 显著水平上与内部控制披露指数负相关，表明经营状况较差的公司披露水平越低。

表 4 – 21 参数估计值

		估计	标准误	Wald	df	P 值
阈值	[ICPL = 1]	– 4.05	0.95	18.65	1.00	0.00
	[ICPL = 2]	– 0.56	0.76	0.52	1.00	0.47
	[ICPL = 3]	1.82	0.76	6.06	1.00	0.01
	[ICPL = 4]	3.80	0.76	26.22	1.00	0.00
	[ICPL = 5]	6.05	0.76	64.86	1.00	0.00
位置	IC-Score	12.18	1.22	99.16	1.00	0.00
	Isst	– 0.40	0.09	23.18	1.00	0.00
	Lnsize	0.18	0.03	26.65	1.00	0.00
	Growth	0.00	0.00	1.96	1.00	0.16
	Profit	0.01	0.02	0.42	1.00	0.52

由上述分析结果可知，内部控制披露指数与我们构建的有效性披露指数具有较强的相关性，进一步验证了内部控制有效性评价指数。然而，由

于本书在选取指标时，部分指标来自于年报中披露的内部控制建立健全、内部控制自我评估报告等信息内容，内部控制披露的详细程度与内部控制有效性指数可能存在一定的相关性，因此，为了进一步验证内部控制披露指数的有效性，我们运用均值 T 值和中位数 Z 值检验方法，将样本分为 4 组分别对该披露指数的有效性作了验证，检验结果如表 4 - 22 所示。组 1、组 2、组 3 和组 4 的 T 值和 Z 值都通过了显著性检验，表明内部控制披露指数能够有效检验我们构建的指数。

表 4 - 22   ST 公司与非 ST 公司内部控制披露指数差异检验

		样本量	均值	标准差	中位数	T 值	Z 值
组 1	ST 公司	440	3.15	1.18	3.00	- 8.02 ***	- 7.75 ***
	非 ST 公司	1058	3.50	0.95	4.00		
组 2	违规	31	2.88	1.08	3.00	- 3.63 ***	- 3.26 **
	未违规	1467	3.42	1.02	3.00		
组 3	出具标准意见	1421	3.42	1.03	3.00	4.72 ***	- 4.62 ***
	出具非标准意见	77	2.23	0.87	204.05		
组 4	出具鉴证报告	31	4.96	0.25	5.00	40.10 ***	- 30.92 ***
	未出具鉴证报告	1467	3.15	0.86	3.00		

第七节 小   结

鉴于内部控制在企业管理中占据越来越重要的地位，国内外对内部控制质量如何评价是目前研究的热点问题，为此，国内外出台了许多相关规范，我国虽然有《基本规范》、《配套指引》等相关规范，但大都是原则性的指导意见，并没有具体的内部控制评价规范。国内学者们从不同的角度对内部控制评价体系进行了探讨，但在设计内部控制指标时有的研究仅考虑了内部控制要素内容设计的合理性和完整性，有的研究仅考虑了内部控制目标保证水平，对内部控制评价指标的设计并不全面。在构建内部控制评价指标体系时，对各项指标的评分标准、权重赋值大都采用了主观分析方法，包含了很多主观判断因素。为了构建一个可靠的上市公司内部控制有效性综合评价体系，首先，针对现有研究的局限性，在评价指标上，我们综合考虑了内部控制要素内容和目标保证水平两方面的因素，对内部控制评价指标进行了全面的设计；在评价方法上，为了避免过多地人为主观因素的影响，我们采用了主成分分析法。在该指数求解过程中，选用最大方差法提取主成分，根据方差贡献率给主成分赋权重，并结合主成分载荷矩阵和主成分得分系数矩阵得出内部控制有效性综合评价指数。然后，对上市公司内部控制有效性综合评价指数结果进行评价及分析。各省份排序分析结果表明，在东部沿海地区公司内部控制有效性较高，在西部落后地区则较低；行业（去除金融行业）排序分析结果表明，不同行业上市公司内部控制水平存在显著性差异，其中，内部控制有效性水平排名前四位的为交通运输、仓储业、社会服务业及房地产业，内部控制有效性水平排名后三位的为食品加工业及建筑业。分类数据检验表明，设立了内部审计部门、规模较大、成长性高、交叉上市、披露了社会责任报告的公司内部控制有效性较高。最后，为了测试内部控制有效性评价指标体系的可靠性，我们对内部控制评价总指数与相关变量进行均值 T 检验和中位数的 Z 值检验以及进行变量的相关性检验，结果表明，我们构建的内部控制有效性评价总指数是有效的。

第五章

终极控制人对上市公司内部控制
有效性影响的实证分析

第一节 引 言

内部控制是为了解决公司内部各层级的代理问题，实现投资者产权保值增值的一种管理活动。企业内部控制效率受到企业内部和外部各种复杂因素的影响，其中，公司治理水平是影响企业内部控制水平的重要因素之一（杨清香，2009），而股权结构作为公司治理的产权基础，决定公司所有权的配置效率，从而影响管理层的决策行为，因而也是内部控制的产权基础（吴益兵，2010）。在市场机制较为有效、成熟的市场经济中，特别是在股权较为分散的英国和美国，董事会制度是公认的重要的公司内部治理机制，也是内部控制的实施主体。美国许多案例表明内部控制失效的问题主要是因为股权高度分散，股东对管理层缺乏约束而造成管理层控制董事会，董事会未能监督和控制内部控制的有效性运行而造成的。20世纪90年代，大量研究发现股权集中是全球公司股权结构的主要形态，大股东与中小股东之间的代理问题比股东与经理人之间的代理问题更加突出和严重，成为目前大多数国家公司面临的第二类代理问题。我国上市公司股权相对集中，国有公司占较大比例，许多内部控制失效案例表明，内部控制弱化、失效的原因在于股东大会和董事会权力失衡造成的。正是由于两国股权结构不同，导致不同的委托—代理问题，从而影响公司内部控制的效率，因此，股权结构是内部控制有效性研究必须面临的现实问题。

我国上市公司普遍存在着控股股东，而且控股股东的持股比例越高，对上市公司控制力越强。大量的国内外相关研究表明，控股股东利用其对上市公司的控制权掏空上市公司，直接表现为控股股东决定上市公司的管理决策，使公司的经营管理决策有利于自身利益的发展，其中内部控制是上市公司管理决策中重要的环节，控股股东的侵占行为必然影响上市公司内部控制的执行效率，因此，从大股东角度来研究我国的内部控制显得尤为重要。国内对控股股东与内部控制效率之间的关系已有少量研究。近期相关研究文献表明，我国上市公司普遍存在终极控制人，终极控制人通过金字塔式的股权结构控制上市公司。刘芍佳等（2003）的研究结果表明，我国上市公司中75.6%由政府通过金字塔结构实施间接控制。终极控制权的存在，加之我国法制建设严重滞后，更加剧了终极控制人与中小股东之间的矛盾。终极控制股东往往采取不规范运作手段影响内部控制的执行效率或凌驾于公司内部控制之上，损害上市公司和中小投资者的利益，导致上市公司内部控制失效。

国内的学者结合我国的国情，主要从股权结构、董事会、经理层、监事会的角度来研究公司治理对内部控制的影响，这些研究取得了有意义的结论。在大股东方面主要从上市公司的直接控股股东角度来研究，并未追溯到终极控制人。与美国较为完善的投资者利益保护环境相比，我国投资者利益保护的法律、监管等外部环境较弱，企业内部控制作为一种保护中小投资者利益的替代机制，其有效性显得尤为重要。在终极控制人以金字塔持股结构方式实现对公司控制的情形下，考察控股股东对公司内部控制有效性的影响，应追踪到终极控制人研究，而不应停留在研究第一大股东上，否则可能得出偏误的结论。

由于终极控制人的所有权激励、终极控制人性质、政府控制层级及行权方式等这些特征是金字塔持股结构下终极控制人的主要特征（刘芍佳等，2003；叶勇等，2007；吴清华等，2008），终极控制人的这些特征影响管理层的经营管理决策，包括对内部控制的建立及执行决策，因此，我们将终极控制人的研究深入公司内部，研究终极控制人对内部控制有效性的影响，作为一个新的研究点以丰富有关股权结构与内部控制关系的研究。

第 二 节 文 献 回 顾 与 研 究 假 设

在金字塔控制结构下，终极控制人产权性质不同，目标利益不同，终极控制人对上市公司的治理特征不同，公司内部控制效率存在差异；终极控制人控制权、现金流量权不同，对上市公司的内部控制监督和控制的动机和能力存在差异，同样也会影响内部控制效率。终极控制人中间控制层的行权主体不同，其与上市公司发生的经济关系也不同，从而对公司内部控制监督和控制方式不同，也会影响内部控制有效性。

一、终极控制人所有权激励、代理冲突与内部控制有效性

从委托—代理的角度分析，内部控制是解决公司内部存在的各级代理问题，避免或降低代理人为了自身利益而发生侵害委托人利益风险，降低代理成本的一种制度安排；从契约的角度来分析，由于环境的不确定性和信息不对称，内部控制是对公司不完全契约的一种补充契约。作为公司契约中优势的一方，终极控制股东一旦掌握了公司的控制权，也就同时控制了公司的内部控制决策和执行过程。因此，所有权结构作为公司层面上最为重要的治理机制，会影响上市公司的内部控制质量。所有权结构对内部控制质量的影响取决于终极控制股东的"利益趋同效应"和"利益侵占效应"。

（一）现金流量权与内部控制有效性

现金流量权度量终极控制人持有上市公司的所有权，代表着其从公司获取收益与公司的利益一致程度，可以视为终极控制股东向外部投资者所作的放弃控制权私人收益的一种承诺（Gomes，2000），终极控股股东愿意树立不会侵占小股东利益的声望。此时，较高的现金流权使得终极股东有动机监督管理者采取正确的经营决策，现金流量权的提高会产生"利益趋同效应"，降低利益侵占效应，因此，终极控股股东的侵占效应会随着

现金流量权的上升而降低（Warfield et al.，1995）。沃菲尔德等（Warfield et al.，1995）研究认为控制性家族的侵占效应会随着现金流量权的上升而降低；而市场会通过对会计盈余的评价来评价控制权结构，所以现金流量权比例与会计盈余信息含量之间是正相关的（Fan 和 Wong，2002）。克莱森斯（2002）研究认为终极控制人的现金流权（所有权）具有激励效应。邵春燕（2010）实证分析了终极控制股东对企业盈余可靠性影响，研究结果表明，现金流权与盈余可靠性正相关，但未通过显著性水平检验；刘星，刘理等（2010）的研究表明控股股东的现金流权与企业资本配置效率正相关，与企业价值正相关。而谷祺，邓德强等（2006）检验家族上市公司现金流权与公司价值的关系，得出相反的结论，即我国家族上市公司价值与现金流权比例显著负相关。

终极现金流权越低，终极控制人从公司分享共有收益的比例就越低，或者说其承担公司损失的成本较低，此时终极控制人就越有动机通过其控制权获取私有收益。为了获取中小股东不能享有的私有收益，终极控制股东就会操纵管理层，使内部控制的职责分工、岗位分离及授权审批等监督与制衡机制失效，从而掠夺公司资产，侵占公司资源，使公司经营效率降低，难以实现公司的战略、经营目标及资产安全等目标。此时，公司内部控制有效性较低；随着现金流权的增大，终极控制股东直接从公司分享收益的比例随之提高，此时终极控制股东与中小股东利益趋向一致，终极控制股东有动机监督管理者采取正确的经营决策，建立科学合理的内部控制制度以维护公司利益的意愿增强，内部控制执行效率在终极控制股东的监督下得到有效执行的可能性增强，公司内部控制目标实现的可能性增大。据此，我们提出假设 1。

假设 1：终极控制人的现金流权与上市公司内部控制有效性具有正相关关系。

（二）两权分离度与内部控制有效性

由于公司现金流量权和控制权分离，大股东在同外部中小股东共享现金流收益的同时，通常会得到高于其所持股份比例的额外收益，这部分额外的收益即控制权私人收益（Demsetz，1985；Shieifer and Vishny，1997；Pagano and Roel，1998）。施莱费尔和维什尼（Shleifer and Vishny，1997）指出，现金流权和控制权的分离将会加速上市公司资源，对中小股东实施利益侵占。随着现金流权与控制权分离程度增加，控股股东剥削行为带来的利益相对于剥削的成本而言十分丰厚，因此，控股股东利用公司资源获得控制权私利的动机会随之增加（Lemmon and Lins，2003；Joh，2003；Baek、Kang and Park，2004）。

龚国金、宾·科、余勇（2010）研究了投资者保护环境、上市公司的高管层——控股股东所有权与现金流权的分离度与在美国交叉上市的公司（包括许多以色列、加拿大等国家）内部控制缺陷披露之间的关系，研究发现在保护环境弱的国家，在美国交叉上市的公司内部控制缺陷披露的可能性与两权分离正相关，而在投资者保护环境好的国家，这种关系并不明显。

两权分离导致了终极控制人与中小股东之间的代理冲突，加剧了终极控制人对中小投资者的侵占行为，在这种治理缺陷的环境下，终极控制人通过其控制的公司（上市公司的控股股东）拥有上市公司控制权，因而上市公司内部控制的最高监督层——股东大会由终极控制人控制，其他中小股东由于持股比例较小而产生"搭便车"的行为，其投票表决权往往由于力量薄弱而流于形式。由于其他利益集团无法对终极控制人产生制衡作用，内部控制最高监督层的制衡机制存在缺失，在此情形下，两权分离程度越高，终极控制人的侵占动机越强烈。控股股东侵占行为的典型特征是隐秘性，如非公允关联交易、违规担保等行为。为了侵占行为的隐秘性，避免外部股东的干预，控股股东往往会控制公司内部控制制度的制定和执行，避开内部控制或使内部控制政策有利于自身利益，出现高管违规、侵占公司资金、提供虚假信息等背离内部控制目标的行为，以更好地攫取控制权私利。相对于现金流权与控制权分离程度较低的公司而言，两权分离程度越大的公司，由于制衡机制的缺失，终极控制人很可能利用其控制权使内部控制偏离公司目标为其私利服务，内部控制很可能是失效的，据此，我们提出假设2。

假设2：两权分离程度越大，上市公司内部控制有效性越差。

（三）终极控制权与内部控制有效性

别布丘克、卡拉克曼等（Bebchuk and Kraakman et al.，2000）对金字塔结构的理论分析证明了在金字塔结构下最终控制性股东与小股东之间产生的代理冲突，相关的实证研究也检验了终极控制权与所有权存在分离情形下终极控制人转移企业资源、侵害小股东的利益，存在明显的最终控制性股东的代理成本，（Claessens et al.，2002；Lin，2003；Cronqvist and Nilsson，2003；苏启林、朱文，2003；谷祺等，2006）。

现有的研究也认为控股股东并不只限于侵占行为，在控股股东持股比例较高时还存在扶持行为。拉·波特、拉佩斯 - 德 - 西拉内斯（Lopez-De-Silanes et al.，2002）研究发现，在股权相对集中的公司，随着大股东持股比例的增加，控股股东与其他中小股东的利益趋于一致，代理成本降低，公司价值提高。李增泉等（2004）经实证检验后发现，控股股东持股比例与控股股东占用的上市公司资金之间存在先正向后反向的非线性关系。白重恩等（2005）实证检验后发现，第一大股东股比例与 TobinQ 值之间存在着 U 形关系。王力军（2006）研究表明，国有上市公司的第一大股东持股比例与公司价值之间存在 U 形关系；徐莉萍、辛宇等（2006）研究发现，股权集中度和经营绩效显著正相关。

马忠，陈彦（2008）通过构建理论模型分析了金字塔结构下最终控制性股东的盘踞效应与利益协同效应。发现最终控制权与所有权的分离度并非总是诱发最终控制性股东对小股东的利益侵害，而最终控制权在不同区间所体现的控制能力，以及最终控制性股东对控股成本与收益的权衡是影响与小股东之间代理关系的主要因素，金字塔结构下最终控制性股东在最终控制权相对较弱时，有动机提高企业价值并与其他大宗股东分享收益；当最终控制权较高形成绝对控股时，最终控制性股东作为企业最大的利益相关者与小股东之间产生利益趋同的联盟效应；而当终极控制权处于相对较强的区间时，最终控制权与所有权的分离度及出任公司高管强化了最终控制性股东谋求控制权私利的动机，形成与小股东之间代理冲突，并使最终控制性股东显现盘踞效应。

为投资者提供可靠的财务报告是内部控制的主要职能之一，盈余质量作为财务信息可靠性的衡量指标，是内部控制有效性的一个重要体现。有关股权结构与盈余质量关系的研究虽然成果丰硕，但结论却并不一致。主要结论有负相关关系（如罗正英、吴昊，2007；陈关亭，2007）；非线性关系（如邵春燕，2010）；正相关（如杜兴强、温日光，2007；喻凯、徐琴，2010）。

近几年，少量的实证研究以公司内部控制质量为研究对象，研究了股权集中度与内部控制质量的关系，普遍认为内部控制质量与股权集中度具有负相关关系。钟玮，杨天化（2010）通过实证分析检验了我国银行业资本结构、内部控制及公司绩效之间的关系，结果表明我国银行类上市公司内部控制水平和股权集中度在 5% 水平上呈现显著负相关关系。吴益兵，廖义刚，林波（2009）实证分析了股权结构对内部控制质量的影响，选取了 2007 年 A 股上市公司为样本，检验结果表明，企业股权过于集中将弱化企业内部控制质量。

我们认为，终极控制权在不同区间，两权分离程度存在差异，其控制能力和控股动机存在差异，当控制权较弱，以及控制权达到绝对控制时，两权分离程度不大，而当控制权介于两者之间时，两权分离程度较大。当最终控制权与所有权分离度较低，而最终控制权很高（con > 50%）时，由于侵占的成本较高，终极控制人与中小股东的利益趋于一致，则会出现最终控制性股东的"利益趋同效应"，终极控制人对上市公司存在扶持行为，此时，终极控制人对公司内部控制的治理需求较高，并且由于其对底层上市公司的控制能力较强，再加上当终极控制人对上市公司形成绝对控制时，董事会多数成员以及总经理大多是终极控制人选派，董事会和总经理作为内部控制的实施主体很容易与终极控制人的利益一致，终极控制人有动机也有较强的能力影响公司内部控制决策，并监督公司内部控制的有效运行，以提高公司经营效率，达到公司内部控制的目标；如果最终控制权与所有权分离度较大，而最终控制权较大（30% < con ≤ 50%）时，由于对底层上市公司实施侵占行为所获取的收益远大于其应当承担的侵占成本，很可能会出现最终控制性股东的"利益侵占效应"（盘踞效应），终极控制人很可能存在掠夺公司利益的行为。此时，终极控制人对公司内部控制的治理需求较低，而且往往凭借其强大的控制权影响公司内部控制建立、执行、监督及评价等决策，如影响关联交易内部控制的设计和执行，与上市公司发生非公允的关联交易，影响货币资金内部控制以长期非法侵占公司资金等，因此，终极控制人对内部控制关键风险控制点的设计所存在漏洞的监督动机较弱，甚至会为了掩盖其掠夺行为而制造虚假财务信息，影响内部控制财务报告目标的实现；而无论最终控制权与所有权分离度的高低，如控制链条中间层或底层的控制权很低，均导致最终控制权很低，则"利益侵占效应"（盘踞效应）与"利益趋同效应"（联盟效应）均不会出现。因为终极控制权相对较弱时，其对底层上市公司控制能力较弱，对上市公司内部控制的决策和监督影响有限。据此，我们提出以下假设。

假设 3 - 1：在终极控制人低度控股时，终极控制权与上市公司内部控制有效性关系不显著。

假设 3 - 2：在终极控制人相对控股时，终极控制权与上市公司内部控制有效性负相关。

假设 3 - 3：在终极控制人绝对控股时，终极控制权与上市公司内部控制有效性正相关。

二、两权分离、终极控制人性质与内部控制有效性

巴尔利（Barelay，1989）研究认为家族在选择经理人和董事中的角色能够阻止第三方控制公司，相对于非家族企业，有着更高的管理者壕沟效应和较低的公司价值。王烨（2009）选取 2002 ~ 2003 年我国 A 股上市公司为样本，从上市公司至其最终控制人之间股权控制链的视角，对上市公司控制权结构与控制性股东侵占行为之间的关系进行实证分析。结果表明，相对于国有控股股东，非国有最终控制人有更强的激励通过建立较长的控制链，达到占用上市公司资金的目的。吴益兵，廖义刚，林波（2009）实证分析后认为相对于民营上市公司，国有控股的企业内部控制质量更高。何浚（1998）、陈湘永（2000）等学者通过实证研究发现，国有股比例越高，公司的内部人控制程度就越大。

国有控制公司和非国有控制公司两权分离形成制度背景是不同的，国有控制公司两权分离的形成主要是为了政府决策权下放，而非国有控制公司则主要是为了解决内部融资不足等问题。两权分离的目标不同造成终极控制人侵占动机不同，从而影响内部控制决策及其运行效率。

与国有公司相比，民营企业的终极控制人相对缺少外部资本市场融资的机会，由于金字塔控制结构可以在企业集团内部形成资本市场，为民营企业控制人构建金字塔控制结构提供了诱因与动力（Fan et al.，2005）。但是当终极控制人现金流权与控制权发生分离时，偏离了"一股一票"的原则，这使终极控制人对上市公司的控制产生"杠杆效应"，需要付出较小代价就可以控制上市公司，由于获取私有收益大于其承担侵占成本，强化了终极控制人对中小股东的侵害激励，很可能产生"利益侵占效应"，加上金字塔控制方式使终极控制人的侵害行为具有隐蔽性，在外部监督机制不发达的情况下其侵占行为的后果更严重，因此在两权发生分离时，非国有终极控制人构建金字塔持股结构从表象上看，是为了节约交易成本，谋求多元化发展而实施的战略布局，实质是以产业整合为掩护，以实现掏空上市公司，获取超额利润为目的。在这种强烈侵占动机下，非国有终极控制人对内部控制的需求

较低，很可能影响内部控制的相关决策，使内部控制制度的设计有效性和执行效率降低，并很可能使内部控制偏离企业目标，造成企业资产缺乏安全性、财务信息不可靠及经营效率低下等上市公司内部控制失效现象，最常见的行为是影响关联交易内部控制的授权审批、职责分工等制度设立和运行以达到与上市公司非公允关联交易，侵占公司资源，获取控制权私有收益的目的。为了掩盖其行为，非国有终极控制人往往凭借其超额控制权影响内部会计控制的有效执行，向外部投资者提供虚假财务报告，因此，在两权分离的上市公司中，非国有终极控制人控制的上市公司内部控制很可能失效。

在国有终极控制人控制的上市公司，国有企业改革使我国上市公司的权力配置从集权逐步走向分权，通过构建终极控制人国家与上市公司之间的隔离带—管理机构或经营实体的分层方式既可以解决权力过于集中的问题，减少了政府对国有企业的过渡干预，又能保持所有权，实现了"政企分开"，并最终导致了政府终极控制人金字塔控制结构的产生。政府干预的减少使上市公司的内部控制目标与企业利益最大化目标保持一致，相对于"完全自利"的非国有终极控制人，国家控制人侵占动机要比非国有控制人的侵占动机弱，因此，在两权发生分离的公司，与非国有终极控制人相比，国有终极控制人对内部控制的治理需求较大，对上市公司的监督动机和控制能力较强，有利于促进公司内部控制目标的合理实现；另外，国有控制公司资源较为丰富，所从事的行业大多涉及国家经济命脉，出于对国有资产保值增值的需要，国有终极控制人对上市公司内部控制的治理需求较大，通过对内部控制的有效监督和控制，提高内部控制对资产安全、经营效率等目标保证水平，增强上市公司内部控制有效性，因此，在两权发生分离的上市公司，与非国有终极控制人相比，国有控制公司内部控制有效性较高。据此，我们提出假设4。

假设4：在两权分离的公司中，国有控制公司内部控制有效性要好于非国有控制公司。

三、终极控制人实际控制权与内部控制有效性

因为董事会是公司日常事务的最终决策者，在公司运营中居于举足轻重的地位。当控股股东持有的股份较少，但占董事会席位比例较大时，它可能会为一己私利而做出只对自己有利的决策。因此从董事会的组成中可

以看出大股东是否进行了超额控制（Thonmsen，2000）。叶和李（Yeh and Lee，2003）认为除了现金权、控制权和现金权分离指标以外，董事会中控股股东所占的席位也是控股股东实际控制权的反映。孙健（2008）在分析终极控制人时认为，董事会结构是终极控制人保证其对上市公司控制的最主要手段，并将董事会结构变量称为终极控制人的行为能力变量。

为了解决股东和经理之间的代理问题，在公司内部，股东向董事会充分授权，董事会代表股东利益行使监督和控制管理者的行为。由于信息不对称和机会主义的存在，公司作为一个组织存在各层级的代理问题，内部控制是董事会是为了解除受托责任，解决董事会与经理层之间及公司内部各层级的代理问题的有效机制。董事会的专业性和独立性会影响内部控制的决策，影响其对内部控制的监督和控制能力，从而影响内部控制为企业目标所提供的目标保证水平。《公司法》规定董事会形成重大决策时以超过半数以上表示通过决议，2002年证监会出台的《上市公司收购管理办法》中第四条认为如果能控制董事会半数以上就认为是实际控制人。终极控制人在董事会所占比例较大时，终极控制人参与公司的经营管理和投资决策，在内部控制的制定和执行上都由其操作控制，由于董事会大多数成员代表终极控制人的利益，董事会独立性相对较弱，导致董事会缺乏民主决策机制，董事会对内部控制的决策随意性较强，监督和评价内部控制的执行效率较低，甚至内部控制很有可能服务于终极控制人，终极控制人往往为了集团利益影响内部控制的执行，非法侵占公司资产、粉饰公司财务报表，造成公司内部控制的目标保证水平较低，降低公司内部控制有效性水平。而现金流量权决定了终极控制人的侵占成本，能够抑制这种侵占行为，产生"利益趋同效应"。终极控制人在董事会所占比例偏离终极现金流量权程度越大，由于侵占成本相对于控制权私利而言较小，终极控制人侵占动机越大，由于代表终极控制人利益的成员担任上市公司董事或高级管理职务，终极控制人拥有公司的实际控制权，则这种侵占行为通过对内部控制的决策及执行控制得到保证，偏离了内部控制的目标，内部控制质量较差。据此，我们提出假设5。

假设5：终极控制人实际控制权越大，上市公司内部控制有效性越弱。

四、国有终极控制人行权主体、政府控制层级与内部控制有效性

徐莉萍、辛宇等（2006）认为，在中央直属国有企业和私有产权控股

的上市公司中股权集中度所表现的激励程度最高，地方所属国有企业控股的上市公司次之，而国有资产管理机构控股的上市公司最低。吴清华，田高良（2008）研究了终极产权、控制方式与审计委员会治理需求之间的关系，认为国有资产管理机构参与控制权行使的公司比国有实业公司参与控制权行使的公司对审计委员会治理需求更为显著，而审计委员会是上市公司内部控制中的重要制度安排（吴玉心，2003），因此，国有终极控制人不同的行权主体下上市公司内部控制效率很可能存在差异。

由于不同的行权主体导致不同的激励效应，很可能对上市公司的内部控制的治理需求和执行效率产生影响。国有实业公司由于参与上市公司的经营和管理，熟悉公司的经营业务，对公司所面临的重大风险较敏感，能够正确地评估上市公司所面临的内外部风险，并及时采取风险应对措施以降低或消除公司的风险。因而行权主体为国有实业的上市公司内部控制的风险评估、风险预警机制更加完善，另外，由于国有实业公司对上市公司的经营与管理信息更加熟悉，加强了内部控制的信息与沟通，且其采取内部控制监督措施也更加有效，及时发现内部控制缺陷，并不断地改进和完善上市公司的内部控制制度，从而其控制的上市公司内部控制有效性较高；相比较而言，国有资产管理机构较少参与公司的经营，面临信息严重不对称，其管理决策存在主观随意性，不能准确把握公司所面临的市场风险及公司内部风险，因而对内部控制的相关决策缺乏科学性，不能及时应对风险，因而公司内部控制有效性较低。因此，我们预期不同的行权主体下，内部控制有效性会存在差异。据此，我们提出假设6。

假设6：国有终极控制人行权主体为实体与内部控制有效性具有正相关关系。

当终极控制人行权主体为实体时，处在不同层级的政府，拥有着不同的权利和职责，在资本市场上会产生不同的动机和行为，动机和行为的差异又衍生出代理冲突方式或程度的差异（吴清华，田高良，2008）。夏立军，方轶强（2005）首次将上市公司细分为非政府控制（即民营、乡镇或外资资本控制）、县级政府控制、市级政府控制、省级政府控制以及中央政府控制这五种类型。对政府控制与公司价值的关系进行实证分析后发现，政府控制尤其是县级和市级政府控制对公司价值产生了负面影响，这种负面影响主要是由于低层级政府（县级政府、高级政府、省级政府等地方政府）控制的上市公司价值更低所引起。徐丽萍等（2005）发现，中央直属国有企业和私有产权控股的上市公司股权集中度所表现的激励程度最高，而地方政府所属上市公司则相对较低。刘星，安灵（2010）研究也发现，地方政府（市县级、省级政府）终极控制的上市公司的投资绩效差于中央政府直接控制的投资绩效。

中央政府位居权力最高层级，相比地方政府而言，控制了更多的资源，其控制的上市公司规模较大，而且这些公司大多处于国家经济命脉的行业，更多地关注国家经济安全和国家战略利益，并且这些上市公司承担对社会和公众的责任，为了维护企业良好的形象，实现国有资产的保值增值，对上市公司内部控制的需求较大，董事会代表着股东的利益，组织安排上市公司内部控制的建立健全并对其执行情况进行监督评价，使内部控制合理地保证股东的各项目标实现，提高上市公司内部控制有效性。另外，相比地方政府而言，中央政府控制的上市公司面临更严格的监管，迫于被起诉的压力，中央政府终极控制人对内部控制合规性目标和财务报告目标需求较大，对上市公司内部控制的监督动机和控制能力增强，这将有利于内部控制合规目标和报告目标的实现，因此，中央政府控制的上市公司内部控制有效性要高于地方政府控制的上市公司。

相比中央政府，地方政府更加看重地方国有企业对地方经济、市政建设、就业及税收的贡献，地方政府官员往往是上市公司终极控制人的代理人，掌握了企业的终极控制权，政府垄断租金需求（要表现为职位的升迁、权力的稳定性、对资源的支配力及灰色收入等）与本地的经济发展水平息息相关，因而，相比中央政府，地方政府终极控制人更有可能将其社会性负担转嫁给其控制的上市公司，这使得上市公司内部控制目标偏离了企业利益最大化目标，经营目标和战略目标很可能难以实现，从而可能造成公司内部控制失效；另外，由于地方保护政策，法律约束难以限制地方政府权力，使得地方政府终极控制人为了政府垄断租金最大化目标，对其控制的上市公司具有更强烈的掠夺动机，干预上市公司内部控制政策，影响内部控制的执行效率，使内部控制偏离企业目标，造成内部控制很可能失效。因此，在终极控制人行权主体是实业公司的上市公司，地方政府由于比中央政府具有更强的竞争市场资源和实现自身目标的动机，很可能利用其控制权解除公司内部控制对其侵占行为的限制，其控股的上市公司内部控制有效性低于中央政府的可能性较大。据此，我们提出假设7。

假设7：中央政府行权主体是实体的上市公司内部控制有效性要高于地方政府行权主体是实体的上市公司。

第三节 实证研究设计

一、样本选择与数据来源

（一）样本选取

由于《上交所内部控制指引》与《基本规范》分别于 2006 年、2008 年颁布，其中《上交所内部控制指引》于 2006 年实施，《基本规范》于 2011 年实施，因此，我们选取 2011～2012 年沪市所有上市公司作为初始样本，剔除金融保险行业公司及数据不全的公司，最终样本包括 1498 个观察值。

（二）数据来源

终极控制人控制权、现金流权和两权分离度是在国泰安 CSMAR 股东数据库整理而得；内部控制有效性指标体系中，内部控制设计的合理、完整以及执行效率指标绝大部分是通过年报整理计算而得，内部控制为企业目标所提供的保证水平指标中，一部分指标是通过 CCER 财务指标数据库整理而得，另一部分是通过年报整理计算而得；控制变量一部分是通过年报整理计算而得，另一部分是上述数据库整理计算而得。

二、变量描述与模型构建

（一）变量描述

1. 被解释变量（IC-core）：在前面已详述

2. 主要解释变量

终极控制人性质（Con-stat）：按照宋春霞（2007）的划分方法，如果上市公司的终极控制人是各级国有资产监督管理委员会、各级国有资产投资管理机构、各级人民政府及其行政机构、中央企业等国有独资企业，则其属于国有控股公司。取值为1；如果终极控制人是民营企业、自然人、职工持股会或民间基金，那么它就是民营控股企业。取值为0。

政府控制层级（Con-cen）：国有终极控制人中，如果是终极控制人为中央政府则为1，否则为0。终极控制人为学校时，属于中央教育机构是为中央政府，属于地方政府教育机构则为地方政府。

终极控制人的控制权（Con）＝在金字塔持股结构下，终极控制股东对上市公司股东大会的终极控制权等于各条控制链上持股比例最小值之和。终极控制权比例大小直接影响着终极股东对上市公司经营决策所具有的影响力。

终极控制人的现金流权（Cas）＝各条控制链上持股比例乘积之和。

两权分离度（Con-cas）＝控制权（Con）－现金流量权（Cas）。

终极控制人行权主体：终极控制人中间控制体为实业公司时取值1，为国有资产管理机构时取值0。

3. 控制变量

道尔等（2007）、阿斯保－莎佛等（2007）的研究结论认为披露内部控制缺陷的公司相对没有披露内部控制缺陷的公司，其规模相对较小，增长速度快，财务状况差。宋绍清等（2009）实证研究发现：上市公司内部控制信息披露程度受到公司规模、上市时间、上市地点等因素的显著影响。林斌等（2009）实证检验发现快速成长的公司内部控制资源充裕，而上市年限长、财务状况差的公司更不愿意披露鉴证报告。因此，本书选取公司的资源、财务状况、成长性及公司所处的行业等变量作为模型的控制变量。

公司资源＝ln（公司总资产）。

公司财务状况用两个变量来描述，一个用是否是ST公司来表示，另一个用营业利润率来表示。

公司成长性：营业收入增长率。

上市年限：用上市公司自上市到选取样本所经历的时间来表示。

公司所属行业：当公司处于某行业时为1，否则为0（按中国证监会制定的行业分类方法）。

被解释变量、解释变量与控制变量的定义如表5－1所示。

表 5 -1 　　　　　　　　　　　**主要变量定义**

变量名称	变量符号	变量定义
因变量		
内部控制有效性总指标	IC-score	在第四章已描述
自变量		
控制权	Con	各条控制链上最小持股比例之和
是否绝对控制上市公司	Uc	当 Con > 50% 时为 1, 否则为 0
现金流权	Cas	各条控制链上所有权之和
两权分离	Fl	1 表示控制权与现金流量权发生分离, 否则为 0
两权分离度	Con-cas	控制权 – 现金流量权
实际控制权	Dir-cas	终极控制人在董事会占有份额/现金流量权
终极控制人是否国有	Con-Stat	当终极控制人性质为国有时为 1, 否则为 0
终极控制人是否中央政府	Con-cen	当终极控制人为中央政府控股时为 1, 否则为 0
终极控制人行权主体	Con-st	终极控制人行权主体是实业公司时为 1, 否则为 0
控制变量		
是否 ST	Isst	上市公司当年 ST 时为 1, 否则为 0
上市年限	Listyear	选取样本当年 – 上市年度
利润率	Profit	净利润/营业收入
成长性	Growth	营业收入增长率
公司规模	Size	上市公司总资产的自然对数
行业控制变量	Indui	当上市公司属于 i 行业时为 1, 否则为 0

（二）模型构建

检验各解释变量对被解释变量影响的回归模型如下：

$$IC\text{-}score_i = a + a_1 cas_i + a_2 FL/Con\text{-}cas + a_3 con + a_4 \sum CONTROL_{ij} + \varepsilon \qquad (5-1)$$

$$IC\text{-}score_i = b + b_1 FL/Con\text{-}cas + b_2 FL/Con\text{-}cas \times Con\text{-}stat$$
$$+ b_3 Con\text{-}stat + b_4 \sum CONTROL_{ij} + \varepsilon \qquad (5-2)$$

$$IC\text{-}score = c + c_1 Dire\text{-}cas_i + c_2 Dire\text{-}cas_i \times Con\text{-}stat + c_3 Con\text{-}stat$$
$$+ c_4 \sum CONTROL_{ij} + \varepsilon \qquad (5-3)$$

$$IC\text{-}score = d + d_1 Con\text{-}st_i + d_2 Con\text{-}st_i \times Con\text{-}cen$$
$$+ d_3 Con\text{-}cen + d_4 \sum CONTROL_{ij} + \varepsilon \qquad (5-4)$$

注：式中，下标 i 表示第 i 个样本公司，j 表示第 j 种行业，k 表示 2 种委托管理形式。

模型 1 的构建用来检验假设 1、假设 2、假设 3，当 $a_1 > 0$ 时，假设 1 得到验证，当 $a_2 < 0$ 时，假设 2 得到验证，CON 分为低度控股、相对控股和绝对控股三个区间，在低度控股时，a_3 的检验结果并不显著；在相对控股时，$a_3 < 0$，则假设 3-2 得到验证；在绝对控股时，$a_3 > 0$，则假设 3-3 得到验证；模型 2 的构建用来检验假设 4，当 $b_2 > 0$ 时，假设 4 得到验证；模型 3 的构建用来检验假设 5，当 $c_1 < 0$，假设 5 得到验证；模型 4 的构建用来检验假设 6 和假设 7，当 $d_1 > 0$ 时，假设 6 得到验证；当 $d_2 > 0$，假设 7 得到验证。

第四节　实证结果及其阐释

一、描述性统计和分组比较

（一）描述性统计

本书对主要变量进行描述性统计分析，结果如表 5-2 所示，上市公司内部控制有效性平均为 -0.001，最大值为 0.931，最小值为 -1.202，可见上市公司之间内部控制有效性水平差异较大。总体上，终极控制人为国有的占上市公司的 69%，其中中央政府占 21.7%，地方政府占 47%，即上市公司中地方政府控股的公司所占比例最大，地方政府和中央政府合计远远超过了私有上市公司。终极控制人控制权平均为37.6%，最大达到100%，最小值为0.1%，有25.2%的终极控制人达到对上市公司的实际控制，说明终极控制人控制权比例较高；与此同时，有45.3%的上市公司发生了两权分离，上市公司的现金流权平均值为32.1%，最大值为92%，最小值为0.1%，说明上市公司现金流权比例差错很大；控制权与现金流权的平均为5.5%，最大达到42.9%，最小为0，说明上市公司两权分离度差异很大。另外，终极控制人在公司的实际控制权平均为1.513，最大值为30.711，最小值0，说明终极控制人普遍存在对上市公司达到实际控制的现象，并且差异很大。

表5-2　　终极控制人基本特征与内部控制有效性的描述性统计

	样本数	极小值	极大值	均值	标准差	中位数
IC-score	1498	-1.205	0.932	-0.001	0.282	-0.022
Con-st	1498	0.000	1.000	0.935	0.248	1.000
Con-stat	1498	0.000	1.000	0.690	0.463	1.000
Con-cen	1498	0.000	1.000	0.218	0.412	0.000
Con-des	1498	0.000	1.000	0.470	0.499	0.000
Cas	1498	0.008	0.920	0.322	0.175	0.305
Con	1498	0.039	0.838	0.376	0.001	0.362
Uc	1498	0.000	1.000	0.252	0.435	0.000
Con-cas	1498	0.000	0.430	0.055	0.000	0.000
FL	1498	0.000	1.000	0.455	0.498	0.000
Dire-cas	1498	0.000	30.712	1.516	2.152	1.008

（二）分组比较

首先，按内部控制有效性指数的中位数分为高效组和低效组，然后比较组间终极控制人特征的差异。表5-3的研究结果表明，存在显著性差异的是，内部控制有效性较高的公司比内部控制有效性低的公司现金流权大、两权分离的程度小、控制权大、终极控制人为国有的占的比重大，实际控制权小，终极控制人为中央政府占的比例大，这初步验证了假设1、假设2、假设3、假设4、假设5、假设7。这些研究结果表明，终极控制人对上市公司内部控制有效性具有显著的影响，国有终极控制人比非国有控制人更加关注上市公司内部控制的治理作用，内部控制使公司经营者能够按照委托人的意愿行使权利，为公司目标的实现提供合理保证，这其中，由于委托—代理关系的复杂性和监管环境不同，终极控制人为中央政府的上市公司内部控制更加有效；控制权与现金流权的分离程度越大，终极控制人侵占动机越强，在终极控制人超额控制下，上市公司内部控制不可避免地服务于终极控制人的利益需求，失去了内部控制应有的职能，因此内部控制失效的可能性较大；现金流权具有抑制终极控制人侵占行为的作用，现金流权越大，终极控制人侵占的成本越高，侵占动机减弱，凌驾于内部控制之上的可能性降低，因此，上市公司内部控制有效性越强；终极控制人实际控制权越大，上市公司内部控制有效性越弱；当终极控制人行使权利的主体是实业公司时，由于业务联系紧密，对上市公司的业务更加熟悉，因而能够制定更合理的内部控制制度，并监督内部控制的运行，因此，内部控制有效性较高。

表5-3　内部控制高效组与内部控制低效组主要特征变量均值比较

变量	低效组		高效组		T 值	Z 值
	均值	中位数	均值	中位数		
Cas	14.622%	0.782	16.502%	0.825	2.432 **	−3.018 ***
Con	17.668%	0.920	19.186%	1.490	1.806 *	−2.916 ***
Dir-cas	0.775	0.039	0.735	0.043	−0.638	−2.232 **
Con-stat	0.711	1.00	0.775	1.000	3.622 ***	−3.613 ***
Con-cas	2.675	0.000	3.046	0.000	−1.435	−3.525 ***
Con-cen	0.228	0.000	0.302	0.000	3.560 ***	−3.547 ***
Con-st	0.900	1.000	0.918	1.000	1.328	−1.327

其次，我们按照终极控制性质、政府层级、控制权、两权分离及行权主体类别把样本分成5组，分别是组1：政府组与非政府组；组2：中央政府组与地方政府组；组3：对上市公司低度控股组、相对控股组与绝对

控股组；组4：终极控制权与现金流量权发生分离组与未发生分离组；组5：终极控制人行权主体为实业公司组与管理机构组。然后，比较每组样本公司内部控制有效性的均值和中位数差异。

分组检验结果如表5－4所示，政府组与非政府组控制的上市公司内部控制有效性存在显著差异，政府控制的上市公司内部控制有效性要高于非政府控制的上市公司；中央政府组与地方政府组的上市公司内部控制有效性存在显著差异，中央政府控制的上市公司内部控制有效性要高于地方政府控制的上市公司；终极控制人对上市公司绝对控制与非绝对控制的上市公司内部控制有效性存在显著差异，绝对控制的上市公司内部控制有效性要高于没有绝对控制的上市公司；两权发生分离组与两权未发生分离组的上市公司内部控制有效性存在显著差异，两权发生分离的上市公司内部控制有效性要低于两权未发生分离的上市公司。终极控制人行权主体为实业公司组与管理机构组上市公司内部控制有效性并不存在显著差异，终极控制人行权主体为实业公司的上市公司内部控制有效性平均要高于行权主体为管理机构的公司。

表5－4　　　　内部控制有效性分组均值、中位数比较

	组别	样本数	均值	标准差	中位数	T值	Z值
组1	政府	1112	0.016	0.278	0.006	7.105***	−4.223***
	非政府	386	−0.052	0.298	−0.050		
组2	中央政府	1069	0.066	0.266	0.055	3.765***	−3.643***
	地方政府	429	−0.014	0.280	−0.022		
组3	低度控股	576	−0.048	0.285	−0.048	37.225***	65.066***
	相对控股	573	−0.006	0.278	−0.015		
	绝对控股	349	0.080	0.280	0.085		
组4	两权发生分离	756	−0.037	0.280	−0.036	−5.672***	−5.035***
	两权未发生分离	742	0.028	0.285	0.018		
组5	实业公司	1010	0.015	0.280	0.009	0.225	−0.326
	管理机构	488	0.010	0.250	−0.010		

注：在对控制权分组进行均值和中位数检验时，由于样本组是3个，分别采用的是单因素方差分析和卡方检验。

为了能更好地检验假设3，我们对控制权不同区间进行分组，运用单因素方差分析和非参数检验两权分离程度的差异。对样本均值进行单因素方差方析，对样本中位数进行卡方检验，结果如表5-5所示，检验结果表明，终极控制权在不同区间，终极控制权与现金流量权分离程度存在显著差异。控制权较弱的区间（小于30%），两权分离程度最低，平均为0.052，控制权在相对控股区间（介于30%与50%之间），两权分离程度最大，平均为0.06，即终极控制达到相对控股时两权分离程度要高于控制权较低、控制权达到对上市公司绝对控制时的两权分离程度。两权分离度与控制权的关系总体表现为，控制权和现金流量权的分离程度随着控制权的增加呈先上升后下降的过程。

表5-5   不同控制权区间两权分离程度均值、中位数比较

组别	样本数	均值	标准差	中位数	F 值	卡方
Con≤30%	576	0.052	0.072	0.003		
30% < Con≤50%	573	0.060	0.086	0.000		
Con > 50%	349	0.055	0.086	0.000	3.35 **	5.70 **
总样本	1498	0.055	0.082	0.000		

二、相关性分析

我们对主要的研究变量进行了相关性分析，采用 Pearson 和 Spearman 双侧检验，检验结果如表5-6所示。首先，上市公司内部控制有效性与现金流量权、控制权显著正相关，符合假设1；与两权分离、两权分离度显著负相关，符合假设2，说明终极现金流权越大，内部控制有效性越高，两权发生分离时，内部控制有效性较差，且两权分离程度越大，内部控制有效性越差；其次，上市公司内部控制有效性与国有终极控制人正相关，符合假设4；最后，上市公司内部控制有效性与终极控制人的实际控制权显著负相关，符合假设5；这些结论是单变量之间关系的初步分析，需要进一步回归分析来验证假设。

表 5 - 6　　主要变量相关性分析

	IC-score	Con-st	Cas	Con	Con-cas	Con-stat	Fl	Dir-cas
IC-score	1.000							
Con-st	0.009	1.000						
Cas	0.200**	0.066*	1.000					
Con	0.185**	0.149**	0.863**	1.000				
Con-cas	-0.126**	0.158**	-0.496**	-0.050	1.000			
Con-stat	0.166**	-0.125**	0.425**	0.295**	-0.436**	1.000		
Fl	-0.148**	0.166**	-0.476**	-0.128**	0.945**	-0.492**	1.000	
Dir-cas	-0.062*	0.085**	-0.491**	-0.333**	0.385**	-0.145**	0.346**	1.000

注：左下角为 Pearson 相关系数，* 表示在 5% 的水平上显著，** 表示在 1% 的水平上显著。

三、模型回归结果分析及其阐释

（一）终极控制人所有权激励与内部控制有效性关系的回归结果及其阐释

我们从总样本终极控制人所有权激励的终极控制权、现金流量权及两权分离三个方面分析了终极控制人所有权结构与内部控制有效性的关系。研究结果显示（见表5-7）：（1）终极现金流量权与上市公司内部控制有效性在1%的显著水平上正相关，该结论验证了假设1，说明终极现金流量权越大，终极控制人的侵占成本越大，"利益趋同效应"使终极控制人更关注上市公司的内部治理的完善，因此上市公司内部控制有效性高；（2）终极控制权与现金流量权发生分离与内部控制有效性在1%显著水平上负相关，该结论验证了假设2，说明两权发生分离的公司，终极控制人有更强烈的攫取动机，在终极控制人控制权下公司内部控制失效的可能性较大；（3）终极控制权与上市公司内部控制有效性关系不显著，这需要进一步对终极控制权分区间来验证；（4）进一步考察两权分离程度与内部控制有效性的关系，研究结果表明，两权分离度与内部控制有效性在1%的显著水平上负相关，两权分离度与终极控制人绝对控制上市公司的交叉项同上市公司内部控制有效性在1%显著水平上正相关。该结论进一步验证了假设2与假设3。说明两权分离程度越大，终极控制人获取私利的动机越强烈，上市公司内部治理机制失衡，内部控制有效性较差。而当终极控制权比例达到绝对控制上市公司时，内部控制有效性增强。

表5-7　　终极控制人所有权激励与内部控制有效性（全样本）

	（1）	（2）	（4）	（5）
C	0.062 *** (6.636)	0.105 *** (10.725)	16.168 (1.469)	− 0.062 *** (− 3.888)
Cas	0.105 *** (3.509)			0.195 *** (2.793)

续表

	（1）	（2）	（4）	（5）
Fl		-0.056^{***} （-5.072）		
Con-cas			-0.252^{***} （-2.635）	
Con				-0.032 （-0.395）
Profit	0.278^* （1.700）			
Growth			6.723 （0.666）	
Isst		-0.182 （-1.135）		
Sjyj				0.004^{***} （2.3821）
Year	yes	yes	yes	yes
Indus	yes	yes	yes	yes
样本数	1498	1498	1498	1498
Adj R^2	0.128	0.137	0.105	0.098
F 检验值	90.245	97.178	21.263	19.295

为了考察控制权不同区间所有权激励对内部控制有效性的影响，将控制权划分为三个区间，分别为控制权小于等于30%（未对上市公司形成控制），控制权大于50%（对上市公司形成绝对控制）和介于两者之间（对上市公司形成相对控制）。检验结果如表5－8所示，当终极控制人控制权较小时（Con≤30%），控制权、两权分离度与内部控制有效性均不显著；当终极控制人控制权较大，对上市公司形成绝对控制时（Con＞50%），控制权与内部控制有效性在10%显著水平上正相关，两权分离度与内部控制有效性在5%显著水平上负相关；当控制权介于两者之间时，控制权与内部控制有效性在10%显著水平上负相关，两权分离度与内部控制有效性在5%显著水平上负相关。以上结论验证了假设3－1、假设3－2、假设3－3，说明控制权较小时，终极控制人对公司内部控制决策的影响能力有限；随着终极控制权增大，终极控制人对上市公司相对控股时，

两权分离程度也增大，由于侵占成本小于侵占所获取的收益，终极控制人具有利益侵占效应，对上市公司内部控制的治理需求降低，上市公司内部控制有效性较弱；随着终极控制权增大，达到对上市公司绝对控制时，两权分离程度减弱，随着控制权的增大，由于侵占成本增大，终极控制人与其余小股东的利益趋于一致，对上市公司具有扶持行为，终极控制人对上市公司的内部控制治理需求增强，公司内部控制有效性较高。

表 5 – 8   **终极控制人所有权激励与内部控制**
有效性（控制权三个区间）

	Con ≤ 30%	30% < Con ≤ 50%	Con > 50%
C	-0.258^{***} (-5.432)	-0.065 (-0.876)	-0.001 (-0.010)
Con	-0.182 (-1.135)	-0.267^{*} (-1.738)	0.279^{*} (1.700)
Con-cas	-0.096 (-0.700)	-0.252^{**} (-2.512)	-0.272^{**} (-2.186)
Year	yes	yes	yes
Indus	yes	yes	yes
样本数	576	573	349
Adj R^2	0.153	0.109	0.105
F 检验值	8.462	10.552	12.000

（二）两权分离、终极控制人性质与内部控制有效性的回归结果及阐释

我们探讨了在两权发生分离的公司，终极控制人性质的不同是否会影响上市公司内部控制的有效性。实证分析结果表明（见表 5 – 9），终极控制人为国有与内部控制有效性在 1% 显著水平上正相关，两权分离与国有终极控制人的交叉项同上市公司内部控制有效性在 1% 显著水平上正相关，两权分离度与国有终极控制人的交叉项同公司内部控制有效性在 1% 显著水平上正相关，该结论验证了假设 4。该结论表明尽管在两权分离时，上市公司内部控制有效性较差，但由于两权分离的形成机制不同，当终极控制为国有时，与完全自利的非国有控制人目标利益不同，其侵占动机较

弱，上市公司内部控制有效性要好于非国有终极控制人控制的上市公司。

表 5 – 9　　两权分离、终极控制人性质与内部控制有效性

	IC-score			
	（1）	（2）	（3）	（4）
C	6.724 (0.665)	5.616 (0.558)	– 0.278 *** (– 10.362)	– 0.259 *** (– 10.060)
Fl	– 0.048 *** (– 3.851)	– 0.087 *** (– 6.436)		
FL * Con-stat		0.062 *** (3.632)		
Con-cas			– 0.168 * (– 1.726)	– 0.389 *** (– 3.382)
Con-cas * Con-stat				0.004 *** (2.381)
Year	yes	yes	yes	yes
Indus	yes	yes	yes	yes
样本数	1498	1498	1498	1498
Adj R^2	0.044	0.045	0.116	0.115
F 检验值	22.978	24.126	36.520	36.572

（三）终极控制人实际控制权与内部控制有效性的回归结果及阐释

我们探讨了终极控制人在上市公司的实际控制权与内部控制有效性之间的关系。为了避免多重共线性，在模型中将 Con-stat * Dire-cas 纳入模型。以考察终极控制人是否国有对终极控制实际控制权与内部控制有效性负相关关系的影响。研究结果（见表 5 – 10）显示，终极控制人在上市公司的实际控制权与内部控制有效性在 10% 的显著水平上负相关，该结论验证了假设 5，同时，终极控制人的实际控制权与国有终极控制人的交叉项同上市公司内部控制有效性在 1% 显著水平上正相关，该结论进一步表明，终极控制人在上市公司的实际控制权越强，越容易操纵上市公司，影响公司的管理决策，必然会影响上市公司内部控制的效率，因此，在终极控制人的超强控制下，上市公司内部控制有效性较差。当终极控制人为国有时，与非国有终极控制人相比，上市公司高管追求的政绩与公司内部治理机制的完善及公司业绩联系紧密，而非完全追求个人经济利益，再加上国有控制的上市公司面临的监管较为严格，因此，尽管终极控制人实际控制权与内部控制有效性负相关，但是国有终极控制人控制的上市公司内部控制有效性要好于非国有终极控制人控制的上市公司。

表 5 – 10　　　终极控制人实际控制权与内部控制有效性

	IC-Score		
	（1）	（2）	（3）
C	0. 088 *** （8. 792）	– 0. 063 *** （ – 4. 092）	– 0. 015 （ – 1. 120）
Dire-cas	– 0. 002 ** （ – 0. 617）	– 0. 008 ** （ – 2. 385）	– 0. 017 *** （ – 3. 684）
Dire-cas * Con-stat			0. 017 *** （2. 806）
Con-stat		0. 067 *** （5. 444）	
Year	yes	yes	yes
Indus	yes	yes	yes
样本数	1498	1498	1498
Adj R^2	0. 0790	0. 142	0. 121
F 检验值	43. 165	40. 430	43. 113

（四）终极控制人行权方式、政府控制层级与内部控制有效性

我们从终极控制人行权主体角度考察了终极控制人在上市公司的行权方式、政府层级与内部控制有效性之间的关系。由于在同一个回归模型中同时纳入变量 Con-cen 与 Con-cen * Con-st 会产生严重的共线性问题，因此我们将其分别放入回归模型，以考察政府层级对内部控制有效性的影响，以及政府层级对行权主体与内部控制有效性正相关关系的影响。研究结果（见表 5 – 11）显示，终极控制人行权主体为实业公司与上市公司内部控制有效性在 10% 的显著水平上正相关，加入了中央政府变量后，中央政府终极控制人与内部控制有效性在 5% 显著水平上正相关，政府层级是中央

政府与行权主体为实业公司的交叉项同上市公司内部控制有效性在5%的显著水平上正相关，该结论验证了假设6、假设7。该结论表明，终极控制人行使权利的主体是实业公司时，由于降低了信息不对称，对公司的业务流程熟悉，增强了内部控制的信息与沟通能力和监督能力，上市公司内部控制有效性较高；然而，与中央政府相比，地方政府之间竞争激烈，为了争夺资源，地方政府对上市公司的干预较多，影响上市公司内部控制的正常运行，因而，当行权主体为实业公司时，地方政府控制的上市公司内部控制有效性较弱，即政府层级是中央政府增强了行权主体是实业公司的上市公司内部控制有效性。

表5-11 终极控制人行权方式、政府层级与内部控制有效性

	Ic-score		
	(1)	(2)	(3)
C	-0.059 *** (-2.651)	-0.065 (-2.926)	-0.058 *** (-2.618)
Con-st	0.036 * (1.772)	0.040 * (1.904)	0.048 ** (2.235)
Con-cen		0.055 *** (3.971)	
Con-st * Con-cen			0.054 ** (3.782)
FL			-0.038 ** (-2.157)
Isst			-0.136 *** (-4.143)
Year	yes	yes	yes
Indus	yes	yes	yes
样本数	1498	1498	1498
Adj R^2	0.123	0.128	0.127
F 检验值	25.389	24.916	24.778

第五节　稳健性检验

本书主要从样本、内部控制有效性指数以及控制权和现金流量权分离等几个方面进行了稳健性检验。具体结论如下：

一、样本的稳健性检验

本书的样本是剔除了无法判断终极控制人的样本和金融公司及数据缺失的样本，并未限定终极控制权的比例，由于一些文献对终极控制权的界定以10%为准，本书剔除了控制权比例在10%以下的样本，剩余1479个样本。检验结果基本一致（见表5－12），即上市公司内部控制有效性与终极控制人现金流量权在1%显著水平上正相关；与两权分离度在5%显著水平上负相关；同两权分离度与终极控制人性质交叉项在5%显著水平上正相关；与控制权在1%显著水平上正相关；与实际控制权在5%显著水平上负相关；同中央政府与控制权行使主体的交叉项在1%的显著水平上正相关。这些结论进一步验证了假设1、假设2、假设3、假设4、假设5、假设6和假设7。

表5－12　　　　　　　　　样本的稳健性检验

	Ic-score					
	(1)	(2)	(3)	(4)	(5)	(6)
c	-0.04*** (-2.91)	0.05*** (4.23)	-0.15*** (-5.37)	-0.12*** (-4.44)	-0.16*** (-4.443)	-0.23*** (-7.40)
Cas	0.27*** (7.98)					
Con-cas		-0.15** (-2.02)	-0.27*** (-2.96)			

续表

	Ic-score					
	（1）	（2）	（3）	（4）	（5）	（6）
Con-cas * Con-stat			0.24** (2.16)			
Dir-cas				−0.01** (−1.99)		
Con-st					0.02 (1.03)	
Con-st * Con-cen					0.04*** (3.09)	
Con						0.23*** (5.70)
Year	yes	yes	yes	yes	yes	yes
Indus	yes	yes	yes	yes	yes	yes
样本数	1479	1479	1479	1479	1479	1479
Adj R²	0.102	0.079	0.179	0.113	0.179	0.188
F 检验值	91.424	69.871	53.638	52.377	53.761	62.835

二、内部控制有效性变量的稳健性检验

根据上一章的检验结果，内部控制信息披露指数与本书构建的内部控制有效性综合评价指数具有较强的正相关性，内部控制信息披露指数根据内部控制披露的详细程度分为五个等级，即"内部控制审核报告与自我评估报告"、"自我评估报告"、"详细说明"、"一般陈述"和"简单披露"，因此，本书用内部控制信息披露指数来替代前面构建的内部控制有效性综合指数，再与终极控制人特征进行多元回归，研究结果基本符合研究假设。研究结果如表5－13所示，除了两权分离度与披露指数关系不显著外，其余研究结论与上面结论是一致的，即终极控制人国有的上市公司内部控制有效性要高于非国有的上市公司；两权分离度越大，内部控制有效性越低；现金流权越高，内部控制有效性越高；在国有上市公司中，终极控制人控制主体是实业公司的上市公司内部控制有效性要高于主体是管理机构的上市公司。

表 5 – 13　　　内部控制有效性指数计量方法的稳健测试

	预测符号	（1）	（2）	（4）	（5）	（6）
C	？	183. 113 *** 4. 944	3. 247 *** 50. 235	- 67. 779 - 1. 288	3. 735 *** 32. 213	3. 121 *** 13. 668
Con-stat	+	0. 189 *** 3. 989				
Con-cen			0. 309 *** 2. 700			
Cas				0. 983 *** 6. 427		
Con-cas					- 0. 847 - 1. 631	
Con-st						0. 681 *** 3. 539
Growth			0. 053 0. 867			
Profit		0. 017 1. 584	0. 491 *** 3. 214		0. 017 1. 503	0. 455 *** 3. 007
Isst					- 0. 418^ - 1. 816	
Listyear	+	- 0. 049 *** - 4. 495		- 0. 040 *** - 3. 649	- 0. 049 *** - 4. 447	- 0. 043 *** - 3. 244
调整 R^2		0. 014	0. 029	0. 024	0. 032	0. 058
F 检验值		12. 778	6. 352	21. 370	7. 597	12. 102
样本量		1498	1479	1498	1498	1479

三、控制权与现金流量权分离的稳健检验

在我们选取两权分离度指标时只考察了控制权与现金流量权差值，为进一步检验模型，将两权分离变量替换为控制权与现金流量权的比值（CV），并按照两权是否发生分离进行分组，分别进行多元线性回归分析。通过比较发现（见表 5 – 14），在两权未发生分离的公司终极控制人性质与内部控制有效性正相关关系的系数估计值和显著性水平值均大于两权发生

表5-14

控制权与现金流量权分离的稳健检验

	预测符号	cv = 1				cv > 1			
		(1)	(2)	(3)	(4)	(1)	(2)	(3)	(4)
c	?	0.023 0.902	0.078*** (6.083)	-0.182 -1.116	-0.124 (-0.759)	0.028* 1.741	0.041*** 2.887	0.016 0.847	0.044 0.176
Con-stat	+	0.085*** 3.273				0.037** 2.242			
Con-cen	+		0.072*** (4.166)				0.060*** 2.683		
Cas	+			0.291*** 3.392				0.142** 2.484	
Con-st	+				0.095** (2.126)				-0.126 -0.499
Profit	+		0.154*** (3.955)				0.067 1.056		
Growth	+		0.024 (1.565)				-0.014 -0.333		

续表

	预测符号	cv = 1				cv > 1			
		(1)	(2)	(3)	(4)	(1)	(2)	(3)	(4)
Isst	−				−0.163** (−2.596)		−0.102 0.805	−0.019 0.272	0.009* 1.695
Sjyj	+	0.130 0.827		0.095 0.609	0.095 (0.595)	0.143 2.109	0.157 1.185		
Listyear	+			0.001 0.327			0.012 2.070	0.000 0.109	
Adj-R²		0.062	0.068	0.068	0.023	0.068	0.069	0.068	0.026
F 检验值		30.809	33.206	42.637	3.832	28.527	29.113	28.651	3.13
样本量		806	729	806	729	692	382	692	382

分离的公司，该结论符合假设4。两权未发生分离的公司现金流权与内部控制有效性的正相关关系系数的系数估计值和显著性水平值均高于两权发生分离的公司，这验证了假设1。在国有上市公司，两权未发生分离公司政府控制层级与内部控制有效性的正相关关系显著性高于两权发生分离的公司，行权主体与内部控制有效性的正相关关系也高于两权发生分离的公司，该结论符合假设6和假设7。这些结论与前面研究结论基本一致。

第六节　研究结论

我们通过理论建模和实证研究，得出的研究结果基本验证了研究假设，对2011～2012年沪市上市公司回归结果表明：（1）终极控制人现金流权与内部控制有效性具有正相关关系，内部控制有效性随着终极控制人现金流权的增大而提高，说明终极控制人现金流权较大时，由于侵占成本加大，对公司内部控制的治理需求增强，终极控制人有动机和能力对内部控制进行有效监督，提高内部控制有效性；（2）两权分离、两权分离度与内部控制有效性负相关，即两权分离的公司内部控制有效性低于两权没有发生分离的公司，而且随着两权分离程度的增大，内部控制有效性减弱；（3）终极控制权在不同区间，其与上市公司内部控制有效性关系存在差异。当控制权较低时，其与公司内部控制有效性关系不显著；当控制权较大，形成相对控股时，其与公司内部控制有效性显著负相关；当控制权较大，形成绝对控制时，其与公司内部控制有效性显著正相关。说明当终极控制人对上市公司绝对控制时，"利益趋同效应"增强，内部控制有效性提高；当终极控制人对上市公司形成相对控股时，"利益侵占效应"增强，内部控制有效性降低；而当控制权较低时，对公司内部控制影响能力不限。（4）在两权分离的公司，终极控制人是否国有与内部控制有效性正相关，说明在两权发生分离的公司，当终极控制人是国有的公司内部控制质量要好于非国有终极控制人控制的公司。（5）终极控制人实际控制权偏离现金流量权的程度与内部控制有效性负相关，说明终极控制人的实际控制权偏离现金流量权越大，"利益侵占效应"越强，对内部控制需求降低，上市公司内部控制有效性越弱。（6）终极控制行权主体不同内部控制效率存在差异。国有资产管理机构控股的上市公司内部控制有效性要低于实业公司控股的上市公司。而地方政府的国有实业公司控股的上市公司内部控制有效性又低于中央政府的国有实业公司控股的上市公司。

不可否认，上述模型建立过程存在一定的局限性：（1）数据局限。本书所使用的财务数据是根据上市公司公开数据建立的，其前提是上市公司公布的财务数据必须是真实可靠的，但由于目前上市公司会计信息失真现象依然存在，企业财务数据存在被操纵的可能性，因此，对于那些刻意操纵财务数据的上市公司，本书建立的财务危机系统无法进行预警。（2）研究范围的局限。本书针对上市公司进行研究，由于上市公司存在行业差别，模型的建立只能体现普遍性，具体到各行业的财务危机预警，还需要进一步修正，从而建立各行业的预警模型。在后续研究中，我们认为应注意：在样本设计方面采用适当的方法对可能的误差进行修正；在数据条件具备的情况下，从多个角度如分行业、非上市公司等进行内部控制有效性评价方面的研究。

第七节　小　　结

内部控制是为了解决公司内部各层级代理问题，实现投资者产权的保值增值目标的一种管理活动。在所有权集中的上市公司，公司的主要代理问题是大股东与中小股东之间的利益冲突，我国上市公司普遍存在终极控制人，公司面临的主要代理问题上升为终极控制人与中小股东之间的利益冲突，内部控制演变为解决公司终极控制人与中小股东之间代理问题的重要机制，而公司治理是内部控制有效运行的前提。与英美等国家较发达的外部市场环境不同，我国法律制度、竞争市场、经理人市场等外部治理机制不完善，造成了大多数上市公司更多依赖于完善内部控制来监督管理层的逆向选择行为和道德风险。而国内外很多公司失败案例表明公司内部控制失效的根本原因在于公司治理缺陷，我国大多数上市公司所有权集中，国有股占很大比例，金字塔持股结构较普遍，终极控制人是上市公司最高的监督者，在没有控制权约束机制下，终极控制人的侵占行为往往使上市公司内部控制失效。由于股权结构是公司治理的产权基础，也是研究的逻辑起点，因此，本章通过股权控制链追溯到终极控制人，实证分析了终极控制人对上市公司内部控制有效性的影响，通过实证检验发现，由于目标利益和监管环境不同，国有终极控制人控股的上市公司内部控制有效性高于非国有终极控制人，中央政府控股的上市公司内部控制有效性高于地方政府控股的上市公司。随着控制权与现金流权分离程度增大，终极控制人凭借其超额控制权影响公司内部控制决策，并且为了攫取私有收益，转移公司利润，影响内部控制的设计和执行效率，使内部控制偏离其目标，造成上市公司内部控制有效性降低；现金流权具有抑制这种侵占行为的效应；控制权不同上市公司内部控制有效性存在差异，终极控制权较大，达到相对控股时，其与公司内部控制有效性负相关，控制权达到绝对控股时，其与内部控制有效性正相关；终极控制人行权主体不同，对上市公司经营和管理方式不同，国有资产管理机构控股的上市公司内部控制有效性要低于国有实业公司控股的上市公司。

第六章

结论与展望

第一节 主要结论与政策建议

本书以终极控制人和内部控制有效性关系为主要研究对象，对上市公司内部控制有效性综合评价体系的构建、终极控制人特征与内部控制有效性关系进行了系统的讨论和研究，主要研究结论如下所述。

本书以上市公司为研究对象，借鉴以往的研究成果，从终极控制人治理和企业内部控制现状及其企业实际需求这一背景出发，理论分析了股权结构对内部控制有效性的影响，构建了内部控制有效性评价指标体系及评价模型，深入具体地研究了上市公司的终极控制人对内部控制有效性的影响，理论探索和实证检验相结合，主要结论与政策建议如下：

一、主要结论

本书在理论分析的基础上，对 2011～2012 年沪市上市公司进行实证分析，主要结论分为上市公司内部控制有效性综合评价体系构建和终极控制人对上市公司内部控制有效性的影响两个部分，具体结论如下：

（一）上市公司内部控制有效性综合评价体系构建

本书首先以《上交所内部控制指引》、《基本规范》及《配套指引》为基础，借鉴现有的研究，从内部控制要素内容的设计及其执行效果，内部控制为企业目标提供的保证水平两个方面综合设计内部控制有效性评价指标体系，共计40个指标，其中，内部控制要素内容评价指标19个，内部控制为企业目标提供的保证水平评价指标21个。在设计指标的过程中体现了过程性要素和结果性要素相结合、定性与实量相结合等原则。然后，以2011年沪市上市公司为例，采用主成分分析法构建上市公司内部控制有效性评价指数。以方差最大法从40个指标中提取14个主成分，方差贡献率累计近80%，并结合主成分载荷矩阵和主成分得分矩阵得出内部控制有效性综合评价指数。

（二）我国上市公司内部控制现状分析

（1）通过对上市公司内部控制有效性评价指标描述性统计分析得出以下结论：从内部控制设计和执行情况来看，在控制环境因素中，上市公司内部控制文化环境较好，组织机构设置合理性较高，股权激励措施较差；风险评估因素中，上市公司风险评估机制整体水平较高，但对未来收入和成本预计不足；在风险控制因素中，大部分公司的董事会对公司内部控制日常工作较重视，但具体采取的措施不足，尤其是对公司面临的重大风险关注度不够，只有小部分公司具有风险预警机制和突发事件应急处理机制；在信息与沟通因素中，上市公司内部和外部的信息与沟通机制普遍低于国外的平均水平，信息沟通的渠道之一——信息化建设程度低；在监督因素中，上市公司自我评价、监督能力不强。

（2）通过对上市公司内部控制有效性总指数统计分析得出以下结论：本书主要从地区、行业、公司规模、成长性、交叉上市等几个方面对上市公司内部控制有效性进行分析，采用的方法包括描述性统计分析、排序分析、T值检验、Z值检验、相关性分析等。各省份排序分析结果表明，在东部沿海地区公司内部控制有效性较高，在西部落后地区则较低；行业（去除金融行业）排序分析结果表明，不同行业上市公司内部控制水平存在显著性差异，其中，内部控制有效性水平排名前三位的为交通运输、仓储业、社会服务业及房地产业，内部控制有效性水平排名后三位的为食品加工业、建筑业。分类数据检验表明，设立了内部审计部门、规模较大、成长性高、交叉上市、披露了社会责任报告的公司内部控制有效性较高。最后，为了测试内部控制有效性评价指标体系的可靠性，我们对内部控制评价总指数与相关变量进行均值 T 检验和中位数的 Z 值检验以及进行变量的相关性检验，结果表明，我们构建的内部控制有效性评价总指数是有效的。在内部控制目标方面，上市公司内部控制为战略目标、经营目标提供的保证整体水平不高；而为企业财务报告目标、合规性目标、资产的安全性目标所提供的保证水平整体水平较高。

（三）终极控制人对上市公司内部控制有效性的影响

在终极控制人对底层上市公司内部控制有效性影响的研究上，主要从终极控制人所有权激励、实际控制权、终极产权性质、政府控制层级以及终极控制权行权主体等几个方面展开研究。通过理论建模和实证研究，得出以下结论：

（1）在终极控制人所有权激励与内部有效性关系上，主要分析了终极控制权、终极现金流量权、控制权与现金流量权分离程度等几个方面对上市公司内部控制有效性的影响。实证分析结果表明：①终极控制人的现金流量权具有"利益趋同效应"，随着现金流量权的增大，终极控制人的侵占成本增大，终极控制人对内部控制的治理需求增强，对上市公司内部控制的监督和管理的动机增强，通过对上市公司内部控制的监督、控制和评价使公司内部控制有效性得到提高；②控制权和现金流量权分离程度与上市公司内部控制有效性负相关，随着两权分离程度的增大，由于对上市公司发生侵占行为所获取的收益大于其应承担的侵占成本，终极控制人具有较强的侵占动机，终极控制人凭其超强的控制权影响公司的内部控制管理决策，使内部控制的设计和执行为其侵占行为提供便利，甚至凌驾于内部控制之上，使内部控制偏离企业目标而流于形式，因此两权分离度越大，上市公司内部控制有效性越弱；③终极控制权在不同的区间对上市公司内部控制有效性的影响存在差异。当终极控制人对底层上市公司低度控股时，由于控制能力有限，终极控制人对上市公司的监督动机和能力很弱，因而无论两权分离与否，对上市公司内部控制决策的影响都不显著；当终极控制人对底层上市公司相对控股时，在此区间，随着控制能力增强，控制权与现金流量权分离程度也加大，由于实施侵占行为所攫取的收益大于侵占成本，终极控制人具有较强的"利益侵占效应"，控制权越大，终极控制人对上市公司的侵占动机越强，其往往凭借超强的控制权通过影响上市公司内部控制决策，影响内部控制的设计和执行，使公司内部控制偏离企业目标，从而造成内部控制失效；当终极控制人对上市公司形成绝对控股时，由于现金流量权是控制权的基础，随着控制权的增大，控制权和现金流量权分离程度减弱，终极控制人和小股东的利益趋于一致，具有"利益趋同效应"，即控制权越大，终极控制人对上市公司内部控制的监督动机和能力增强，上市公司内部控制有效性越高。

（2）在两权分离、终极控制人性质与内部控制有效性关系上，为进一步考察终极控制人性质是否对两权分离度与内部控制有效性关系产生影响，在原有的模型基础上加入了终极产权性质因素。分析结果表明，在两权分离的公司，与非国有公司相比，终极控制人为国有时，由于形成两权分离的机制不同，国有上市公司形成两权分离是为政策权利的下放，而非国有上市公司的两权分离则更多的是为了攫取利有收益；加上存在资源禀赋的差异以及面临的监管环境不同，导致国有终极控制人的侵占动机弱于非国有终极控制人，其控制的上市公司内部控制有效性要好于非国有控制的上市公司。

（3）在终极控制人实际控制权与内部控制关系研究上，由于董事会是上市公司实施重大决策的核心机构，也是终极控制人在上市公司行使权利的重要机制，根据董事会的表决机制，终极控制人在董事会所占有的席位越多，对上市公司的监督和控制能力越强，而终极控制人在董事会的席位比例与现金流量权的比值（实际控制权）则体现了其权利的收益和成本对比，终极控制人的实际控制权越大，由于侵占成本相对于攫取的收益而言很小，终极控制人对公司实施侵占的动机较强，其往往会影响公司内部控制的设计和执行以实施其侵占行为，造成上市公司内部控制偏离企业目标或流于形式，使内部控制有效性降低。进一步考察终极产权性质对终极控制人实际控制权与内部控制有效性关系的影响，得出结论与上述（2）的结论一致。

（4）在终极控制人控制权行使主体、政府层级与内部控制有效性的研究上，首先考察了终极控制人行权主体与上市公司内部控制关系，分析结果表明，与行权主体为管理机构的公司相比，行使权利的主体是实业公司时，由于实业公司的管理者更加注重企业的利益最大化目标，实业公司在管理上市公司时对公司内部控制的治理需求较大，再加上实业公司的管理者拥有更专业的管理知识和经验，以及上市公司业务的紧密联系，减少了与上市公司之间的信息不对称，使实业公司更有动机和能力影响上市公司的内部控制设计、执行、监督和评价，从而更有可能提高上市公司内部控制的有效性。然后，为了进一步考察政府控制层级对行权主体与内部控制有效性关系的影响，在原有模型中加入政府控制层级因素。实证分析结果表明，由于地方政府面临更强的资源竞争，以及拥有更多的自由裁量权，再加上政府官员的升迁与其政绩直接挂钩等因素，地方政府具有更强烈的动机掠夺上市公司的资源、转移上市公司利润，地方政府的代理人很可能通过影响上市公司内部控制决策，影响公司内部控制的设计和执行，使内部控制很可能偏离企业目标，从而最终降低上市公司内部控制的有效性。

二、政策建议

内部控制是为了达到某个或某些目标而进行的过程，而且是一个动态的过程。建立一个有效的评价机制是完善内部控制体系、评价控制体系效果的重要内容。而评价机制实际上也是一种反馈机制，通过对内部控制体系的健全性、有效性及经济性进行准确评价，以实现对内部控制体系的"再控制"。而"再控制"才是内部控制有效性评价的落脚点。本书以中国沪市上市公司为研究对象，分析了终极控制人对内部控制有效性的影响。在对变量进行相关分析和回归分析的基础上，得到了一系列的结论。现就股权结构设计和内部控制建设提出一些建议和意见，以期为上市公司提升竞争力提供有效的建议。

（一）尽快建立详细统一的内部控制有效性评价相关规范

我国目前颁布的有关内部控制评价的法规数量不少，但是这些法规没有对内部控制有效性进行详细解释，界定的评价主体和评价内容不同。目前我国企业内部控制体系实施面临的一个现实是，至今仍缺乏一个明确、完善且具有高度认同感的内部控制评价系统。尽管 2010 年 4 月 26 日财政部等五部委联合发布了企业内部控制配套指引，但该指引主要侧重原则性的指导意见，不够具体。内部控制评价实施难的问题仍没有得到实质性解决。因此，需要相关部门出台更加详细的评价指引，需从评价目标、评价主体、评价客体、评价标准、评价程序到评价方法等几个方面做出全面具体的内部控制评价指引规范，甚至可以包括评价指标与评价模型等具体内容。该指引应该根据企业的特点细分到不同行业、不同规模、不同业务等方面。其中，评价主体则可以具体细分为企业内部审计人员、外部注册会计师。内部控制评价的客体即内部控制以及其执行的全过程。评价客体不仅要借鉴 COSO IC - IF（1992）报告的"五要素"法，即包括控制环境、风险评估、控制活动、信息与沟通、监督检查；而且要根据企业的管理环境，结合管理目标选择内部控制目标保证水平的指标：战略目标、经营目标、报告目标、合规目标和资产安全目标。在评价方式上。根据评价的频率来分，内部控制评价可以分为由注册会计师实施的定期评价和内部审计人员实施的不定期评价。根据评价的主体不同，内部评价方式有单一评价和多元评价、单一评价的注册会计师评价或内部审计评价、多元评价的主体内部审计进行引导和由内部管理人员以及全体员工实施自评，评价客体涉及企业内部控制和经营的方方面面。内部控制评价的主要方法是审阅法、杠杆法、个别访谈法、询问法、文档检查、重新执行法、流程图法、专题讨论会法、检查验证（穿行测试、证据检查和压力测试等）和控制自我评价，这些方法具有很大的主观判断性，缺乏精确性，不能适应企业复杂变化的外部和内部经济环境，不能给企业带来最大的经济效益。因此，我们既要改善传统的内部控制评价方法，也要科学地利用考评结果，量化考评结果。在评价标准上，一般标准包括评价内部控制的完整性、合理性、有效性。具体标准更为复杂，要分层，包括评价内部控制要素的标准和评价内部控制作业层级的标准。内部控制要素标准即内部环境、目标设定、事项识别、风险评估、风险应对、控制活动、信息与沟通、监控八个要素标准，每一要素可以分成下级项目；内部控制作业层级评价标准主要是控制活动要素的细化。

（二）加强和完善内部控制体系

完善的内部控制制度包括五个基本要素：控制环境、风险评估、控制活动、信息与沟通以及监督监督。公司只有具备以上五个要素，才能有效地发挥内部控制的作用，起到防范财务欺诈行为、经营失败等风险的目的。控制环境是整个内部控制体系的基础，包括公司治理机制、组织机构、管理层和员工的诚信、职业道德和工作胜任能力、管理层的管理哲学和经营风格、董事会及审计委员会的监管和指导力度、组织结构、职责分配和授权以及人力资源政策等。控制环境直接影响到企业内部控制的贯彻和执行以及企业经营目标及整体战略目标的实现，是内部控制其他要素作用的基础。风险评估在于分析和确认内部控制目标实施中"不利的不确定因素"，为控制关键点的设立、控制流程和方法的建立提供风险管理导向。简单地说，这种评估能帮助确定何处存在风险，怎样进行风险管理，以及需要采取何种措施。控制活动是确保管理阶层指令得以实现的政策和程序，控制活动贯穿于企业的各个阶层与各个职能部门，包括核准、授权、调节、复核营业绩效、保障资产安全等各种活动。控制活动必须针对关键控制点而制定，因此企业在制定控制活动时的关键就是寻找关键控制点。在控制活动的过程中，应加强各个环节之间信息的交流，使各个环节达到高效率的信息沟通，预防和减少由于信息不对称而导致的财务欺诈行为。监督是对内部控制系统有效性进行评估的过程，这一过程可以通过持续性监督、独立评估或外部审计人员的监督等。

（三）进一步优化金字塔持股结构下上市公司股权结构

自证监会于 2005 年 4 月启动了对上市公司的股权分置改革，并于 2006 年年底阶段性地完成了这一改革后，我国上市公司的股权构成和股权集中度都有了很大的改善。但是，从提升内部控制有效性的角度来看，上市公司的股权结构仍有调整的空间。由于公司内部控制能够合理提高财务报告信息质量、维护公司资产、提高经营效率及合理保证战略目标的实现，因此，在我国外部市场机制不发达的情形下，内部控制是一种重要的保护投资者利益的内部机制。金字塔持股结构下，终极控制人的产权性质和所有权激励等因素影响终极控制人的侵占行为和扶持行为，造成终极控制人和小股东之间的利益冲突问题，这些因素如现金流量权、两权分离程度等将影响上市公司内部控制的决策和内部控制目标的实现，从而影响内部控制的有效性。因此，需要优化金字塔持股结构下上市公司的股权结构，主要措施体现在以下几个方面：

第一，提高现金流量权，使终极控制人的利益与公司的利益趋于一致，降低其为了攫取控制权私利而损害公司利益的动机，加强终极控制人监督经营者的动机，提高内部控制有效性，从而提高公司经营效率。

第二，政府相关部门不仅要加强国有终极控制人的监管，更要加强对私有终极控制人的监管，防止和纠正私有终极控制人为了非共享收益使公司相应的内部控制失效的行为，同时注重对上市公司与终极控制人及其控股公司的关联交易等行为，重点加强对此类内部控制执行力度的监督。

第三，政府在管理其控股的上市公司时，对中间行权主体的选择更应偏重于实业公司，使实业公司的利益与其控股的上市公司利益联系更加紧密，控股股东更加关注上市公司的利益最大化目标；另外实业公司的高管层具备专业化知识和丰富的从业经验，以减少其与上市公司之间的信息的不对称，以更好地参与上市公司的管理决策，对上市公司的内部控制的设计和有效运行进行监督和评价，以提高上市公司内部控制的有效性。

第四，应加大终极控制人的控制权，降低控制权和现金流量权的分离程度，使终极控制人与小股东及公司的利益一致，以加强对上市公司内部控制的治理需求，提高上市公司内部控制的有效性。

第二节 研究局限及展望

一、研究局限

由于作者自身能力和其他主客观条件的限制，本书仅从终极控制人视角对上市公司内部控制有效性进行了初步研究。作为一种尝试性研究，这只是一个研究起点，还存在着许多研究局限性，需要我们在未来的研究中进一步改进和完善。

首先，研究内容的局限性。限于篇幅和数据资料的可获取性，本书在分析终极控制人对内部控制有效性影响因素时，仅从股权控制链角度研究了终极控制人性质、所有权特征、行权主体等方面，而没有考虑结合社会资本控制链考察终极控制人特征，这实际上需要我们进一步研究。

其次，研究样本的局限性。由于 2006 年上交所与深交所分别发布内部控制指引之后，我国上市公司开始广泛关注内部控制建设，继财政部等 5 部委 2008 年发布《基本规范》、2010 年发布《配套指引》后，我国上市公司内部控制建设进入全面规范阶段。2011 年之后应该是我国上市公司内部控制建设最好的年份，也最能反映上市公司内部控制建设现状，因此，本书以 2010 年 12 月 31 日之前在沪市上市的公司为样本，观测年度为 2011～2012 年，时间跨度较短，可能难以捕获终极控制人对内部控制有效性的各种影响，研究结论也许存在偏差。建议后续研究扩大样本选择范围，在更长的时间跨度上选取更多的样本、采用更长的估计期进行实证检验、经验分析与模型构建。

最后，研究数据的局限性。目前我国证券市场经验研究尚缺乏统一的标准数据库，本书研究所需的大部分数据是通过查询深圳国泰安信息技术有限公司和香港理工大学中国会计与金融研究中心联合开发的 CSMAR 数据库（包括公司财务数据库和股票交易数据库）得来的，也有一些数据是作者个人通过包括网站和报纸查询等各种渠道人工收集而来，数据是否标准有待验证，因此，样本数据在完整性与准确性方面可能存在不足，希望随着我国证券市场相关数据库建设的不断完善，后续研究在样本数据的完整性和准确性方面得到进一步改进。

二、研究展望

公司治理机制包括内部治理机制和外部治理机制。随着我国控制权市场、产品竞争市场、经理人市场等外部市场机制的完善和法律法规的完善，在以后的研究中，不仅需要进一步深入研究公司内部治理机制对内部控制有效性的影响，如研究经理人员的薪酬激励机制和声誉惩罚机制，董事会下设的审计委员会专业性、独立性和内部审计监督效率对内部控制有效性的影响，还需要研究外部治理机制对内部控制有效性的影响。

参 考 文 献

［1］阿克洛夫．柠檬市场［M］．北京：中国人民大学出版社，1996.

［2］巴曙松．华尔街研究丑闻与利益冲突下的制度选择［N］．中国经济时报，2006 – 6 – 19（4）.

［3］白雪梅，赵松山．对主成分分析综合评价方法若干问题的探讨［J］．统计研究，1995，68（6）：47 – 51.

［4］财政部．内部会计控制规范——基本规范（试行）［S］. 2001.

［5］蔡吉甫．内部控制框架构建的产权理论研究［J］．审计与经济研究，2006（11）：85 – 89.

［6］蔡吉甫．我国上市公司内部控制信息披露的实证研究［J］．审计与经济研究，2005（2）：86 – 87.

［7］曹建新，王春丽，邹俊．上市公司内部控制有效性影响因素研究［J］．中国注册会计师，2009（11）：56 – 62.

［8］查剑秋，张秋生，徐旭永．收购方内部控制与收购方企业价值关系的实证研究［J］．财政研究，2009（2）：45 – 47.

［9］查剑秋，张秋生，徐旭永．收购方内部控制与收购方企业价值关系的实证研究［J］．财政研究，2009（2）：45 – 48.

［10］陈关亭．我国上市公司财务报告舞弊因素的实证分析［J］．审计研究，2007（5）：93 – 95.

［11］陈汉文，张宜霞．企业内部控制的有效性及其评价方法［J］．审计研究，2008（3）：48 – 54.

［12］陈述云，张崇甫．多元指标综合评价的主成分分析方法的改进［J］．统计研究，1995，63（1）：35 – 39.

［13］陈湘永，张剑义，张伟文．我国上市公司"内部人控制"研究［J］．管理世界，2000（4）：103 – 107.

［14］陈小悦，徐晓东．股权结构、企业绩效与投资者利益保护［J］．经济研究，2001（11）：5 – 10.

[15] 陈晓, 江东. 股权多元化、公司业绩与行业竞争性 [J]. 经济研究. 2000 (8): 29 – 33.

[16] 陈艳, 张勇, 朱天星. 自愿性披露内部控制鉴证报告的影响因素——基于 2008 年沪市 A 股数据的实证研究 [J]. 数学的实践与认识, 2009, 39 (22): 13 – 23.

[17] 陈志广. 高级管理人员报酬的实证研究 [J]. 当代经济科学, 2002 (5): 82 – 93.

[18] 陈自力, 李尊卫. 离差最大化法在商业银行内部控制评价中的应用 [J]. 重庆大学学报 (自然科学版), 2005 (10): 152 – 154.

[19] 程晓陵, 王怀明. 公司治理结构对内部控制有效性的影响 [J]. 审计研究, 2008 (4): 53 – 61.

[20] 程新生. 企业治理、内部控制、组织结构互动关系研究 [J]. 会计研究, 2004 (04): 14 – 18.

[21] 崔学刚, 谢志华, 郑职权. 终极控制权性质与公司绩效——基于配对样本的实证检验 [J]. 财贸研究, 2007 (4): 106 – 109.

[22] 崔志娟. 内部控制有效性评价能传递财务报告的质量信息吗? [J]. 中国注册会计师. 2012 (8): 84 – 87.

[23] 戴书松. 基于内部控制中的信息不对称的公司治理结构 [J]. 当代财经, 2003 (2): 78 – 79.

[24] 戴亦一, 潘越. 金字塔结构、最终控制者性质与盈余操纵 [J]. 经济管理, 2009 (10): 115 – 120.

[25] 董秀良, 高飞. 上市公司控制权结构: 问题与对策 [J]. 当代经济研究, 2002 (3): 26 – 30.

[26] 杜滨, 李若山. 企业内部控制与单位负责人的法律责任 [J]. 财务与会计, 2001 (4): 5 – 7.

[27] 杜杰. 创造价值的会计与财务 [M]. 北京: 机械工业出版社, 2006.

[28] 樊行健. 公司治理与财务治理 [J]. 会计研究, 2005 (2): 70 – 72.

[29] 方红星, 孙蒿. 强制披露规则下的内部控制信息披露——基于沪市上市公司 2006 年年报的实证研究 [J]. 财经问题研究, 2007 (12): 68 – 71.

[30] 费方域. 企业的产权分析 [M]. 上海: 上海三联书店、上海人民出版社, 1998.

[31] 冯建, 蔡丛光. 上市公司内部控制信息披露研究 [J]. 财经科

学，2008（5）：80 – 87.

[32] 傅荣林. 主成分综合评价模型的探讨 [J]. 系统工程理论与实践，2001，21（11）：68 – 75.

[33] 高明华，马守莉. 独立董事制度与公司绩效关系的实证分析 [J]. 南开经济研究，2002（2）：64.

[34] 葛家澍. 美国关于高质量会计准则的讨论及其对我国的启示 [J]. 会计研究，1999（5）：6 – 7.

[35] 古淑萍. 现代企业内部控制的新制度经济学探讨 [J]. 经济问题探索，2011（6）：81 – 84.

[36] 谷棋，张相洲. 内部控制的三维系统观 [J]. 会计研究，2003（11）：10 – 13.

[37] 谷棋，于东智. 公司治理、董事会行为与经营绩效 [J]. 财经问题研究，2001（1）：60 – 62.

[38] 郭永清，夏大慰. 基于公司治理的内部控制整合研究 [J]. 商业经济与管理，2009（7）：7 – 10.

[39] 韩传模，汪士果. 基于 AHP 的企业内部控制模糊综合评价 [J]. 会计研究，2009（4）.

[40] 何凤平，周陆俊. 上市公司内部控制信息披露的监管 [J]. 中国管理信息化，2007（3）：56 – 57.

[41] 何卫东，张嘉颖. 所有权结构、资本结构、董事会治理与公司价值 [J]. 南开管理评论，2002（2）：17 – 20.

[42] 胡勤勤，沈艺峰. 独立外部董事能否提高上市公司的经营业绩 [J]. 世界经济，2002（7）：55.

[43] 黄秋敏. 上市银行内部控制信息披露状况分析——以 2001 – 2006 年度报告为研究对象 [J]. 审计研究，2008（1）：83 – 86.

[44] 黄溶冰，王跃堂. 公司治理视角的内部控制——基于审计委员会的分析 [J]. 中南财经政法大学学报，2009（1）：101 – 104.

[45] 黄渝祥，孙艳，邵颖红. 股权制衡与公司治理研究 [J]. 同济大学学报（自然科学版），2003（9）：1102 – 1106.

[46] 黄张凯，徐信忠，岳云霞. 中国上市公司董事会结构分析 [J]. 管理世界，2006（11）：129 – 132.

[47] [美] 哈特. 企业、合同与财务结构 [M]. 费方域，译. 上海：上海三联书店、上海人民出版社，1998.

[48] 纪乐航.《首席财务官》杂志调查：六分之一 CFO 被迫做假账 [J]. 东方会计周刊，2003（2）.

[49] 角雪岭. 金字塔持股、终极控制权配置与公司绩效——基于中国上市公司的实证研究 [D]. 暨南大学，2009.

[50] 李端生，李征. 独立董事制度与内部控制研究 [J]. 山西财经大学学报，2003（1）：49－51.

[51] 李汉军，张俊喜. 董事会独立性和有效性的动态分析 [J]. 南开经济研究，2007（6）：65－70.

[52] 李连华. 公司治理结构与内部控制的链接与互动 [J]. 会计研究，2005（2）：64－67.

[53] 李明辉. 上市公司财务报告法律责任之研究 [D]. 厦门：厦门大学管理学院，2003.

[54] 李平，于玲. 基于财务舞弊的内部控制研究 [J]. 经济研究导刊，2009（1）：103－104.

[55] 李若山，金彧昉，祁新娥. 对当前我国企业舞弊问题的实证调查 [J]. 审计研究，2002（2）：17－22.

[56] 李若山，金彧昉. 当前美国会计信息法律责任的变化 [J]. 会计研究，2001（11）：59－60.

[57] 李胜楠，牛建波. 家族企业董事会规模价值再研究 [J]. 经济管理，2009（2）：120－125.

[58] 李维安，孙文. 董事会治理对公司绩效累积效应的实证研究——基于中国上市公司的数据 [J]. 中国工业经济，2007（12）：79－82.

[59] 李维安，张国萍. 经理层治理评价指数与相关绩效的实证研究——基于中国上市公司治理评价的研究 [J]. 经济研究，2005（11）：86.

[60] 李小青. 公司治理结构对内部控制的影响 [J]. 商业研究，2007（1）：91－92.

[61] 李心合，内部控制：从财务报告导向到价值创造导向 [J]. 会计研究，2007（4）：23－24.

[62] 李宇立. 内部控制系统的有效性判断 [J]. 财会通讯（综合版），2004（7）：58－60.

[63] 李豫湘，甘霖. 中国上市公司各种主体治理机制的相关性和有效性实证研究 [J]. 系统工程理论与实践，2004（6）：34－39.

[64] 李增泉. 激励机制与企业绩效 [J]. 会计研究，2000（1）：24－28.

[65] 林斌, 饶静. 上市公司为什么自愿披露内部控制鉴证报告——基于信号传递理论的实证研究 [J]. 会计研究, 2009 (2): 52、93-94.

[66] 林钟高, 程慧慧. 价值创造目标下的公司治理与内部控制 [J]. 财会月刊, 2007 (35): 40-41.

[67] 林钟高, 王书珍. 内部控制与企业价值的相关性 [J]. 财贸研究, 2007 (2): 129-134.

[68] 林钟高, 徐虹, 唐亮. 股权结构、内部控制信息披露与公司价值——来自沪深两市上市公司的经验证据 [J]. 财经论丛, 2009 (1): 68-74.

[69] 林钟高, 郑军, 王书珍. 内部控制与企业价值研究——来自沪深两市A股的经验分析 [J]. 财经研究, 2007 (4): 135-140.

[70] 林钟高. 企业内部控制研究——理论框架与实现路径 [M]. 北京: 中国教育文化出版社, 2006: 2-10.

[71] 刘金星. 论内部审计、内部控制、公司治理之间的关系 [J]. 会计之友, 2009 (2): 10-11.

[72] 刘静, 李竹梅. 内部控制环境的探讨 [J]. 会计研究, 2005 (2): 56-59.

[73] 刘芍佳, 孙霈, 刘乃全. 终极产权论、股权结构及公司绩效 [J]. 经济研究, 2003 (4): 51.

[74] 刘晓. 关于企业内部控制有效性的研究 [J]. 商业会计, 2009 (2): 38-39.

[75] 刘玉廷. 内部会计控制规范: 单位内部会计监督的里程碑 [N]. 中国财经报 (财会世界), 2001-7-12 (3).

[76] 刘运国, 高亚男. 我国上市公司股权制衡与公司业绩关系研究 [J]. 中山大学学报 (社会科学版), 2007 (7): 102-108.

[77] 刘运国, 吴小云. 终极控制人、金字塔控制与控股股东的"掏空"行为研究 [J]. 管理学报, 2009, 6 (12): 1661-1669.

[78] 陆建桥. 中国亏损上市公司盈余管理实证研究 [M]. 北京: 中国财政经济出报社, 2002.

[79] 罗正英, 吴昊. 终极控制、治理环境与盈余管理——基于上市公司非货币性交易分析 [J]. 上海经济研究, 2007 (12): 26-29.

[80] 罗正英, 吴昊. 终极控制、治理环境与盈余管理——基于中国上市公司非货币性交易的分析 [J]. 上海经济研究, 2007 (12): 26-35.

[81] 毛新述，杨有红.内部控制与风险管理——中国会计学会2009内部控制专题学术研讨会综述 [J].会计研究，2009 (5)：93-95.

[82] 南开大学公司治理中心课题组.中国上市公司治理评价与指数分析 [J].管理世界，2007 (5)：108-112.

[83] 潘俊美.浅析我国上市公司内部控制信息披露问题 [J].会计之友，2009 (2)：98-101.

[84] 潘琰，郑仙萍.论内部控制理论之构建：关于内部控制基本假设的探讨 [J].会计研究，2008 (3)：64-66.

[85] 齐保垒，田高良.财务报告内部控制缺陷披露影响因素研究——基于深市上市公司的实证分析 [J].山西财经大学学报，2010，32 (4)：114-120.

[86] 瞿旭，李明，杨丹，叶建明.上市银行内部控制实质性漏洞披露现状研究——基于民生银行的案例分析 [J].会计研究，2009 (4)：39-42.

[87] 上交所.上海证券交易所上市公司内部控制指引 [S].2006.

[88] 邵春燕.终极控制股东对企业盈余可靠性影响的实证研究——依据2005年-2008年中国制造业上市公司的数据 [J].审计与经济研究，2010，25 (1)：61-65.

[89] 深交所.深圳证券交易所上市公司内部控制指引 [S].2006.

[90] 沈艺峰，况学文，聂亚娟.终极控股股东超额控制与现金持有量价值的实证研究 [J].南开管理评论，2008，11 (1)：15-23.

[91] 沈艺峰，张俊生.ST公司董事会治理失败若干成因分析 [J].证券市场导报，2002 (3)：21-25.

[92] 石爱中.从内部控制历史看内部控制发展 [J].审计研究，2006 (6)：3-7.

[93] 石琴，武艳丽.控制权机制对公司治理影响的实证分析 [J].重庆大学学报 (自然科学版)，2006 (12)：130-134.

[94] 斯蒂芬·罗宾斯著.黄卫伟，孙建敏，王凤彬等译.管理学 [M].北京：中国人民大学出版社，1996.

[95] 宋占林.股权结构、内部控制信息披露与公司绩效 [D].西南大学，2012.

[96] 苏坤，张俊瑞，杨淑娥.终极控制权、法律环境与公司财务风险——来自我国民营上市公司的证据 [J].当代经济科学，2010，32 (5)：85-87.

[97] 孙光国, 李冰慧. 内部控制有效性评价理论框架研究——基于投资者保护的视角 [J]. 财经问题研究, 2014 (2): 95 – 101.

[98] 孙永祥, 黄祖辉. 上市公司的股权结构与绩效 [J]. 经济研究, 1999 (12): 23.

[99] 孙月静, 张文泉. 董事会结构、公司绩效与高管层报酬 [J]. 中国软科学, 2007 (9): 98 – 100.

[100] 孙早. 现代公司治理结构: 经济效率与制度适应的统一 [J]. 经济评论, 2001 (4): 26 – 29.

[101] 孙兆斌. 股权集中、股权制衡与上市公司的技术效率 [J]. 管理世界, 2006 (7): 115 – 124.

[102] 唐跃军, 谢仍明. 大股东制衡机制与现金股利的隧道效应: 来自 1999 – 2003 年中国上市公司的证据 [J]. 南开经济研究, 2006 (1): 60 – 78.

[103] 田高良, 齐保垒, 李留闯. 基于财务报告的内部控制缺陷披露影响因素研究 [J]. 南开管理评论, 2010, 13 (4): 134.

[104] 王凯. 民营上市公司股权结构对内部控制信息披露的影响研究 [D]. 河北经贸大学, 2012.

[105] 王会杰. 试论内部控制评价标准体系框架的建立 [J]. 四川会计, 2001 (11 上): 7 – 9.

[106] 王俊峰, 张奇峰. 法律环境、金字塔结构与家族企业的 "掏空" 行为 [J]. 财贸研究, 2007 (5): 97 – 104.

[107] 王俊秋, 张奇峰. 终极控制权、现金流量权与盈余信息含量 [J]. 经济与管理研究, 2007 (12): 11 – 15.

[108] 王俊秋, 张奇峰. 终极控制权、现金流量权与盈余信息含量 [J]. 经济与管理研究, 2007 (12): 16.

[109] 王立勇, 石柱鲜. 内部控制系统评价定量分析的数学模型 [J]. 系统工程理论与实践, 2005 (8): 11 – 14.

[110] 王烨. 最终控制人、股权控制链与资金侵占——来自我国上市公司的经验证据 [J]. 山西财经大学学报, 2009, 31 (8): 118 – 124.

[111] 王跃堂, 赵子夜, 魏晓雁. 董事会的独立性是否影响公司绩效 [J]. 经济研究, 2006 (5): 65 – 68.

[112] 王泽霞, 李明明, 谢冰. 财务报表重述公告与公司治理有效性研究 [J]. 财务月刊, 2008 (8): 15 – 17.

［113］魏刚. 高级管理层激励与上市公司经营绩效［J］. 经济研究，2000（3）：19－28.

［114］吴粒，滕丽丹. 不同公司治理结构下的内部控制制度效率浅析［J］. 财会月刊，2005（20）：64－65.

［115］吴清华，田高良. 终极产权、控制方式与审计委员会治理需求——基于中国上市公司的实证研究［J］. 管理世界，2008（8）.

［116］吴劲望. 上市公司内部控制信息披露现状分析——基于沪市2006年报的调查［J］. 财会通讯，2008（4）：60－64.

［117］吴淑焜. 基于股权结构的董事会独立性与公司绩效的实证研究［J］. 西安交通大学学报（社会科学版），2004（3）.

［118］吴水澎. 中国会计理论研究［M］. 北京：中国财政经济出版社，2000.

［119］吴益兵，廖义刚，林波. 股权结构对企业内部控制质量的影响分析——基于2007年上市公司内部控制信息数据的检验，2009（9）.

［120］肖翠云，李四海. 公司治理与内部控制的对接与互动［J］. 财会月刊，2009（9）：99－101.

［121］谢玲芳，朱晓明. 董事会控制、侵占效应与民营上市公司的价值［J］. 上海经济研究，2005（1）：64－68.

［122］谢识予. 经济博弈论［M］. 上海：复旦大学出版社，2002.

［123］徐政旦，朱荣恩. 内部控制论［M］. 沈阳：辽宁人民出版社，2002：20－23.

［124］许莉. 论金融企业会计内部控制的有效性［J］. 财务与会计，2002（6）：15－17.

［125］阎慈琳. 关于主成分分析做综合评价的若干问题［J］. 数理统计与管理，1998，17（2）：22－25.

［126］阎达五，杨有红. 内部控制框架的构建［J］. 会计研究，2001（2）：3－7.

［127］杨清香，俞麟，陈娜. 董事会特征与财务舞弊——来自中国上市公司的经验数据［J］. 会计研究，2009（7）：64－70.

［128］杨清香. 试论内部控制概念框架的构建［J］. 会计研究，2010（11）.

［129］杨有红，汪薇. 2006年沪市公司内部控制信息披露研究［J］. 会计研究，2008（3）：37－41.

[130] 杨有红，胡燕. 试论公司治理结构与内部控制的对接 [J]. 会计研究，2004（10）：14-18.

[131] 杨有红. 企业内部控制框架：构建与运行 [M]. 杭州：浙江人民出版社，2001：26-44.

[132] 叶陈刚，程新生. 公司内部审计机制的比较与选择：基于公司治理视角的分析 [J]. 审计研究，2006（6）：79-85.

[133] 叶双峰. 关于主成分分析做综合评价的改进 [J]. 数理统计与管理，2001，20（2）：52-61.

[134] 于东智，池国华. 董事会规模、稳定性与公司绩效：理论与经验分析 [J]. 经济研究，2004（4）：70.

[135] 于东智. 董事会、公司治理与绩效——对中国上市公司的经验分析 [J]. 中国社会科学，2003（3）.

[136] 于忠泊，田高良. 内部控制评价报告真的有用吗？——基于会计信息质量、资源配置效率视角的研究 [J]. 山西财经大学学报，2009（10）：110-118.

[137] 张光荣，曾勇. 大股东的支撑行为与隧道行为——基于托普软件的案例研究 [J]. 北京管理世界，2006（8）：127-132.

[138] 张继民. 市场经济有效运作的两大支柱 [N]. 中国证券报，2006-7-1（6）.

[139] 张军，王军只. 内部控制审核与操纵性应计项 [J]. 中央财经大学学报，2009（2）：92-96.

[140] 张军，王军只. 内部控制审核与操纵性应计项——来自沪市的经验证据 [J]. 中央财经大学学报，2009（2）：92-96.

[141] 张维迎. 博弈论与信息经济学 [M]. 上海：上海三联书店、上海人民出版社，1996.

[142] 张维迎. 产权安排与企业内部的权力斗争 [J]. 经济研究，2000（6）：41-50.

[143] 张维迎. 产权与中国经济改革 [M]. 北京：北京大学出版社，1999.

[144] 张先治，张晓东. 基于投资者需求的上市公司内部控制实证分析 [J]. 会计研究，2004（12）：56-59.

[145] 张宜霞. 企业内部控制评价方法的比较 [J]. 会计之友，2009（1）：43-44.

［146］赵建凤．上市公司股权结构对内部控制有效性的影响研究［D］．首都经济贸易大学，2012．

［147］赵建凤．上市公司股权结构对内部控制有效性的影响研究［D］．首都经济贸易大学，2013．

［148］赵景文，于增彪．股权制衡与公司经营业绩［J］．会计研究，2005（12）：60－63．

［149］中华人民共和国财政部．企业会计准则——基本准则［S］．2006．

［150］中华人民共和国财政部，审计署，证监会，银监会，保监会．企业内部控制基本规范［S］．2008．

［151］中华人民共和国财政部，审计署，证监会，银监会，保监会．企业内部控制配套指引［S］．2010．

［152］中华人民共和国财政部．内部会计控制规范——采购与付款（试行）［S］．2002．

［153］中华人民共和国财政部．内部会计控制规范——担保（试行）［S］．2004．

［154］中华人民共和国财政部．内部会计控制规范——工程项目（试行）［S］．2003．

［155］中华人民共和国财政部．内部会计控制规范——销售与收款（试行）［S］．2002．

［156］钟玮，杨天化．资本结构、内部控制与公司绩效——基于中国银行类上市公司的实证研究［J］．经济与管理研究，2010（5）：93－100．

［157］周勤业，卢宗辉，金瑛．上市公司信息披露与投资者信息获取的成本效益问卷调查分析［J］．会计研究，2003（5）：3－8．

［158］周小燕．我国企业内部控制有效性评价指标体系［J］．财经科学，2012（5）：117－124．

［159］周振红．公司治理与内部控制的关系研究［J］．特区经济，2006（7）：225－227．

［160］朱国泓．财务报告舞弊的二元治理——中国上市公司激励优化与会计控制研究［D］．上海：复旦大学管理学院，2001．

［161］朱荣恩．建立和完善内部控制的思考［J］．会计研究，2001（2）：9－12．

［162］Ashbaugh, H., D. Collins, and W. Kinney. The discovery and reporting of internal control deficiencies prior to SOX-mandated audits, forthcoming in the Journal of Accounting and Economics. 2007.

[163] Ashbaugh, H. , D. Collins, W. Kinney, R. LaFond. The effect of internal control deficiencies on firm risk and cost of equity capital, working paper, University of Wisconsin-Madison. 2006b.

[164] Barclay M. J. , Holderness C. G. Private benefits from control of public corporations [J]. Journal of Financial Economics, 1989, 25: 689 –723.

[165] Beasley, M. An empirical analysis of the relation between the board of director composition and financial statement fraud. The Accounting Review 71: 443 –465. 1996.

[166] Beasley, M. S. , J. V. Carcello, D. R. Hermanson, and P. D. Lapides. Fraudulent financial reporting: Consideration of industry traits and corporate governance mechanisms. Accounting Horizons 14 (4): 441 –454. 2000.

[167] Bennedsen M. , Wolfenzon D. The balance of powerin closely held corporations [J]. Journal of Financial Economics, 2000, (58): 113 –139.

[168] Boritz and Zhang, How does Disclosure of Internal Control Quality Affect Management's Choice of that Quality, Working Paper, No. 07 –09, SSRN, 2008.

[169] Carcello, J. and T. Neal, Audit committee characteristics and auditor dismissals following "new" going-concern reports. The Accounting Review 78 (1): 95 –117. 2003a.

[170] Carcello, J. and T. Neal, Audit committee independence and disclosure: choice for financially distressed firms. Corporate Governance: An International Review 11 (4): 289 –299. 2003b.

[171] Carcello, J. and T. Neal, Z. Palmrose, and S. Scholz. CEO involvement in selecting board members and audit committee effectiveness, working paper, University of Tennessee. 2006.

[172] Dechow, P. , R. Sloan, and A. Sweeney. Causes and consequences of earnings manipulation: An analysis of firms subject to enforcement actions by the SEC Contemporary Accounting Research 13: 1 –36. 1996.

[173] DeFond, M. L. , and M. Hung. Investor protection and corporate governance: Evidence from worldwide CEO turnover. Journal of Accounting Research 42 (2): 269 –312. 2004.

［174］Desai, H. , C. Hogan, and M. Wilkins. The reputational penalty for aggressive accounting: earnings restatements and management turnover. The Accounting Review 81（1）: 83 – 112. 2006.

［175］DeZoort, F. T. An investigation of audit committees' oversight responsibilities. Abacus（September）: 208 – 227. 1997.

［176］Doyle, J. , W. Ge, and S. McVay. Accruals quality and internal control over financial reporting, forthcoming in The Accounting Review. 2007b.

［177］Doyle, J. , W. Ge, and S. McVay. Determinants of weaknesses in internal control over financial reporting, forthcoming in the Journal of Accounting and Economics. 2007a.

［178］Emanuels, J. , O. Leeuwen, B. Praaq, and P. Wallage. Abnormal returns around disclosure of problems in internal control over financial reporting, working paper, University of Amsterdam. 2006.

［179］Emanuels, J. , O. Leeuwen, B. Praaq, and P. Wallage. Abnormal returns around disclosure of problems in internal control over financial reporting, working paper, University of Amsterdam. 2006.

［180］Fama, E. F. Agency problem and the theory of the firm. Journal of Political Economy Vol. 88: 288 – 308. 1980.

［181］Fama, E. F. and M. C. Jensen. Agency problems and residual claims. Journal of Law and Economics 26: 327 – 349. 1983.

［182］Fama, E. F. and M. C. Jensen. Agency problems and residual claims. Journal of Law and Economics 26: 327 – 349. 1983.

［183］Francis, J. , K. Schipper and L. Vincent, 2005, Earnings and Dividends Informativeness When Cash Flow Rights Are Separated from Voting Rights, Journal of Accounting&Economics, 39, 329 – 360.

［184］Gilson, S. Bankruptcy, boards, banks, and bondholders: evidence on changes in corporate ownership and control when firms default. Journal of Financial Economics 27: 355 – 88. 1990.

［185］Hammersley, J. S. , L. A. Myers, and C. Shakespeare. Market reactions to internal control weakness disclosures, working paper, University of Georgia. 2006.

［186］Jensen, K. L. and J. L. Payne. Management trade-offs of internal control and external auditor expertise. Auditing: A Journal of Practice & Theory

22 (2): 99 – 119. 2003.

[187] Jensen, M. C. and W. H. Meckling. Theory of the firm: Managerial behavior, agency costs and ownership structure. Journal of Financial Economics. Vol. 3. 305 – 360. 1976.

[188] Klein, A. Economics determinants of audit committee independence. The Accounting Review 77 (2): 435 – 452. 2002a.

[189] Krishnan G. , and G. Visvanathan. Reporting internal control deficiencies in the post-Sarbanes-Oxley era: the role of auditors and corporate governance, working paper, George Mason University. 2005.

[190] Krishnan G. , and G. Visvanathan. Reporting internal control deficiencies in the post-Sarbanes-Oxley era: the role of auditors and corporate governance, working paper, George Mason University. 2005.

[191] Maury B. , Pajuste A. Multiple large shareholders and firm value [J]. Journal of Banking & Financ, 2005, (29): 1813 – 1834.

[192] McMullen, D. A. , K. Raghunandan, and D. V. Rama. Internal control reports and financial reporting problems. Accounting Horizons (December) . 1996: 67 – 75.

[193] Ogneva M. , K. Raghunandan, K. Subramanyam. Internal control weakness and cost of equity: evidence from SOX Section 404 certifications, working paper, University of Southern California. 2006.

[194] Pagano, M. and Roall, A. , 1998, The Choice of Stock Ownership Structure: Agency Costs, Monitoring and the Decision to Go Public, Quarterly Journal of Economics, 113: 187 – 225.

[195] Rosenstein, S. , and J. Wyatt. Outside directors, board independence, and shareholder wealth. Journal of Financial Economics 26: 175 – 191. 1990.

[196] Srinivasan, S. Consequences of financial reporting failure for outside directors: evidence from accounting restatements and audit committee members. Journal of Accounting Research 43 (2): 291 – 334. 2005.

[197] Stijn Claessen, Simeon Djankov, Jose Ph RH. Fan and larry H. P. Lang. Disentangling the Ineentive and Entrenehment Effeets of Urge Shareholdings, Journal of finance, 2002a, 57: 2741 – 2771.

[198] Stijn Claessen, Simeon Djankov, larry H. P. Lang Expropriation of Minority Shareholders in East Asia, 1999b, World Bank.

［199］A. C. Littleton. Structure of Accounting Theory. American Accounting Association Published in the United States of American, 1953.

［200］Arthur Levitt. Numeral Game ［J］. the Journal of Capital Market, 1999 (1).

［201］Bryan, S., and S. Lilien.. Characteristics of firms with material weaknesses in internal control: an assessment of Section 404 of Sarbanes-Oxley, working paper, Wake Forest University. 2005.

［202］COSO. Enterprise Risk Management- Integrated Framework ［S］. 2004.

［203］COSO. Internal Control- Integrated Framework ［S］. 1992.

［204］COSO. Internal Control- Integrated Framework ［S］. 2013.

［205］Healy P, A Hutton and K Palepu. Information asymmetry, Corporate disclosure, and the capital markets: A review of the empirieal disclosure literature ［J］. Journal of Accounting & Economics, 2001 (31): 405 – 440.

［206］Hermanson, H. An analysis of the demand for reporting on internal control. Accounting Horizons.. 2000 (September): 325 – 342.

［207］Jensen M C and Meckling W H. Theory of the Firm, Managerial Behavior Agency Costs and Ownership Structure ［J］. Journal of Financial Economics, 1976 (Oct.): 3 – 4.

［208］McMullen, D. A., and K. Raghunandan. Enhancing audit committee effectiveness. Journal of Accountancy. 1996 (August): 79 – 81.

［209］Paul A Samuelson, William D Nordhaus. Economics (sixteenth edition) ［M］. 1998.

［210］Power M. The audit society: rituals of verification ［M］. Oxford University Press, 1997.

［211］Whisenant, J. S., S. Sankaraguruwamy, and K. Raghunandan. Market reactions to disclosure of reportable events. Auditing: A Journal of Practice and Theory. (March): 181 – 194. 2003.

［212］Zeff S A. The Rise of Economic Consequences ［J］. Journal of Accountancy, 1978 (12): 14 – 17.

附 录

2012 年上市公司内部控制有效性综合评价指标求解过程

1. KMO 和 Bartlett 检验结果

由 KMO 和 Bartlett 检验结果（见表1）可知2012年上市公司内部控制有效性综合评价指数适宜采用主成分分析法构建评分模型。

表1　　　　　　　　　　KMO 和 Bartlett 检验

取样足够度的 Kaiser-Meyer-Olkin 度量		0.76
Bartlett 的球形度检验	近似卡方	7970.88
	df	780
	Sig.	0.00

2. 主成分特征值与贡献率

由主成分特征值与贡献率结果可知，由方差最大化提取的前12个主成分方差累积贡献率达到74.49%，即这12个主成分能够解释原有基本评价指标体系的大部分，因此我们选取前12个主成分作为新的评价指标体系。

表2　　　　　　　　　主成分特征值与贡献率

成分	初始特征值[a]			提取平方和载入			旋转平方和载入		
	合计	方差的百分比（%）	累积（%）	合计	方差的百分比（%）	累积（%）	合计	方差的百分比（%）	累积（%）
X1	0.72	17.20	17.20	0.72	17.20	17.20	0.39	9.30	9.30
X2	0.44	10.59	27.79	0.44	10.59	27.79	0.24	5.88	15.18

续表

成分	初始特征值[a]			提取平方和载入			旋转平方和载入		
	合计	方差的百分比（%）	累积（%）	合计	方差的百分比（%）	累积（%）	合计	方差的百分比（%）	累积（%）
X3	0.27	6.50	34.29	0.27	6.50	34.29	0.37	8.92	24.09
X4	0.23	5.60	39.89	0.23	5.60	39.89	0.28	6.70	30.79
X5	0.23	5.42	45.31	0.23	5.42	45.31	0.27	6.42	37.20
X6	0.21	4.93	50.24	0.21	4.93	50.24	0.20	4.80	42.00
X7	0.20	4.90	55.14	0.20	4.90	55.14	0.23	5.57	47.58
X8	0.19	4.59	59.72	0.19	4.59	59.72	0.24	5.83	53.41
X9	0.18	4.22	63.94	0.18	4.22	63.94	0.20	4.73	58.13
X10	0.16	3.88	67.83	0.16	3.88	67.83	0.23	5.52	63.66
X11	0.15	3.61	71.44	0.15	3.61	71.44	0.24	5.70	69.35
X12	0.13	3.06	74.49	0.13	3.06	74.49	0.21	5.14	74.49
X13	0.10	2.34	76.83						
X14	0.08	2.00	78.83						
X15	0.08	1.86	80.69						
X16	0.07	1.67	82.36						
X17	0.06	1.53	83.89						
X18	0.06	1.46	85.35						
……（略）									
X31	0.02	0.52	96.97						
X32	0.02	0.49	97.46						
X33	0.02	0.46	97.91						
X34	0.02	0.40	98.31						
X35	0.02	0.36	98.67						
X36	0.01	0.34	99.01						
X37	0.01	0.32	99.33						
X38	0.01	0.30	99.63						
X39	0.01	0.27	99.90						
X40	0.00	0.11	100.00						

3. 主成分载荷矩阵与主成分得分矩阵

由主成分载荷矩阵结果可知，在第一主成分中，X3、X23、X24、X25、X28、X35、X38 载荷量较为明显且集中，其中，X_3、X23、X35 和 X38 的影响较大，反映了高管薪酬激励措施、可持续增长能力、罚款数额及资产的报废损失情况；在第二主成分中，X13、X16、X20、X21、X22、X26、X27、X31、X33、X37 的载荷量较为明显且集中，其中，X31 和 X37 的影响较大，反映了经营目标中的资产收益率和资产安全目标中的资产盘亏、毁损情况；在第三主成分中，X7、X11 的载荷量较为明显且集中，反映了内部控制风险评估机制和风险预警机制；在第四主成分中，X4、X9、X10、X30 载荷量较为明显且集中，其中，X10 的影响最大，反映了内部控制的预算管理活动；在第五主成分中，X5、X12 的载荷量较为明显且集中，其中 X5 的影响较大，反映内部控制的文化环境；在第六主成分中，X8 和 X34 载荷量较为明显且集中，其 X8 的影响较大，反映董事会对内部控制的日常工作安排活动；在第七主成分中，X6、X32 载荷量较为明显且集中，其中，X6 的影响较大，反映了内部控制的外部风险评估活动；在第八主成分中，X2、X40 载荷量较为明显且集中，其 X2 的影响较大，反映公司对高管的股权激励措施；在主成分九中，X1 和 X17 荷量较为明显且集中，其中，X1 的影响较大，反映了公司两职合一情况；在主成分十中，X15 荷量较为明显且集中，反映内部控制信息系统建设活动；在主成分十一中，X14 荷量较为明显且集中，反映了内部控制制度中的投资者关系管理制度建立和执行情况；在主成分十二中，X18、X19、X36、X39 荷量较为明显且集中，其中，X18 的影响最大，反映了高管对内部控制的自我评估活动。

由主成分得分矩阵，可得各主成分的线性表达式：

$F1 = -0.03 \times X1 + 0.01 \times X2 + 0.06 \times X3 + \cdots + 0.11 \times X38 + 0.01 \times X39 - 0.30 \times X40$

$F2 = 0.01 \times X1 - 0.02 \times X2 + 0.07 \times X3 + \cdots + 0.01 \times X38 - 0.07 \times X39 + 0.10 \times X40$

$F3 = -0.01 \times X1 + 0.01 \times X2 - 0.01 \times X3 + \cdots - 0.02 \times X38 - 0.01 \times X39 - 0.03 \times X40$

$F4 = -0.05 \times X1 + 0.01 \times X2 + 0.01 \times X3 + \cdots - 0.02 \times X38 + 0.01 \times X39 + 0.02 \times X40$

表3 主成分载荷矩阵

	F1	F2	F3	F4	F5	F6	F7	F8	F9	F10	F11	F12
X1	0.02	0.03	-0.02	0.02	-0.02	-0.01	0.00	-0.02	0.44	0.00	0.01	0.01
X2	-0.02	0.02	0.01	0.01	0.03	0.02	0.01	0.49	-0.01	0.01	0.00	-0.02
X3	0.12	0.09	-0.01	0.01	-0.01	0.00	0.00	0.01	0.01	-0.01	-0.01	0.00
X4	0.02	-0.04	0.06	0.07	0.01	0.00	0.01	0.01	0.00	0.00	0.03	0.00
X5	-0.01	0.03	0.08	0.02	0.48	0.05	0.01	-0.01	0.00	0.06	0.04	0.04
X6	-0.04	0.04	0.06	0.03	0.05	-0.02	0.47	0.00	-0.01	0.04	0.01	0.03
X7	0.17	-0.13	0.38	0.07	0.04	0.02	0.08	0.00	0.03	0.03	0.03	0.04
X8	-0.01	0.02	0.04	0.04	-0.02	0.43	0.03	-0.03	0.00	-0.02	0.02	0.03
X9	0.02	0.05	0.02	0.07	0.02	0.03	0.02	0.00	0.03	0.01	0.02	0.05
X10	0.04	0.01	0.07	0.49	0.05	0.01	0.01	-0.01	0.03	0.03	0.03	0.02
X11	-0.12	0.06	0.41	0.06	0.05	-0.04	0.01	0.01	-0.01	0.08	0.04	0.08
X12	-0.01	-0.02	0.00	0.03	0.06	-0.02	0.02	0.02	0.00	0.01	0.00	0.03
X13	0.03	0.06	-0.02	0.00	0.00	0.01	0.00	-0.01	0.01	0.01	0.00	0.00
X14	0.06	0.01	0.07	0.07	0.04	0.03	0.02	0.00	0.02	0.02	0.48	0.03
X15	0.02	0.03	0.09	0.04	0.08	0.02	0.04	0.01	0.01	0.45	0.02	0.07
X16	0.04	0.06	0.00	-0.01	0.00	-0.01	0.02	-0.01	0.00	0.00	0.00	-0.01
X17	0.01	0.03	0.03	0.02	0.01	0.03	0.00	0.01	0.05	0.01	0.01	-0.02
X18	-0.01	0.01	0.13	0.09	0.13	-0.01	0.04	0.00	0.01	0.09	0.06	0.44
X19	0.00	0.00	0.00	-0.01	0.00	0.00	-0.01	-0.01	-0.01	0.00	-0.01	0.01
X20	0.04	0.08	0.00	0.01	-0.01	0.02	-0.01	0.01	-0.01	-0.01	-0.01	0.00
X21	0.05	0.07	0.00	0.02	-0.01	0.02	-0.01	0.01	-0.01	0.00	-0.01	0.01

续表

	F1	F2	F3	F4	F5	F6	F7	F8	F9	F10	F11	F12
X22	0.07	0.10	-0.02	-0.03	0.00	-0.04	0.00	0.02	0.01	0.01	0.00	-0.02
X23	0.21	0.03	-0.01	0.03	0.01	0.00	-0.01	-0.01	0.00	0.02	0.00	-0.01
X24	0.07	0.05	0.01	-0.01	0.00	-0.03	0.01	-0.01	0.00	0.01	0.01	0.00
X25	0.04	0.02	0.01	-0.01	0.00	0.00	0.00	-0.01	0.01	0.00	0.00	0.01
X26	0.03	0.05	-0.01	0.00	0.00	-0.01	0.01	0.00	0.01	0.01	0.01	-0.01
X27	0.01	0.05	0.00	0.00	-0.02	0.01	0.02	-0.01	0.00	-0.01	0.00	0.00
X28	0.03	0.02	0.01	0.00	0.00	0.01	0.01	-0.01	0.00	-0.01	0.01	0.01
X29	0.02	0.04	0.01	0.00	0.00	0.01	0.01	0.00	0.00	0.00	0.00	0.00
X30	-0.05	-0.22	-0.01	0.01	0.00	0.01	0.00	-0.02	-0.01	0.00	0.00	0.03
X31	-0.06	0.11	0.03	0.01	0.00	0.02	-0.03	-0.02	0.01	-0.01	0.00	-0.02
X32	-0.05	-0.16	0.02	0.01	-0.01	0.01	0.03	0.01	-0.01	0.01	0.00	0.00
X33	-0.01	0.06	0.00	-0.01	0.01	-0.01	0.01	0.01	0.02	0.01	0.00	-0.01
X34	0.00	0.00	-0.01	0.00	0.00	0.02	-0.01	0.00	0.00	0.01	0.00	-0.01
X35	0.26	0.19	0.02	0.03	-0.02	0.03	0.00	-0.01	-0.01	0.01	0.00	-0.02
X36	-0.25	-0.01	0.01	-0.01	0.01	0.01	-0.02	-0.02	-0.01	-0.01	-0.01	0.02
X37	-0.02	0.18	0.00	-0.01	0.01	0.02	-0.01	0.02	-0.01	0.01	-0.01	0.00
X38	0.17	0.06	-0.02	-0.01	0.00	-0.01	-0.01	0.02	0.02	0.00	0.01	-0.01
X39	-0.04	-0.08	-0.01	0.00	0.00	0.01	0.00	0.00	0.00	0.00	0.00	0.01
X40	-0.29	0.00	-0.05	-0.04	0.03	-0.03	0.02	0.04	0.00	0.01	-0.01	-0.02

表4　　主成分得分矩阵

	F1	F2	F3	F4	F5	F6	F7	F8	F9	F10	F11	F12
X1	-0.03	0.01	-0.01	-0.05	0.01	0.01	0.02	0.01	0.99	-0.02	-0.04	0.01
X2	0.01	-0.02	0.01	0.01	0.01	0.08	0.01	0.99	0.03	-0.03	-0.01	0.02
X3	0.06	0.07	-0.01	0.01	0.01	-0.01	0.01	0.01	0.01	-0.02	-0.01	0.02
X4	0.01	-0.04	0.03	0.06	0.00	-0.01	0.01	0.01	0.00	-0.02	0.01	-0.03
X5	0.03	0.00	-0.02	-0.09	1.06	0.09	-0.06	-0.08	0.06	-0.13	-0.05	-0.25
X6	-0.04	0.08	-0.07	0.01	-0.01	-0.05	1.01	-0.03	-0.02	-0.06	-0.02	-0.06
X7	0.25	-0.30	0.58	-0.10	-0.02	0.02	0.06	0.02	0.10	-0.11	-0.11	-0.12
X8	-0.05	0.01	0.03	-0.02	-0.09	0.96	0.04	-0.02	0.01	-0.03	-0.04	0.05
X9	0.00	0.05	-0.02	0.06	-0.01	0.04	0.02	0.00	0.03	-0.02	0.01	0.07
X10	-0.07	0.01	-0.12	1.03	0.01	-0.10	-0.06	-0.02	-0.05	-0.02	-0.12	-0.17
X11	-0.26	0.27	0.71	-0.04	-0.13	-0.13	-0.15	-0.03	-0.03	-0.04	-0.02	-0.13
X12	0.01	-0.03	-0.03	0.03	0.06	-0.03	0.01	0.02	0.00	-0.02	-0.01	0.04
X13	0.00	0.04	-0.01	0.00	0.00	0.00	0.00	-0.01	0.01	0.01	0.00	0.00
X14	-0.02	0.01	-0.07	-0.04	-0.06	-0.03	-0.01	0.01	-0.03	-0.01	1.06	-0.10
X15	0.01	-0.03	-0.11	-0.04	-0.11	0.08	-0.05	-0.01	0.01	1.11	-0.02	-0.14
X16	0.01	0.05	0.01	-0.01	0.00	-0.01	0.02	-0.01	0.00	0.00	0.00	-0.01
X17	-0.01	0.02	0.04	-0.01	0.02	0.03	-0.01	0.00	0.06	0.01	0.00	-0.06
X18	0.06	-0.03	-0.15	-0.04	-0.03	-0.08	-0.03	0.06	-0.04	-0.12	-0.04	1.20
X19	0.00	0.00	0.00	0.00	0.00	0.00	-0.01	0.00	0.00	0.00	0.00	0.01
X20	0.00	0.06	0.00	0.01	-0.01	0.02	0.00	0.00	-0.02	-0.01	-0.01	0.00
X21	0.02	0.05	0.00	0.01	-0.01	0.01	-0.01	0.01	-0.02	0.00	-0.01	0.02

续表

	F1	F2	F3	F4	F5	F6	F7	F8	F9	F10	F11	F12
X22	0.03	0.09	0.00	-0.03	0.01	-0.05	0.01	0.01	0.01	0.01	0.00	-0.02
X23	0.17	-0.03	-0.03	0.01	0.04	-0.01	-0.01	-0.01	-0.02	0.02	-0.02	0.00
X24	0.03	0.03	0.00	-0.01	0.00	-0.03	0.01	-0.01	0.00	0.00	0.00	0.00
X25	0.02	0.01	0.00	-0.01	0.00	0.00	0.00	0.00	0.00	-0.01	0.00	0.01
X26	0.01	0.03	-0.01	0.00	0.00	-0.01	0.01	0.00	0.01	0.00	0.01	-0.01
X27	-0.01	0.05	0.01	0.00	-0.02	0.01	0.02	-0.01	0.00	-0.02	0.00	0.01
X28	0.01	0.01	0.00	0.00	0.00	0.01	0.01	0.00	0.00	-0.01	0.01	0.01
X29	0.00	0.02	0.00	0.00	-0.01	0.02	0.01	0.00	0.00	0.00	0.00	0.00
X30	0.02	-0.27	-0.04	0.02	0.01	0.02	0.01	-0.02	0.00	0.03	-0.01	0.02
X31	-0.06	0.12	0.04	0.00	-0.02	0.01	-0.04	0.02	0.00	-0.02	0.00	0.02
X32	0.01	-0.20	0.00	0.02	0.00	0.02	0.04	0.02	0.00	0.03	-0.01	-0.04
X33	-0.02	0.06	0.00	-0.01	0.00	-0.01	0.01	0.00	0.02	0.00	0.01	-0.01
X34	0.00	0.00	-0.01	0.00	0.00	0.02	0.00	0.01	0.01	0.01	0.00	-0.01
X35	0.19	0.23	0.04	0.01	-0.03	0.02	0.00	-0.01	-0.06	0.00	-0.04	-0.03
X36	-0.22	0.07	0.04	0.02	-0.02	0.02	-0.04	-0.04	0.00	-0.02	0.02	-0.01
X37	-0.07	0.23	0.02	0.02	-0.01	0.01	-0.02	-0.01	-0.02	0.00	-0.01	-0.02
X38	0.11	0.01	-0.02	-0.02	0.01	-0.01	0.01	0.03	0.01	-0.01	0.01	0.02
X39	0.01	-0.07	-0.01	0.01	0.01	0.01	0.01	0.01	0.01	0.01	0.01	0.01
X40	-0.30	0.10	-0.03	0.02	0.02	-0.04	0.02	0.03	0.03	0.04	0.04	-0.07

$F5 = 0.01 \times X1 + 0.01 \times X2 + 0.01 \times X3 + \cdots + 0.01 \times X38 + 0.01 \times X39 + 0.02 \times X40$

$F6 = 0.01 \times X1 + 0.08 \times X2 - 0.01 \times X3 + \cdots - 0.01 \times X38 + 0.01 \times X39 - 0.04 \times X40$

$F7 = 0.02 \times X1 + 0.01 \times X2 + 0.01 \times X3 + \cdots + 0.01 \times X38 + 0.01 \times X39 + 0.02 \times X40$

$F8 = 0.01 \times X1 + 0.99 \times X2 + 0.01 \times X3 + \cdots + 0.03 \times X38 + 0.01 \times X39 + 0.03 \times X40$

$F9 = 0.99 \times X1 + 0.03 \times X2 + 0.01 \times X3 + \cdots + 0.01 \times X38 + 0.01 \times X39 + 0.03 \times X40$

$F10 = -0.02 \times X1 - 0.03 \times X2 - 0.02 \times X3 + \cdots - 0.01 \times X38 + 0.01 \times X39 + 0.04 \times X40$

$F11 = -0.04 \times X1 - 0.01 \times X2 - 0.01 \times X3 + \cdots + 0.01 \times X38 + 0.01 \times X39 + 0.04 \times X40$

$F12 = 0.01 \times X1 + 0.02 \times X2 + 0.02 \times X3 + \cdots + 0.02 \times X38 + 0.01 \times X39 - 0.07 \times X40$

4. 内部控制有效性综合评价得分模型

根据方差贡献率和主成分载荷矩阵，得到 2012 年上市公司内部控制有效性综合评价得分模型为：

$IC - score = F1 \times 0.12 + F2 \times 0.08 + F3 \times 0.12 + F4 \times 0.09 + F5 \times 0.07 + F6 \times 0.06 + F7 \times 0.07 + F8 \times 0.08 + F9 \times 0.06 + F10 \times 0.07 + F11 \times 0.08 + F12 \times 0.07$

致　　谢

　　岁值金秋，拙著终于完稿。在本书写作过程中，我们参阅了大量国内外不曾相识的学者们的研究成果，他们的研究成果对本书有很大启发意义，不仅开拓了我们的眼界，而且激起了我们不少灵感，文中的许多观点都得益于参考他们的研究文献，这些大部分皆已在参考文献中列出，但由于篇幅关系或我们的粗心和遗忘，可能会有所遗漏，特此对这些不曾谋面的诸多学术文献原创作者（已列出和未列出的）表示衷心的感谢！

秦江萍、李育红

2014 年 10 月